国有企业工作业务用书

国有企业人员
廉洁从业手册

聚焦热点难点问题 | 解答常见工作困惑 | 廉洁从业行为指南

中国法制出版社

CHINA LEGAL PUBLISHING HOUSE

编辑说明

　　国有企业属于全民所有，是推进国家现代化、保障人民共同利益的重要力量。国有企业的反腐倡廉工作是国有企业经营管理的重要组成部分，也是国有企业自我约束机制的必要环节。加强国有企业反腐倡廉建设、强化国有企业人员廉洁从业，有助于维护国家和出资人利益、促进国有企业科学发展、保障职工群众合法权益。

　　本书按照简明、实用的原则，结合国有企业人员的工作实际，主要根据《中华人民共和国公司法》《中国共产党纪律处分条例》《国有企业领导人员廉洁从业若干规定》等国有企业依法合规经营和廉洁从业有关的法律法规、制度规定编写，内容涉及国有企业人员廉洁从业行为规范、企业国有资产监督管理、企业财务规范和审计监督、企业薪酬福利规范、国有企业人员党纪政务处分、国有企业人员职务违法犯罪处置六个部分，并且附录了相关的规定。本书既聚焦国有企业人员应知应会的廉洁从业知识，可供国有企业在开展纪法教育、廉洁教育时学习使用；也可作为国有企业人员廉洁从业的案头工具书，便于国有企业人员有针对性、有方向性地学习和查阅，做到依法合规经营。

　　由于编写水平有限，书中的疏漏和不足之处，敬请读者批评指正！

目　　录

六、国有企业人员职务违法犯罪处置

附　录

一、国有企业人员廉洁从业行为规范

1. 国有企业领导人员不得有哪些滥用职权、损害国有资产权益的行为?

《国有企业领导人员廉洁从业若干规定》第四条规定,国有企业领导人员应当切实维护国家和出资人利益。不得有滥用职权、损害国有资产权益的下列行为:

(1)违反决策原则和程序决定企业生产经营的重大决策、重要人事任免、重大项目安排及大额度资金运作事项。

(2)违反规定办理企业改制、兼并、重组、破产、资产评估、产权交易等事项。

(3)违反规定投资、融资、担保、拆借资金、委托理财、为他人代开信用证、购销商品和服务、招标投标等。

(4)未经批准或者经批准后未办理保全国有资产的法律手续,以个人或者其他名义用企业资产在国(境)外注册公司、投资入股、购买金融产品、购置不动产或者进行其他经营活动。

(5)授意、指使、强令财会人员进行违反国家财经纪律、企业财务制度的活动。

(6)未经履行国有资产出资人职责的机构和人事主管部门批准,决定本级领导人员的薪酬和住房补贴等福利待遇。

(7)未经企业领导班子集体研究,决定捐赠、赞助事项,或者虽经企业领导班子集体研究但未经履行国有资产出资人职责的机构

1

批准，决定大额捐赠、赞助事项。

（8）其他滥用职权、损害国有资产权益的行为。

2. 国有企业领导人员不得有哪些利用职权谋取私利以及损害本企业利益的行为？

《国有企业领导人员廉洁从业若干规定》第五条规定，国有企业领导人员应当忠实履行职责。不得有利用职权谋取私利以及损害本企业利益的下列行为：

（1）个人从事营利性经营活动和有偿中介活动，或者在本企业的同类经营企业、关联企业和与本企业有业务关系的企业投资入股。

（2）在职或者离职后接受、索取本企业的关联企业、与本企业有业务关系的企业，以及管理和服务对象提供的物质性利益。

（3）以明显低于市场的价格向请托人购买或者以明显高于市场的价格向请托人出售房屋、汽车等物品，以及以其他交易形式非法收受请托人财物。

（4）委托他人投资证券、期货或者以其他委托理财名义，未实际出资而获取收益，或者虽然实际出资，但获取收益明显高于出资应得收益。

（5）利用企业上市或者上市公司并购、重组、定向增发等过程中的内幕消息、商业秘密以及企业的知识产权、业务渠道等无形资产或者资源，为本人或者配偶、子女及其他特定关系人谋取利益。

（6）未经批准兼任本企业所出资企业或者其他企业、事业单位、社会团体、中介机构的领导职务，或者经批准兼职的，擅自领取薪酬及其他收入。

（7）将企业经济往来中的折扣费、中介费、佣金、礼金，以及因企业行为受到有关部门和单位奖励的财物等据为己有或者私分。

（8）其他利用职权谋取私利以及损害本企业利益的行为。

3. 国有企业领导人员不得有哪些侵害公共利益、企业利益的行为？

《国有企业领导人员廉洁从业若干规定》第六条规定，国有企业领导人员应当正确行使经营管理权，防止可能侵害公共利益、企业利益行为的发生。不得有下列行为：

（1）本人的配偶、子女及其他特定关系人，在本企业的关联企业、与本企业有业务关系的企业投资入股。

（2）将国有资产委托、租赁、承包给配偶、子女及其他特定关系人经营。

（3）利用职权为配偶、子女及其他特定关系人从事营利性经营活动提供便利条件。

（4）利用职权相互为对方及其配偶、子女和其他特定关系人从事营利性经营活动提供便利条件。

（5）本人的配偶、子女及其他特定关系人投资或者经营的企业与本企业或者有出资关系的企业发生可能侵害公共利益、企业利益的经济业务往来。

（6）按照规定应当实行任职回避和公务回避而没有回避。

（7）离职或者退休后三年内，在与原任职企业有业务关系的私营企业、外资企业和中介机构担任职务、投资入股，或者在上述企业或者机构从事、代理与原任职企业经营业务相关的经营活动。

（8）其他可能侵害公共利益、企业利益的行为。

4. 国有企业领导人员不得有哪些违规进行职务消费的行为？

《国有企业领导人员廉洁从业若干规定》第七条规定，国有企业领导人员应当勤俭节约，依据有关规定进行职务消费。不得有下列行为：

（1）超出报履行国有资产出资人职责的机构备案的预算进行职务消费。

（2）将履行工作职责以外的费用列入职务消费。

（3）在特定关系人经营的场所进行职务消费。

（4）不按照规定公开职务消费情况。

（5）用公款旅游或者变相旅游。

（6）在企业发生非政策性亏损或者拖欠职工工资期间，购买或者更换小汽车、公务包机、装修办公室、添置高档办公设备等。

（7）使用信用卡、签单等形式进行职务消费，不提供原始凭证和相应的情况说明。

（8）其他违反规定的职务消费以及奢侈浪费行为。

5. **国有企业领导人员不得有哪些违反作风建设的行为？**

《国有企业领导人员廉洁从业若干规定》第八条规定，国有企业领导人员应当加强作风建设，注重自身修养，增强社会责任意识，树立良好的公众形象。不得有下列行为：

（1）弄虚作假，骗取荣誉、职务、职称、待遇或者其他利益。

（2）大办婚丧喜庆事宜，造成不良影响，或者借机敛财。

（3）默许、纵容配偶、子女和身边工作人员利用本人的职权和地位从事可能造成不良影响的活动。

（4）用公款支付与公务无关的娱乐活动费用。

（5）在有正常办公和居住场所的情况下用公款长期包租宾馆。

（6）漠视职工正当要求，侵害职工合法权益。

（8）从事有悖社会公德的活动。

6. 中央企业各级领导人员不得有哪些滥用经营管理权的行为?

《中央企业贯彻落实〈国有企业领导人员廉洁从业若干规定〉实施办法》第五条规定,中央企业各级领导人员应当正确行使经营管理权。不得有下列行为:

(1)默许、纵容、授意配偶、子女及其配偶、其他亲属以及身边工作人员以本人名义或利用本人影响谋取私利。

(2)为配偶、子女及其配偶以及其他特定关系人经商、办企业提供便利条件,或者领导人员之间利用职权相互为对方配偶、子女及其配偶以及其他特定关系人经商、办企业提供便利条件。

(3)违规办理向本人、特定关系人所有或实际控制的企业转让国有资产事项。

(4)利用职务之便,为他人谋取利益,其配偶、子女及其他特定关系人收受对方财物。

7. 中央企业各级领导人员不得有哪些违反干部选拔任用规定的行为?

《中央企业贯彻落实〈国有企业领导人员廉洁从业若干规定〉实施办法》第六条规定,中央企业各级领导人员决定重要人事任免事项,应当坚持集体决策原则,严格执行党中央、国务院及国资委有关选拔任用干部的规定。不得有下列行为:

(1)违反规定程序推荐、考察、酝酿、讨论决定任免干部。

(2)私自泄露民主推荐、民主测评、考察、酝酿、讨论决定干部等有关情况。

(3)利用职务便利私自干预下级或者原任职单位干部选拔任用工作。

（4）违反规定突击提拔、调整干部。

（5）其他违反干部选拔任用规定的行为。

第三十一条第二项规定，重要人事任免事项，是指企业直接管理的领导人员以及其他经营管理人员的职务调整事项。主要包括企业中层以上经营管理人员和所属企业、单位领导班子成员的任免、聘用、解除聘用和后备人选的确定，向控股和参股企业委派股东代表，推荐董事会、监事会成员和经理、财务负责人，以及其他重要人事任免事项。

8. 中央企业各级领导人员兼职有什么规定？

《中央企业贯彻落实〈国有企业领导人员廉洁从业若干规定〉实施办法》第七条规定，中央企业各级领导人员兼职应当执行审批程序。兼职应按照干部管理权限，经主管部门、上级企业批准。未经批准，不得在本企业所出资企业或者其他企业、事业单位、社会团体、中介机构兼职。

中央企业各级领导人员经批准兼职的，不得擅自领取薪酬及其他收入。

第三十一条第三项规定，中央企业各级领导人员兼职所得包括基本年薪（或基本工资）、绩效薪金（或奖金）、中长期激励、董事报酬、监事报酬、交通费、各项津贴和补贴、福利费等任何形式的收入和福利。

9. 中央企业各级领导人员不得有哪些违反企业薪酬管理规定的行为？

《中央企业贯彻落实〈国有企业领导人员廉洁从业若干规定〉实施办法》第八条规定，中央企业各级领导人员应当严格执行国资委和本企业的薪酬管理规定，严格履行薪酬管理的批准、备案程序。不得有下列行为：

（1）自定薪酬、奖励、津贴、补贴和其他福利性货币收入等，超出出资人或董事会核定的薪酬项目和标准发放薪酬、支付福利保障待遇。

（2）除国家另有规定或经出资人或董事会同意外，领取年度薪酬方案所列收入以外的其他货币性收入。

（3）擅自分配各级地方政府或有关部门给予中央企业的各种奖励。

10. 中央企业各级领导人员不得有哪些违反财经纪律的行为？

《中央企业贯彻落实〈国有企业领导人员廉洁从业若干规定〉实施办法》第十条规定，中央企业各级领导人员应当严格遵守财经纪律。不得有下列行为：

（1）授意、指使、强令财务人员进行违反国家财经纪律、企业财务制度的活动。

（2）违规借用公款、公物或者将公款、公物借与他人。

（3）将账内资产（资金）违规转移到账外，设立"小金库"。

11. 企业领导人员在哪些情况下应当实行任职回避？

根据《国有重要骨干企业领导人员任职和公务回避暂行规定》第三条、第四条的规定，企业领导人员有配偶，父母，配偶的父母，子女及其配偶，兄弟姐妹及其配偶、子女，配偶的兄弟姐妹亲属关系，并有下列情况之一的，应当实行任职回避。

（1）在同一领导班子中任职的。

（2）同时在有直接隶属关系的领导班子中任主要领导职务的。

（3）一方在领导班子，另一方在其分管的部门、企业、驻外机构（境内外，下同）及工程、投资项目中任领导职务的。

（4）企业领导班子主管部门提出需要任职回避的。

12. 企业领导人员任职回避的程序是什么？

《国有重要骨干企业领导人员任职和公务回避暂行规定》第五条规定，企业领导人员任职回避应当按照下列程序进行：

（1）本人提出回避申请或者领导班子、有关管理部门提出回避建议。

（2）按企业领导人员管理权限进行审核和做出决定。

（3）需要回避的，由企业领导班子主管部门调整工作岗位。

13. 回避双方职务不同的，由谁回避？

《国有重要骨干企业领导人员任职和公务回避暂行规定》第六条规定，回避双方职务不同的，一般由职务较低一方回避；职务相同的，由企业领导班子主管部门根据工作需要和当事人的实际情况决定其中一方回避。

14. 企业领导人员在什么情况下应申请公务回避？

根据《国有重要骨干企业领导人员任职和公务回避暂行规定》第八条、第十条的规定，企业领导人员的父母，配偶的父母，子女的配偶，兄弟姐妹及其配偶、子女，配偶的兄弟姐妹等亲属和其他来往密切的亲属，本人或代表其所在单位与企业领导人员所在企业进行业务往来时，企业领导人员应申请公务回避。企业领导人员无法回避时，应将有关情况以适当形式在一定范围内公示，并向纪检监察部门报告。

企业领导人员与在党政机关任职的配偶，父母，配偶的父母，子女及其配偶，兄弟姐妹及其配偶、子女，配偶的兄弟姐妹发生直接公务关系时，应回避，不得影响亲属公正执行公务。

15. 企业领导人员在哪些公务活动中，不得参加有关调查、讨论、审核、决定？

《国有重要骨干企业领导人员任职和公务回避暂行规定》第九条规定，企业领导人员在纪检监察、仲裁、组织处理、出国审批、人事考核、任免、奖惩、录用、聘用、调配、专业技术职务评聘、专家选拔、发展党员、调资、安置复转军人、毕业生分配等公务活动中，涉及本人和亲属时，不得参加有关调查、讨论、审核、决定，也不得以任何方式施加影响。

16. 企业领导人员不得利用职权为亲属或关系密切的个人从事哪些活动？

根据《国有重要骨干企业领导人员任职和公务回避暂行规定》第三条、第十二条的规定，严禁企业领导人员利用职权为配偶，父母，配偶的父母，子女及其配偶，兄弟姐妹及其配偶、子女，配偶的兄弟姐妹及其他亲属或关系密切的个人从事下列活动：

（1）为其经商办企业提供场地、设备、备品备件及其他生产资料等（含无偿提供、有偿使用、暂时使用）。

（2）为其经商办企业挪用、拆借资金，提供贷款抵押、质押、担保等。

（3）向其批售或授意批售本企业物资、产成品，提供加工产品、备品备件或批购其推销的原材料及产品。

（4）将本企业的项目或下属企业、单位以委托、承包、租赁、转卖等方式给其经营或与其合作、联营。

（5）为其承揽本企业工程或参加自己主管、参与的工程施工、物资采购、加工制作等方面的招投标业务。

（6）企业改制重组时，在处理物资设备、发行股票和企业内部债券等业务中，向其提供便利和优惠条件。

（7）为其提供商标、品牌、专利、非公开信息、客户市场等方面的便利。

（8）其他侵害企业利益的行为。

17. 国有企业"小金库"有哪些主要表现形式？

根据《国有及国有控股企业"小金库"专项治理实施办法》的规定，凡国有企业违反法律法规及其他有关规定，应列入而未列入符合规定的单位账簿的各项资金（含有价证券）及其形成的资产，均属于"小金库"。

国有企业"小金库"主要表现形式包括：

（1）隐匿收入设立"小金库"。

①用销售商品收入、提供劳务收入等营业收入设立"小金库"。

②用资产处置、出租、使用收入设立"小金库"。

③用股权投资、债权投资取得的投资收益设立"小金库"。

④用政府奖励资金、社会捐赠、企业高管人员上交兼职薪酬、境外企业和中外合资企业中方人员劳务费用结余等其他收入设立"小金库"。

（2）虚列支出设立"小金库"。

①虚列产品成本、工程成本、采购成本、劳务成本等营业成本设立"小金库"。

②虚列研究与开发费、业务招待费、会议费、销售手续费、销

售服务费等期间费用设立"小金库"。

③虚列职工工资、福利费用、社会保险费用、工会经费、管理人员职务消费等人工成本设立"小金库"。

（3）转移资产设立"小金库"。

①以虚假会计核算方式转移原材料、产成品等资产设立"小金库"。

②以虚假股权投资、虚假应收款项坏账核销等方式转移资产设立"小金库"。

③以虚假资产盘亏、毁损、报废方式转移资产设立"小金库"。

④以虚假关联交易方式转移资产设立"小金库"。

（4）其他形式设立"小金库"。

18. 国有企业实行厂务公开的总体要求是什么？

中共中央办公厅、国务院办公厅《关于在国有企业、集体企业及其控股企业深入实行厂务公开制度的通知》指出，实行厂务公开的总体要求是：

（1）国有企业、集体企业及其控股的企业都要实行厂务公开。目前还没有实行的单位应尽快实行；已经实行的，要进一步深化，逐步使其内容、程序、形式规范化、制度化。特别是生产经营困难的企业更应当实行厂务公开，动员和依靠职工群众与经营者共同把企业搞好。

（2）在厂务公开工作中，要切实做好企业领导人员和职工的思想工作。企业领导人员要提高认识，自觉地把厂务公开摆到重要工作位置，纳入现代企业管理的体制、机制和制度之中。要鼓励职工积极参与厂务公开活动，支持和监督企业经营者依法行使职权，认真行使当家作主的民主权利。要加强对职工代表的培训，不断提高他们参与民主决策、民主管理和民主监督的意识和能力。

（3）在厂务公开工作中，必须坚决防止和克服形式主义，保证公开的真实性，务求工作实效。要切实做到企业重大决策必须通过厂务公开听取职工意见，并提交职代会审议，未经职代会审议的不应实施；涉及职工切身利益的重大事项，更应向职工公开，职代会按照法律法规规定具有决定权和否决权，既未公开又未经职代会通过的有关决定视为无效；在国有和国有控股企业，经职代会民主评议和民主测评，大多数职工不拥护的企业领导人员，其上级管理部门应采取相应的组织措施；企业领导人员违反职代会决议和厂务公开的有关规定，导致矛盾激化，影响企业和社会稳定的，要实行责任追究。

19. 厂务公开的主要内容包括哪些？

（1）企业重大决策问题。主要包括企业中长期发展规划，投资和生产经营重大决策方案，企业改革、改制方案，兼并、破产方案，重大技术改造方案，职工裁员、分流、安置方案等重大事项。

（2）企业生产经营管理方面的重要问题。主要包括年度生产经营目标及完成情况，财务预决算，企业担保，大额资金使用，工程建设项目的招投标，大宗物资采购供应，产品销售和盈亏情况，承包租赁合同执行情况，企业内部经济责任制落实情况，重要规章制度的制定等。

（3）涉及职工切身利益方面的问题。主要包括劳动法律法规的执行情况，集体合同、劳动合同的签订和履行，职工提薪晋级、工资奖金分配、奖罚与福利，职工养老、医疗、工伤、失业、生育等社会保障基金缴纳情况，职工招聘，专业技术职称的评聘，评优选先的条件、数量和结果，职工购房、售房的政策和住房公积金管理以及企业公积金和公益金的使用方案，安全生产和劳动保护措施，职工培训计划等。

（4）与企业领导班子建设和党风廉政建设密切相关的问题。主要包括民主评议企业领导人员情况，企业中层领导人员、重要岗位人员的选聘和任用情况，干部廉洁自律规定执行情况，企业业务招待费使用情况，企业领导人员工资（年薪）、奖金、兼职、补贴、住房、用车、通讯工具使用情况，以及出国出境费用支出情况等。

厂务公开的内容应根据企业的实际情况有所侧重。既要公开有关政策依据和本单位的有关规定，又要公开具体内容、标准和承办部门；既要公开办事结果，又要公开办事程序；既要公开职工的意见和建议，又要公开职工意见和建议的处理情况，使厂务公开始终在职工的广泛参与和监督下进行。要密切结合企业改革和发展的实际，及时引导厂务公开不断向企业生产经营管理的深度和广度延伸，推动企业不断健全和完善管理制度、党风廉政建设制度和职工民主管理制度。

20. 厂务公开的实现形式有哪些?

厂务公开的主要载体是职工代表大会。要按照有关规定，认真落实职代会的各项职权。要通过实行厂务公开，进一步完善职代会民主评议企业领导人员制度，坚持集体合同草案提交职代会讨论通过，企业业务招待费使用情况、企业领导人员廉洁自律情况、集体合同履行情况等企业重要事项向职代会报告制度，国有及国有控股的公司制企业由职代会选举职工董事、职工监事制度等，不断充实和丰富职代会的内容，提高职代会的质量和实效，落实好职工群众的知情权、审议权、通过权、决定权和评议监督权，建立符合现代企业制度要求的民主管理制度。

在职代会闭会期间，要发挥职工代表团（组）长联席会议的作用。车间、班组的内部事务也要实行公开。应依照厂务公开的规定，制定车间、班组内部事务公开的实施办法。

厂务公开的日常形式还应包括厂务公开栏、厂情发布会、党政工联席会和企业内部信息网络、广播、电视、厂报、墙报等，并可根据实际情况不断创新。同时，在公开后应注意通过意见箱、接待日、职工座谈会、举报电话等形式，了解职工的反映，不断改进工作。

21. "三重一大"事项的主要范围是什么？

"三重一大"事项是指重大决策、重要人事任免、重大项目安排和大额度资金运作。根据中共中央办公厅、国务院办公厅印发的《关于进一步推进国有企业贯彻落实"三重一大"决策制度的意见》，"三重一大"事项的主要范围包括：

（1）重大决策事项，是指依照《中华人民共和国公司法》《中华人民共和国全民所有制工业企业法》《中华人民共和国企业国有资产法》《中华人民共和国商业银行法》《中华人民共和国证券法》《中华人民共和国保险法》以及其他有关法律法规和党内法规规定的应当由股东大会（股东会）、董事会、未设董事会的经理班子、职工代表大会和党委（党组）决定的事项。主要包括企业贯彻执行党和国家的路线方针政策、法律法规和上级重要决定的重大措施，企业发展战略、破产、改制、兼并重组、资产调整、产权转让、对外投资、利益调配、机构调整等方面的重大决策，企业党的建设和安全稳定的重大决策，以及其他重大决策事项。

（2）重要人事任免事项，是指企业直接管理的领导人员以及其他经营管理人员的职务调整事项。主要包括企业中层以上经营管理人员和下属企业、单位领导班子成员的任免、聘用、解除聘用和后备人选的确定，向控股和参股企业委派股东代表，推荐董事会、监事会成员和经理、财务负责人，以及其他重要人事任免事项。

（3）重大项目安排事项，是指对企业资产规模、资本结构、盈利能力以及生产装备、技术状况等产生重要影响的项目的设立和安排。主要包括年度投资计划，融资、担保项目，期权、期货等金融衍生业务，重要设备和技术引进，采购大宗物资和购买服务，重大工程建设项目，以及其他重大项目安排事项。

（4）大额度资金运作事项，是指超过由企业或者履行国有资产出资人职责的机构所规定的企业领导人员有权调动、使用的资金限额的资金调动和使用。主要包括年度预算内大额度资金调动和使用，超预算的资金调动和使用，对外大额捐赠、赞助，以及其他大额度资金运作事项。

22. "三重一大"事项决策的基本程序是什么？

根据中共中央办公厅、国务院办公厅印发的《关于进一步推进国有企业贯彻落实"三重一大"决策制度的意见》，"三重一大"事项决策的基本程序是：

（1）"三重一大"事项提交会议集体决策前应当认真调查研究，经过必要的研究论证程序，充分吸收各方面意见。重大投资和工程建设项目，应当事先充分听取有关专家的意见。重要人事任免，应当事先征求国有企业和履行国有资产出资人职责机构的纪检监察机构的意见。研究决定企业改制以及经营管理方面的重大问题、涉及职工切身利益的重大事项、制定重要的规章制度，应当听取企业工会的意见，并通过职工代表大会或者其他形式听取职工群众的意见和建议。

（2）决策事项应当提前告知所有参与决策人员，并为所有参与决策人员提供相关材料。必要时，可事先听取反馈意见。

（3）党委（党组）、董事会、未设董事会的经理班子应当以会议的形式，对职责权限内的"三重一大"事项作出集体决策。不得以个别征求意见等方式作出决策。紧急情况下由个人或少数人临时决定的，应在事后及时向党委（党组）、董事会或未设董事会的经理班子报告；临时决定人应当对决策情况负责，党委（党组）、董事会或未设董事会的经理班子应当在事后按程序予以追认。经董事会授权，经理班子决策"三重一大"事项的，按照本意见执行。

（4）决策会议符合规定人数方可召开。与会人员要充分讨论并分别发表意见，主要负责人应当最后发表结论性意见。会议决定多个事项时，应逐项研究决定。若存在严重分歧，一般应当推迟作出决定。

（5）会议决定的事项、过程、参与人及其意见、结论等内容，应当完整、详细记录并存档备查。

（6）决策作出后，企业应当及时向履行国有资产出资人职责的机构报告有关决策情况；企业负责人应当按照分工组织实施，并明确落实部门和责任人。参与决策的个人对集体决策有不同意见，可以保留或者向上级反映，但在没有作出新的决策前，不得擅自变更或者拒绝执行。如遇特殊情况需对决策内容作重大调整，应当重新按规定履行决策程序。

（7）董事会、未设董事会的经理班子研究"三重一大"事项时，应事先与党委（党组）沟通，听取党委（党组）的意见。进入董事会、未设董事会的经理班子的党委（党组）成员，应当贯彻党组织的意见或决定。企业党组织要团结带领全体党员和广大职工群众，推动决策的实施，并对实施中发现的与党和国家方针政策、法律法规不符或脱离实际的情况及时提出意见，如得不到纠正，应当向上级反映。

（8）建立"三重一大"事项决策的回避制度；建立对决策的考核评价和后评估制度，逐步健全决策失误纠错改正机制和责任追究制度。

二、企业国有资产监督管理

23. 什么是企业国有资产？其归谁所有？

根据《企业国有资产监督管理暂行条例》第三条、第四条的规定，企业国有资产，是指国家对企业各种形式的投资和投资所形成的权益，以及依法认定为国家所有的其他权益。

企业国有资产属于国家所有。国家实行由国务院和地方人民政府分别代表国家履行出资人职责，享有所有者权益，权利、义务和责任相统一，管资产和管人、管事相结合的国有资产管理体制。

24. 负责国有资产监督管理的机构是什么？

《企业国有资产监督管理暂行条例》第十二条规定，国务院国有资产监督管理机构是代表国务院履行出资人职责、负责监督管理企业国有资产的直属特设机构。

省、自治区、直辖市人民政府国有资产监督管理机构，设区的市、自治州级人民政府国有资产监督管理机构是代表本级政府履行出资人职责、负责监督管理企业国有资产的直属特设机构。

上级政府国有资产监督管理机构依法对下级政府的国有资产监督管理工作进行指导和监督。

25. 国有资产监督管理机构可以任免哪些企业负责人？

《企业国有资产监督管理暂行条例》第十七条规定，国有资产监督管理机构依照有关规定，任免或者建议任免所出资企业的企业负责人：

（1）任免国有独资企业的总经理、副总经理、总会计师及其他企业负责人。

（2）任免国有独资公司的董事长、副董事长、董事，并向其提出总经理、副总经理、总会计师等的任免建议。

（3）依照公司章程，提出向国有控股的公司派出的董事、监事人选，推荐国有控股的公司的董事长、副董事长和监事会主席人选，并向其提出总经理、副总经理、总会计师人选的建议。

（4）依照公司章程，提出向国有参股的公司派出的董事、监事人选。

国务院，省、自治区、直辖市人民政府，设区的市、自治州级人民政府，对所出资企业的企业负责人的任免另有规定的，按照有关规定执行。

26. 国资委发现中央企业存在哪些情形时可以开展责任约谈？

《国资监管责任约谈工作规则》第三条规定，国资委在国资监管工作中发现中央企业存在下列情形之一的，可以开展责任约谈：

（1）贯彻落实习近平总书记重要指示批示和党中央、国务院决策部署存在问题的。

（2）违反党章和党内法规以及国资委党委规范性文件的。

（3）违反国家法律法规和国有资产监管规章、规范性文件及政策规定的。

（4）规划投资、财务管控、经济运行、产权管理、改革重组、国企混改、公司治理、业绩考核、薪酬分配、资本运营、科技创新、依法经营、合规管理、内部控制、风险管控、内部审计、监督追责、网络安全、选人用人、巡视巡察和党的建设等方面存在突出问题的。

（5）存在重大风险隐患或发生可能造成严重不良后果的重大事项的。

（6）发生重大资产损失及损失风险，因减少或挽回资产损失等工作需要，暂未启动责任追究程序的。

（7）未按规定执行重大事项请示报告制度，或瞒报漏报谎报迟报重大资产损失及损失风险的。

（8）对出资人监管、审计、纪检监察、巡视监督、督查等工作以及国资监管提示函、通报中提出的整改要求，拒绝整改、拖延整改、整改不力或弄虚作假的。

（9）在国际化经营、国际交流合作、外事管理等工作中有严重不当行为的。

（10）其他需要责任约谈的事项。

27. 责任约谈的形式、对象、内容是什么？

根据《国资监管责任约谈工作规则》的规定，责任约谈形式分为个别约谈和集体约谈。多家中央企业存在同类问题或约谈事项涉及多家中央企业的，可以开展集体约谈。

责任约谈对象为中央企业有关负责人及相关责任人。根据需要，国资委可指定中央企业及所属子企业相关人员参加约谈。

责任约谈包括以下内容：（1）说明约谈事由和目的，指出企业存在的问题，提示相关人员的责任风险，提出监管要求和整改意见。（2）听取被约谈人员对相关问题的陈述，主要包括有关问题基本情况，造成的资产损失、损失风险或影响，问题原因分析，已采取整改或责任追究措施，下一步工作计划等情况。（3）对被约谈人员进行必要的询问。（4）其他需要约谈的内容。

28. 中央企业违规经营投资问题查处线索包括哪些？

《中央企业违规经营投资问题线索查处工作指引》第八条规定，受理的问题线索主要包括：

（1）国资委在国资监管工作中发现移交的问题线索。

（2）外部审计、巡视、纪检监察等工作中发现移交的问题线索。

（3）企业法律、财务、投资、运营及内部审计、巡视、纪检监察等部门发现移交的问题线索。

（4）子企业发现报告的问题线索。

（5）其他有关问题线索。

29. 中央企业针对违规经营投资问题线索如何进行初步核实？

根据《中央企业违规经营投资问题线索查处工作指引》第十一条至第十六条的规定，中央企业根据问题线索的复杂程度和工作需要，制定初步核实方案。初步核实方案包括核实内容，范围，方式，工作组织，时间步骤，其他工作安排及内容。

中央企业应当安排2人以上参加初步核实，通过与移交、报告主体沟通，听取涉及企业情况介绍，与相关人员谈话，查阅文件资料，要求作出书面说明等方式开展工作。

初步核实工作主要包括以下内容：

（1）问题线索的基本事实情况。（2）涉及企业的管理层级情况。（3）涉及责任人员及相应干部管理权限情况。（4）资产损失程度及其他不良后果初步情况。（5）是否属于违规经营投资责任追究范围。（6）移交、报告主体等有关方面的办理建议意见等。（7）其他需要初步核实的内容。

初步核实工作一般应当于 30 个工作日内完成。根据工作需要，可以延长一次，延长时间不得超过 30 个工作日。

初步核实工作结束后，应当形成初步核实报告，说明工作开展情况及初步核实结果等，并提出工作建议。

根据初步核实情况，对未发现因违规经营投资应当追究责任的，报经主管负责人批准后予以了结。予以了结建议呈批前，应当听取移交、报告主体意见。

30. 中央企业对违规事实或涉嫌违纪违法的行为如何分类处置？

《中央企业违规经营投资问题线索查处工作指引》第十七条至第十九条规定，根据初步核实情况，对确有违规事实或涉嫌违纪违法的，按照规定的职责权限和程序提出分类处置建议，报经领导机构批准后实施。

分类处置工作主要包括以下内容：（1）属于国资委责任追究职责范围的，向国资委作出报告。（2）属于中央企业责任追究职责范围的，由专责机构组织开展核查工作。（3）属于子企业责任追究职责范围的，可以移交和督促相关企业进行核查及责任追究。（4）对发生生产安全、环境污染责任事故和不稳定事件的，移送企业有关部门。（5）涉嫌违纪或职务违法的问题线索，按照干部管理权限移送有关纪检监察机构。（6）涉嫌犯罪的问题线索，向相关国家监察机关或司法机关报案。（7）其他处置方式。

分类处置建议报经领导机构批准后，对上述第一、三、四、五项相关问题线索，以报告、通知或移送（交）函等形式办理。

31. 中央企业开展问题线索核查的工作方案包含哪些内容？

中央企业开展问题线索核查前，应当制定核查工作方案，报经主管负责人批准后实施。

《中央企业违规经营投资问题线索查处工作指引》第二十一条规定，核查工作方案主要包括以下内容：

（1）被核查企业情况。

（2）需要查清的主要问题线索。

（3）需要认定的资产损失及责任人。

（4）核查组组成、分工和工作纪律要求。

（5）核查步骤及方法、时间安排、经费预算。

（6）其他核查工作内容及安排。

32. 核查工作主要包括哪些内容？

《中央企业违规经营投资问题线索查处工作指引》第二十四条规定，核查工作主要包括以下内容：

（1）核实问题线索对应的违规责任追究情形。

（2）确定造成的资产损失金额或其他严重不良后果。

（3）倒查在决策、实施、监督等环节的制度制定及执行情况，查清资产损失原因。

（4）对涉及的责任人员进行责任划分，认定相应责任，提出责任追究处理建议。

（5）其他需要核实的内容。

33. 开展核查工作可以采取哪些措施核查取证？

根据《中央企业违规经营投资问题线索查处工作指引》第二十五条至第二十八条的规定，开展核查工作可以采取以下措施核查取证：（1）听取被核查企业汇报，要求企业作出说明。（2）查阅复制文件、账目、档案等相关资料。（3）查核资产情况和有关信息，进行鉴定勘验。（4）与相关人员谈话了解情况，必要时可以请被谈话人作出书面说明。（5）其他必要措施。

核查措施应当有 2 名以上核查组工作人员参加，并形成谈话记录、工作底稿等，记录核查工作过程、核查结论及相应的证明材料。谈话记录应当由被谈话人核对并签字确认，被谈话人无故拒绝签字的，核查组工作人员应当予以注明。工作底稿应当履行复核程序。证明材料应当由被核查企业盖章确认。

对有可能影响核查工作顺利开展的相关责任人员，有证据证明违规问题明显的，报经主管负责人批准后，按规定程序可以采取以下限制措施：（1）对未支付或兑现的绩效年薪、任期激励收入、中长期激励收益等暂停支付或兑现。（2）视情况采取停职、调离工作岗位等措施。（3）其他限制措施。

在问题线索核查工作中，对确有工作需要的，报经主管负责人批准，可以商请有关纪检监察机构提供必要支持。

34. 核查工作周期是多长？核查工作结束后形成的报告内容是什么？

《中央企业违规经营投资问题线索查处工作指引》第二十九条规定，核查工作一般应当自核查工作方案批准之日起 6 个月内完成。对违规情形复杂、发生时间久远、损失金额巨大、涉及人员众多等情况的，报经主管负责人批准后可以延长一次，延长时间不得超过 3 个月。

第三十一条规定，核查工作结束后形成资产损失情况核查报告和责任认定报告。

（1）资产损失情况核查报告的内容包括：问题线索反映的经营投资情况、核查工作开展情况、核查发现的主要问题及定性依据、问题原因分析、资产损失认定情况，听取意见情况，以及企业已开展的整改及责任追究情况等。

（2）责任认定报告的内容包括：涉及的责任人员及承担的责任情况、责任认定依据、责任追究处理建议等。

35. 中央企业如何做好责任追究处理落实工作？

《中央企业违规经营投资问题线索查处工作指引》第三十三条至第三十五条规定，中央企业召开领导机构会议，审议资产损失情况核查报告和责任认定报告，形成审议意见后，按照有关规定提请企业党委（党组）会议审议，作出处理决定。

中央企业应当印发处理决定，送达有关企业及被处理人。处理决定内容包括被处理人基本情况、主要违规事实、处理依据、处理意见等。

中央企业应当安排相关部门根据处理决定，按规定程序做好责任追究处理落实工作。

（1）对给予批评教育、责令书面检查、通报批评、诫勉等组织处理的，由专责机构配合人事部门共同做好组织处理的宣布执行，并形成相应处理记录。

（2）对给予停职、调离工作岗位、降职、改任非领导职务、责令辞职、免职等组织处理的，在人事部门办理相关文件后，由专责机构配合人事部门做好宣布执行等事项。

（3）对给予扣减薪酬处理的，由薪酬管理部门组织落实。

（4）对给予禁入限制处理的，由专责机构、人事部门按分工组织落实，按照中央企业禁入限制人员信息管理有关规定做好相关工作。

36. 整改报告及相关材料主要包括哪些内容？

根据《中央企业违规经营投资问题线索查处工作指引》第四十条至第四十二条的规定，中央企业应当向相关企业印发整改通知，指出存在的问题、明确整改意见和工作要求等。

中央企业应当督促相关企业制定整改工作方案，并要求相关企业报送整改报告及相关材料等。

整改报告及相关材料主要包括以下内容：

（1）整改工作组织开展情况。

（2）已采取的整改措施和完成情况。

（3）降低损失或损失风险、修订完善制度等整改成效情况。

（4）按照干部管理权限，对相关人员责任追究处理情况。

（5）证明整改结果的文件资料等。

37. 中央企业违规经营投资责任追究的范围有哪些？

根据《中央企业违规经营投资责任追究实施办法（试行）》的规定，中央企业经营管理有关人员违反规定，未履行或未正确履行职责致使发生下列情形，造成国有资产损失或其他严重不良后果的，应当追究相应责任。

第一，集团管控方面的责任追究情形：

（1）违反规定程序或超越权限决定、批准和组织实施重大经营投资事项，或决定、批准和组织实施的重大经营投资事项违反党和国家方针政策、决策部署以及国家有关规定。

（2）对国家有关集团管控的规定未执行或执行不力，致使发生重大资产损失对生产经营、财务状况产生重大影响。

（3）对集团重大风险隐患、内控缺陷等问题失察，或虽发现但没有及时报告、处理，造成重大资产损失或其他严重不良后果。

（4）所属子企业发生重大违规违纪违法问题，造成重大资产损失且对集团生产经营、财务状况产生重大影响，或造成其他严重不良后果。

（5）对国家有关监管机构就经营投资有关重大问题提出的整改工作要求，拒绝整改、拖延整改等。

第二，风险管理方面的责任追究情形：

（1）未按规定履行内控及风险管理制度建设职责，导致内控及风险管理制度缺失，内控流程存在重大缺陷。

（2）内控及风险管理制度未执行或执行不力，对经营投资重大风险未能及时分析、识别、评估、预警、应对和报告。

（3）未按规定对企业规章制度、经济合同和重要决策等进行法律审核。

（4）未执行国有资产监管有关规定，过度负债导致债务危机，危及企业持续经营。

（5）恶意逃废金融债务。

（6）瞒报、漏报、谎报或迟报重大风险及风险损失事件，指使编制虚假财务报告，企业账实严重不符。

第三，购销管理方面的责任追究情形：

（1）未按规定订立、履行合同，未履行或未正确履行职责致使合同标的价格明显不公允。

（2）未正确履行合同，或无正当理由放弃应得合同权益。

（3）违反规定开展融资性贸易业务或"空转""走单"等虚假贸易业务。

（4）违反规定利用关联交易输送利益。

（5）未按规定进行招标或未执行招标结果。

（6）违反规定提供赊销信用、资质、担保或预付款项，利用业务预付或物资交易等方式变相融资或投资。

（7）违反规定开展商品期货、期权等衍生业务。

（8）未按规定对应收款项及时追索或采取有效保全措施。

第四，工程承包建设方面的责任追究情形：

（1）未按规定对合同标的进行调查论证或风险分析。

（2）未按规定履行决策和审批程序，或未经授权和超越授权投标。

（3）违反规定，无合理商业理由以低于成本的报价中标。

（4）未按规定履行决策和审批程序，擅自签订或变更合同。

（5）未按规定程序对合同约定进行严格审查，存在重大疏漏。

（6）工程以及与工程建设有关的货物、服务未按规定招标或规避招标。

（7）违反规定分包等。

（8）违反合同约定超计价、超进度付款。

第五，资金管理方面的责任追究情形：

（1）违反决策和审批程序或超越权限筹集和使用资金。

（2）违反规定以个人名义留存资金、收支结算、开立银行账户等。

（3）设立"小金库"。

（4）违反规定集资、发行股票或债券、捐赠、担保、委托理财、拆借资金或开立信用证、办理银行票据等。

（5）虚列支出套取资金。

（6）违反规定超发、滥发职工薪酬福利。

（7）因财务内控缺失或未按照财务内控制度执行，发生资金挪用、侵占、盗取、欺诈等。

第六，转让产权、上市公司股权、资产等方面的责任追究情形：

（1）未按规定履行决策和审批程序或超越授权范围转让。

（2）财务审计和资产评估违反相关规定。

（3）隐匿应当纳入审计、评估范围的资产，组织提供和披露虚假信息，授意、指使中介机构出具虚假财务审计、资产评估鉴证结果及法律意见书等。

（4）未按相关规定执行回避制度。

（5）违反相关规定和公开公平交易原则，低价转让企业产权、上市公司股权和资产等。

（6）未按规定进场交易。

第七，固定资产投资方面的责任追究情形：

（1）未按规定进行可行性研究或风险分析。

（2）项目概算未按规定进行审查，严重偏离实际。

（3）未按规定履行决策和审批程序擅自投资。

（4）购建项目未按规定招标，干预、规避或操纵招标。

（5）外部环境和项目本身情况发生重大变化，未按规定及时调整投资方案并采取止损措施。

（6）擅自变更工程设计、建设内容和追加投资等。

（7）项目管理混乱，致使建设严重拖期、成本明显高于同类项目。

（8）违反规定开展列入负面清单的投资项目。

第八，投资并购方面的责任追究情形：

（1）未按规定开展尽职调查，或尽职调查未进行风险分析等，存在重大疏漏。

（2）财务审计、资产评估或估值违反相关规定。

（3）投资并购过程中授意、指使中介机构或有关单位出具虚假报告。

（4）未按规定履行决策和审批程序，决策未充分考虑重大风险因素，未制定风险防范预案。

（5）违反规定以各种形式为其他合资合作方提供垫资，或通过高溢价并购等手段向关联方输送利益。

（6）投资合同、协议及标的企业公司章程等法律文件中存在有损国有权益的条款，致使对标的企业管理失控。

（7）违反合同约定提前支付并购价款。

（8）投资并购后未按有关工作方案开展整合，致使对标的企业管理失控。

（9）投资参股后未行使相应股东权利，发生重大变化未及时采取止损措施。

（10）违反规定开展列入负面清单的投资项目。

第九，改组改制方面的责任追究情形：

（1）未按规定履行决策和审批程序。

（2）未按规定组织开展清产核资、财务审计和资产评估。

（3）故意转移、隐匿国有资产或向中介机构提供虚假信息，授意、指使中介机构出具虚假清产核资、财务审计与资产评估等鉴证结果。

（4）将国有资产以明显不公允低价折股、出售或无偿分给其他单位或个人。

（5）在发展混合所有制经济、实施员工持股计划、破产重整或清算等改组改制过程中，违反规定，导致发生变相套取、私分国有资产。

（6）未按规定收取国有资产转让价款。

（7）改制后的公司章程等法律文件中存在有损国有权益的条款。

第十，境外经营投资方面的责任追究情形：

（1）未按规定建立企业境外投资管理相关制度，导致境外投资管控缺失。

（2）开展列入负面清单禁止类的境外投资项目。

（3）违反规定从事非主业投资或开展列入负面清单特别监管类的境外投资项目。

（4）未按规定进行风险评估并采取有效风险防控措施对外投资或承揽境外项目。

（5）违反规定采取不当经营行为，以及不顾成本和代价进行恶性竞争。

（6）违反本章其他有关规定或存在国家明令禁止的其他境外经营投资行为的。

第十一，其他违反规定，未履行或未正确履行职责造成国有资产损失或其他严重不良后果的责任追究情形。

38. 对中央企业违规经营投资造成的资产损失如何认定？

《中央企业违规经营投资责任追究实施办法（试行）》第十八条至第二十二条规定，对中央企业违规经营投资造成的资产损失，在调查核实的基础上，依据有关规定认定资产损失金额，以及对企业、国家和社会等造成的影响。

资产损失包括直接损失和间接损失。直接损失是与相关人员行为有直接因果关系的损失金额及影响；间接损失是由相关人员行为引发或导致的，除直接损失外、能够确认计量的其他损失金额及影响。

中央企业违规经营投资资产损失 500 万元以下为一般资产损失，500 万元以上 5000 万元以下为较大资产损失，5000 万元以上为重大资产损失。涉及违纪违法和犯罪行为查处的损失标准，遵照相关党内法规和国家法律法规的规定执行。

前述所称的"以上"包括本数，所称的"以下"不包括本数。

资产损失金额及影响，可根据司法、行政机关等依法出具的书面文件，具有相应资质的会计师事务所、资产评估机构、律师事务所、专业技术鉴定机构等专业机构出具的专项审计、评估或鉴证报告，以及企业内部证明材料等，进行综合研判认定。

相关违规经营投资虽尚未形成事实资产损失，但确有证据证明资产损失在可预见未来将发生，且能可靠计量资产损失金额的，经中介机构评估可以认定为或有损失，计入资产损失。

39. 中央企业经营管理有关人员违规经营投资责任如何认定？

中央企业经营管理有关人员任职期间违反规定，未履行或未正确履行职责造成国有资产损失或其他严重不良后果的，应当追究其相应责任。违规经营投资责任根据工作职责划分为直接责任、主管责任和领导责任。

直接责任是指相关人员在其工作职责范围内，违反规定，未履行或未正确履行职责，对造成的资产损失或其他严重不良后果起决定性直接作用时应当承担的责任。企业负责人存在以下情形的，应当承担直接责任：

（1）本人或与他人共同违反国家法律法规、国有资产监管规章制度和企业内部管理规定。

（2）授意、指使、强令、纵容、包庇下属人员违反国家法律法规、国有资产监管规章制度和企业内部管理规定。

（3）未经规定程序或超越权限，直接决定、批准、组织实施重大经济事项。

（4）主持相关会议讨论或以其他方式研究时，在多数人不同意的情况下，直接决定、批准、组织实施重大经济事项。

（5）将按有关法律法规制度应作为第一责任人（总负责）的事项、签订的有关目标责任事项或应当履行的其他重要职责，授权（委托）其他领导人员决策且决策不当或决策失误等。

（6）其他应当承担直接责任的行为。

主管责任是指相关人员在其直接主管（分管）工作职责范围内，违反规定，未履行或未正确履行职责，对造成的资产损失或其他严重不良后果应当承担的责任。

领导责任是指企业主要负责人在其工作职责范围内，违反规定，未履行或未正确履行职责，对造成的资产损失或其他严重不良后果应当承担的责任。

中央企业所属子企业违规经营投资致使发生下列情形的，上级企业经营管理有关人员应当承担相应的责任。上一级企业有关人员应当承担相应责任的情形包括：（1）发生重大资产损失且对企业生产经营、财务状况产生重大影响的。（2）多次发生较大、重大资产损失，或造成其他严重不良后果的。除上一级企业有关人员外，更高层级企业有关人员也应当承担相应责任的情形包括：（1）发生违规违纪违法问题，造成资产损失金额巨大且危及企业生存发展的。（2）在一定时期内多家所属子企业连续集中发生重大资产损失，或造成其他严重不良后果的。

中央企业违反规定瞒报、漏报或谎报重大资产损失的，对企业主要负责人和分管负责人比照领导责任和主管责任进行责任认定。

中央企业未按规定和有关工作职责要求组织开展责任追究工作

的，对企业负责人及有关人员比照领导责任、主管责任和直接责任进行责任认定。

中央企业有关经营决策机构以集体决策形式作出违规经营投资的决策或实施其他违规经营投资的行为，造成资产损失或其他严重不良后果的，应当承担集体责任，有关成员也应当承担相应责任。

40. 对中央企业违规经营投资相关责任人的处理方式包括哪些?

《中央企业违规经营投资责任追究实施办法（试行）》第三十一条规定，对相关责任人的处理方式包括组织处理、扣减薪酬、禁入限制、纪律处分、移送国家监察机关或司法机关等，可以单独使用，也可以合并使用。

（1）组织处理。包括批评教育、责令书面检查、通报批评、诫勉、停职、调离工作岗位、降职、改任非领导职务、责令辞职、免职等。

（2）扣减薪酬。扣减和追索绩效年薪或任期激励收入，终止或收回其他中长期激励收益，取消参加中长期激励资格等。

（3）禁入限制。5 年直至终身不得担任国有企业董事、监事、高级管理人员。

（4）纪律处分。由相应的纪检监察机构查处。

（5）移送国家监察机关或司法机关处理。依据国家有关法律规定，移送国家监察机关或司法机关查处。

41. 中央企业发生资产损失，除依据有关规定移送纪检监察机构或司法机关处理外，还应当如何处理?

《中央企业违规经营投资责任追究实施办法（试行）》第三十二条规定，中央企业发生资产损失，经过查证核实和责任认定后，除依据有关规定移送纪检监察机构或司法机关处理外，应当按以下方式处理：

（1）发生一般资产损失的，对直接责任人和主管责任人给予批评教育、责令书面检查、通报批评、诫勉等处理，可以扣减和追索责任认定年度50%以下的绩效年薪。

（2）发生较大资产损失的，对直接责任人和主管责任人给予通报批评、诫勉、停职、调离工作岗位、降职等处理，同时按照以下标准扣减薪酬：扣减和追索责任认定年度50%~100%的绩效年薪、扣减和追索责任认定年度（含）前3年50%~100%的任期激励收入并延期支付绩效年薪，终止尚未行使的其他中长期激励权益、上缴责任认定年度及前一年度的全部中长期激励收益、5年内不得参加企业新的中长期激励。

对领导责任人给予通报批评、诫勉、停职、调离工作岗位等处理，同时按照以下标准扣减薪酬：扣减和追索责任认定年度30%~70%的绩效年薪、扣减和追索责任认定年度（含）前3年30%~70%的任期激励收入并延期支付绩效年薪，终止尚未行使的其他中长期激励权益、3年内不得参加企业新的中长期激励。

（3）发生重大资产损失的，对直接责任人和主管责任人给予降职、改任非领导职务、责令辞职、免职和禁入限制等处理，同时按照以下标准扣减薪酬：扣减和追索责任认定年度100%的绩效年薪、扣减和追索责任认定年度（含）前3年100%的任期激励收入并延期支付绩效年薪，终止尚未行使的其他中长期激励权益、上缴责任认定年度（含）前3年的全部中长期激励收益、不得参加企业新的中长期激励。

对领导责任人给予调离工作岗位、降职、改任非领导职务、责令辞职、免职和禁入限制等处理，同时按照以下标准扣减薪酬：扣减和追索责任认定年度 70%～100% 的绩效年薪、扣减和追索责任认定年度（含）前 3 年 70%～100% 的任期激励收入并延期支付绩效年薪，终止尚未行使的其他中长期激励权益、上缴责任认定年度（含）前 3 年的全部中长期激励收益、5 年内不得参加企业新的中长期激励。

42. 中央企业所属子企业发生资产损失，应对相关责任人给予什么处理？

《中央企业违规经营投资责任追究实施办法（试行）》第三十三条规定，中央企业所属子企业发生资产损失，按照本办法应当追究中央企业有关人员责任时，对相关责任人给予通报批评、诫勉、停职、调离工作岗位、降职、改任非领导职务、责令辞职、免职和禁入限制等处理，同时按照以下标准扣减薪酬：扣减和追索责任认定年度 30%～100% 的绩效年薪、扣减和追索责任认定年度（含）前 3 年 30%～100% 的任期激励收入并延期支付绩效年薪，终止尚未行使的其他中长期激励权益、上缴责任认定年度（含）前 3 年的全部中长期激励收益、3～5 年内不得参加企业新的中长期激励。

43. 子企业发生资产损失的相关责任人受到处理的，对任职有哪些影响？

《中央企业违规经营投资责任追究实施办法（试行）》第三十七条规定，相关责任人受到诫勉处理的，6 个月内不得提拔、重用；受到调离工作岗位、改任非领导职务处理的，1 年内不得提拔；受到降职处理的，2 年内不得提拔；受到责令辞职、免职处理的，1 年内不安排职务，2 年内不得担任高于原任职务层级的职务；同时受到纪律处分的，按照影响期长的规定执行。

44. 在哪些情形下，应当对违规经营投资相关责任人从重或加重处理？

《中央企业违规经营投资责任追究实施办法（试行）》第三十九条规定，有下列情形之一的，应当对相关责任人从重或加重处理：

（1）资产损失频繁发生、金额巨大、后果严重的。

（2）屡禁不止、顶风违规、影响恶劣的。

（3）强迫、唆使他人违规造成资产损失或其他严重不良后果的。

（4）未及时采取措施或措施不力导致资产损失或其他严重不良后果扩大的。

（5）瞒报、漏报或谎报资产损失的。

（6）拒不配合或干扰、抵制责任追究工作的。

（7）其他应当从重或加重处理的。

45. 在哪些情形下，可以对违规经营投资相关责任人从轻或减轻处理？

《中央企业违规经营投资责任追究实施办法（试行）》第四十条规定，对中央企业经营管理有关人员在企业改革发展中所出现的失误，不属于有令不行、有禁不止、不当谋利、主观故意、独断专行等的，根据有关规定和程序予以容错。有下列情形之一的，可以对违规经营投资相关责任人从轻或减轻处理：

（1）情节轻微的。

（2）以促进企业改革发展稳定或履行企业经济责任、政治责任、社会责任为目标，且个人没有谋取私利的。

（3）党和国家方针政策、党章党规党纪、国家法律法规、地方性法规和规章等没有明确限制或禁止的。

（4）处置突发事件或紧急情况下，个人或少数人决策，事后及时履行报告程序并得到追认，且不存在故意或重大过失的。

（5）及时采取有效措施减少、挽回资产损失并消除不良影响的。

（6）主动反映资产损失情况，积极配合责任追究工作的，或主动检举其他造成资产损失相关人员，查证属实的。

（7）其他可以从轻或减轻处理的。

三、企业财务规范和审计监督

46. 中央企业如何规范管理和使用国有资本经营预算资金?

中央企业是国有资本经营预算（以下简称资本预算）执行的实施主体和责任主体。获得资本预算支持的中央企业应当按照资本预算批复要求，编制资本预算执行计划，依法自主决策，规范组织实施。

《中央企业国有资本经营预算支出执行监督管理暂行办法》第六条规定，中央企业应当按照下列要求规范管理和使用资本预算资金，确保资金安全，实现绩效目标，维护国有资本权益：

（1）资本预算批复的方向、用途或项目、绩效目标。

（2）企业编制的资本预算执行计划。

（3）企业内部控制制度的规定。

（4）资本预算资金使用调整的规定。

（5）资本预算管理的其他要求。

47. 中央企业如何及时落实国有资本权益?

《中央企业国有资本经营预算支出执行监督管理暂行办法》第九条规定，中央企业收到的资本性预算资金属于国家资本金，企业应当按照有关规定做好账务处理、国有产权变更登记等工作，及时落实国有资本权益。

（1）国有独资公司收到资本性预算资金后，应当及时计入实收资本。在一个会计年度内多次收到资本性预算资金的，可暂作资本公积，原则上应当在会计年度结束前转增实收资本。

（2）股权多元化公司收到资本性预算资金后，可暂作资本公积，并明确属于国家资本金，在发生股权变动调整时落实国有资本权益。

48. 国有企业的法定代表人属于领导干部经济责任审计对象吗？

经济责任，是指领导干部在任职期间，对其管辖范围内贯彻执行党和国家经济方针政策、决策部署，推动经济和社会事业发展，管理公共资金、国有资产、国有资源，防控重大经济风险等有关经济活动应当履行的职责。《党政主要领导干部和国有企事业单位主要领导人员经济责任审计规定》第四条规定，领导干部经济责任审计对象包括：

（1）地方各级党委、政府、纪检监察机关、法院、检察院的正职领导干部或者主持工作1年以上的副职领导干部。

（2）中央和地方各级党政工作部门、事业单位和人民团体等单位的正职领导干部或者主持工作1年以上的副职领导干部。

（3）国有和国有资本占控股地位或者主导地位的企业（含金融机构，以下统称国有企业）的法定代表人或者不担任法定代表人但实际行使相应职权的主要领导人员。

（4）上级领导干部兼任下级单位正职领导职务且不实际履行经济责任时，实际分管日常工作的副职领导干部。

（5）党中央和县级以上地方党委要求进行经济责任审计的其他主要领导干部。

49. 国有企业主要领导人员经济责任审计的内容有哪些？

经济责任审计应当以领导干部任职期间公共资金、国有资产、国有资源的管理、分配和使用为基础，以领导干部权力运行和责任落实情况为重点，充分考虑领导干部管理监督需要、履职特点和审计资源等因素，依规依法确定审计内容。《党政主要领导干部和国有企事业单位主要领导人员经济责任审计规定》第十九条规定，国有企业主要领导人员经济责任审计的内容包括：

（1）贯彻执行党和国家经济方针政策、决策部署情况。

（2）企业发展战略规划的制定、执行和效果情况。

（3）重大经济事项的决策、执行和效果情况。

（4）企业法人治理结构的建立、健全和运行情况，内部控制制度的制定和执行情况。

（5）企业财务的真实合法效益情况，风险管控情况，境外资产管理情况，生态环境保护情况。

（6）在经济活动中落实有关党风廉政建设责任和遵守廉洁从业规定情况。

（7）以往审计发现问题的整改情况。

（8）其他需要审计的内容。

50. 被审计领导干部及其所在单位应当提供哪些资料？

根据《党政主要领导干部和国有企事业单位主要领导人员经济责任审计规定》第二十六条、第二十七条的规定，被审计领导干部及其所在单位，以及其他有关单位应当及时、准确、完整地提供与被审计领导干部履行经济责任有关的下列资料：

（1）被审计领导干部经济责任履行情况报告。

（2）工作计划、工作总结、工作报告、会议记录、会议纪要、决议决定、请示、批示、目标责任书、经济合同、考核检查结果、业务档案、机构编制、规章制度、以往审计发现问题整改情况等资料。

（3）财政收支、财务收支相关资料。

（4）与履行职责相关的电子数据和必要的技术文档。

（5）审计所需的其他资料。

被审计领导干部及其所在单位应当对所提供资料的真实性、完整性负责，并作出书面承诺。

51. 经济责任审计中发现的重大问题线索应当如何处理？

《党政主要领导干部和国有企事业单位主要领导人员经济责任审计规定》第三十五条规定，经济责任审计中发现的重大问题线索，由审计委员会办公室按照规定向审计委员会报告。

应当由纪检监察机关或者有关主管部门处理的问题线索，由审计机关依规依纪依法移送处理。

被审计领导干部所在单位存在的违反国家规定的财政收支、财务收支行为，依法应当给予处理处罚的，由审计机关在法定职权范围内作出审计决定。

52. 领导干部对履行经济责任过程中的哪些行为应当承担直接责任？

《党政主要领导干部和国有企事业单位主要领导人员经济责任审计规定》第四十条规定，领导干部对履行经济责任过程中的下列行为应当承担直接责任：

（1）直接违反有关党内法规、法律法规、政策规定的。

（2）授意、指使、强令、纵容、包庇下属人员违反有关党内法规、法律法规、政策规定的。

（3）贯彻党和国家经济方针政策、决策部署不坚决不全面不到位，造成公共资金、国有资产、国有资源损失浪费，生态环境破坏，公共利益损害等后果的。

（4）未完成有关法律法规规章、政策措施、目标责任书等规定的领导干部作为第一责任人（负总责）事项，造成公共资金、国有资产、国有资源损失浪费，生态环境破坏，公共利益损害等后果的。

（5）未经民主决策程序或者民主决策时在多数人不同意的情况下，直接决定、批准、组织实施重大经济事项，造成公共资金、国有资产、国有资源损失浪费，生态环境破坏，公共利益损害等后果的。

（6）不履行或者不正确履行职责，对造成的后果起决定性作用的其他行为。

53. 领导干部对履行经济责任过程中的哪些行为应当承担领导责任？

《党政主要领导干部和国有企事业单位主要领导人员经济责任审计规定》第四十一条规定，领导干部对履行经济责任过程中的下列行为应当承担领导责任：

（1）民主决策时，在多数人同意的情况下，决定、批准、组织实施重大经济事项，由于决策不当或者决策失误造成公共资金、国有资产、国有资源损失浪费，生态环境破坏，公共利益损害等后果的。

（2）违反部门、单位内部管理规定造成公共资金、国有资产、国有资源损失浪费，生态环境破坏，公共利益损害等后果的。

（3）参与相关决策和工作时，没有发表明确的反对意见，相关决策和工作违反有关党内法规、法律法规、政策规定，或者造成公共资金、国有资产、国有资源损失浪费，生态环境破坏，公共利益损害等后果的。

（4）疏于监管，未及时发现和处理所管辖范围内本级或者下一级地区（部门、单位）违反有关党内法规、法律法规、政策规定的问题，造成公共资金、国有资产、国有资源损失浪费，生态环境破坏，公共利益损害等后果的。

（5）除直接责任外，不履行或者不正确履行职责，对造成的后果应当承担责任的其他行为。

54. 审计评价时如何保护领导干部干事创业的积极性、主动性、创造性？

《党政主要领导干部和国有企事业单位主要领导人员经济责任审计规定》第四十三条规定，审计评价时，应当把领导干部在推进改革中因缺乏经验、先行先试出现的失误和错误，同明知故犯的违纪违法行为区分开来；把上级尚无明确限制的探索性试验中的失误和错误，同上级明令禁止后依然我行我素的违纪违法行为区分开来；把为推动发展的无意过失，同为谋取私利的违纪违法行为区分开来。对领导干部在改革创新中的失误和错误，正确把握事业为上、实事求是、依纪依法、容纠并举等原则，经综合分析研判，可以免责或者从轻定责，鼓励探索创新，支持担当作为，保护领导干部干事创业的积极性、主动性、创造性。

55. 被审计领导干部及其所在单位根据审计结果，应当采取哪些整改措施？

《党政主要领导干部和国有企事业单位主要领导人员经济责任审计规定》第四十八条规定，被审计领导干部及其所在单位根据审计结果，应当采取以下整改措施：

（1）对审计发现的问题，在规定期限内进行整改，将整改结果书面报告审计委员会办公室、审计机关，以及组织部门或者主管部门。

（2）对审计决定，在规定期限内执行完毕，将执行情况书面报告审计委员会办公室、审计机关。

（3）根据审计发现的问题，落实有关责任人员的责任，采取相应的处理措施。

（4）根据审计建议，采取措施，健全制度，加强管理。

（5）将审计结果以及整改情况纳入所在单位领导班子党风廉政建设责任制检查考核的内容，作为领导班子民主生活会以及领导班子成员述责述廉的重要内容。

四、企业薪酬福利规范

56. 中央企业工资总额管理应当遵循什么原则？

工资总额，是指由企业在一个会计年度内直接支付给与本企业建立劳动关系的全部职工的劳动报酬总额，包括工资、奖金、津贴、补贴、加班加点工资、特殊情况下支付的工资等。

《中央企业工资总额管理办法》第五条规定，工资总额管理应当遵循以下原则：

（1）坚持市场化改革方向。实行与社会主义市场经济相适应的企业工资分配制度，发挥市场在资源配置中的决定性作用，逐步实现中央企业职工工资水平与劳动力市场价位相适应。

（2）坚持效益导向原则。按照质量第一、效益优先的要求，职工工资水平的确定以及增长应当与企业经济效益和劳动生产率的提高相联系，切实实现职工工资能增能减，充分调动职工创效主动性和积极性，不断优化人工成本投入产出效率，持续增强企业活力。

（3）坚持分级管理。完善出资人依法调控与企业自主分配相结合的中央企业工资总额分级管理体制，国资委以管资本为主调控中央企业工资分配总体水平，企业依法依规自主决定内部薪酬分配。

（4）坚持分类管理。根据中央企业功能定位、行业特点，分类实行差异化的工资总额管理方式和决定机制，引导中央企业落实国有资产保值增值责任，发挥在国民经济和社会发展中的骨干作用。

57. 工资总额预算如何确定？

《中央企业工资总额管理办法》第十六条规定，工资总额预算与利润总额等经济效益指标的业绩考核目标值挂钩，并且根据目标值的先进程度（一般设置为三档）确定不同的预算水平。

（1）企业经济效益增长，目标值为第一档的，工资总额增长可以与经济效益增幅保持同步；目标值为第二档的，工资总额增长应当低于经济效益增幅。

（2）企业经济效益下降，目标值为第二档的，工资总额可以适度少降；目标值为第三档的，工资总额应当下降。

（3）企业受政策调整、不可抗力等非经营性因素影响的，可以合理调整工资总额预算。

（4）企业未实现国有资产保值增值的，工资总额不得增长或者适度下降。

58. 什么情况下可以申请对工资总额预算进行调整？

《中央企业工资总额管理办法》第十七条规定，工资总额预算在按照经济效益决定的基础上，还应当根据劳动生产率、人工成本投入产出效率的对标情况合理调整。企业当年经济效益增长但劳动生产率未提高的，工资总额应当适当少增。企业劳动生产率以及其他人工成本投入产出指标与同行业水平对标差距较大的，应当合理控制工资总额预算。

第二十四条规定，中央企业应当严格执行经国资委备案或者核准的工资总额预算方案，在执行过程中出现以下情形之一，导致预算编制基础发生重大变化的，可以申请对工资总额预算进行调整：

（1）国家宏观经济政策发生重大调整。

（2）市场环境发生重大变化。

（3）企业发生分立、合并等重大资产重组行为。

（4）其他特殊情况。

59. 中央企业违规超提、超发工资总额的会有什么后果？

《中央企业工资总额管理办法》第三十四条规定，中央企业不得违反规定超提、超发工资总额。出现超提、超发行为的企业，应当清退并且进行相关账务处理，国资委相应核减企业下一年度工资总额基数，并且根据有关规定对相关责任人进行处理。

60. 中央企业负责人的履职待遇有什么规定？

根据《中央企业负责人履职待遇、业务支出管理办法》的规定，中央企业负责人是指经国务院授权由国务院国有资产监督管理委员会（以下简称国资委）履行出资人职责的国家出资企业（以下简称企业）的下列人员：（1）设立董事会企业的董事长、副董事长、董事（不含外部董事、职工董事），总经理（总裁）、副总经理（副总裁）、总会计师。（2）未设立董事会企业的总经理（总裁、院长、局长、主任）、副总经理（副总裁、副院长、副局长、副主任）、总会计师。（3）企业的党委（党组）书记、副书记、党委常委（党组成员），纪委书记（纪检组组长）。

履职待遇是指为企业负责人履行工作职责提供的工作保障和条件，主要包括公务用车、办公用房、培训等。

（1）公务用车。

企业负责人按照1人1车或者多人1车配备（包括购置、租赁等）公务用车。企业采取统一调度等方式保障企业负责人公务活动用车的，属于为企业负责人配备公务用车。

企业主要负责人公务用车配备标准为排气量 2.5 升（含）以下、购车价格（不含车辆购置税，下同）38 万元以内，企业其他负责人公务用车配备标准为排气量 2.0 升（含）以下、购车价格 28 万元以内。企业负责人公务用车使用年限超过 8 年已不能正常使用的，或者车辆安全状况、排放要求等不符合有关标准要求的，可以更新。企业负责人公务用车的报废和出售等处置，应当按照国有企业资产处置有关规定执行。

企业负责人新配备或者更新公务用车要严格执行配备标准，选用国产汽车，优先选用新能源汽车，不得增加高档配置或者豪华内饰。企业负责人已购置使用的公务用车超过规定配备标准的，在未达到更新或者报废条件情况下，可以继续使用；已租赁使用的公务用车超过配备标准的，应当按规定配备标准重新租赁。

企业由于非政策性因素发生亏损或者处于被托管、重组脱困，以及拖欠职工工资、社会保险费用期间，不得为企业负责人购置、租赁、更新公务用车。企业不得以任何方式换用、借用、占用所出资企业或者其他有利益关系单位和个人的车辆供企业负责人使用。

（2）办公用房。

企业应当按照庄重、朴素、经济、适用和资源节约的原则建设办公用房，严禁超标准新建办公用房，严禁豪华装修。要公平配置、集约使用办公用房资源。企业负责人原则上配置使用一处办公用房，确因异地工作需要另行配置办公用房的，应当严格履行企业内部审核程序。

企业主要负责人办公室（含休息室、卫生间，下同）使用面积标准不超过 80 平方米，企业其他负责人办公室使用面积标准不超过 60 平方米。不得长期租用宾馆、酒店房间作为办公用房。

企业负责人新配置办公用房要严格执行配置标准。现有的办公室超过规定面积标准的，一般采取调换或者合用方式解决；必须采取工程改造方式的，如受现有建筑结构布局、线路和消防、空调等设施设备客观条件限制，待办公用房维修改造或者领导干部职务变动调换办公室时解决，不应造成新的浪费。

企业负责人办公用房因使用时间较长、设施设备老化、功能不全，不能满足办公需求的，可以进行维修改造。办公用房维修改造应当以消除安全隐患、恢复和完善使用功能、降低能源资源消耗为重点，严格执行维修改造标准。

（3）培训。

企业要围绕提高企业负责人政治和专业素质、创新和经营管理能力开展必要的培训。企业负责人参加各种学历教育以及为取得学位而参加在职教育的费用必须由个人承担。

企业负责人参加出国培训应当严格执行国家有关出国（境）培训管理规定，不得参加无实质需要的国外培训。

61. 中央企业负责人的业务支出有什么规定？

根据《中央企业负责人履职待遇、业务支出管理办法》的规定，业务支出是指企业负责人在生产经营活动中因履行工作职责所发生的费用支出，主要包括业务招待、国内差旅、因公临时出国（境）、通信等方面的支出。

（1）业务招待。

业务招待是指企业负责人为企业生产经营业务的需要，招待客户、合资合作方以及其他外部关系人员的活动。业务招待主要分为商务、外事、其他公务招待活动等。

企业负责人开展商务和外事招待活动，宴请标准每次人均不得超过 600 元（含酒水、饮料，下同），赠送纪念品标准每次人均不得超过 600 元。企业要根据企业负责人业务招待活动内容和招待对象，在控制标准内，分档确定商务和外事招待活动的宴请、赠送纪念品的标准。其他公务招待活动参照党政机关公务接待标准执行，不得赠送纪念品。

企业要明确业务招待活动的审批、报销等程序。对企业负责人每次业务招待活动实行招待费用总额和人均费用双控管理，严格控制陪同人数。

企业负责人进行业务招待活动，由企业相关部门编制预算并组织安排，应当首选本企业食堂或者协议酒店等，严格执行相关制度和标准。外事招待工作应当遵循服务外交、友好对等、务实节俭原则，从严控制招待费用支出。

企业负责人业务招待活动赠送纪念品，应当符合有关法律法规要求，以宣传企业形象、展示企业文化为主要内容，严禁赠送现金和购物卡、消费卡、商业预付卡等各种有价证券、支付凭证以及贵重物品等。企业应当建立纪念品订购、领用等审批程序。

企业负责人进行业务招待所发生的费用应当由相关部门及时结算。业务招待费用报销应当提供内部审核流程、发票以及招待清单，如实反映招待对象、业务招待活动内容、招待费用等情况，不得将业务招待费用以会议、培训、调研等费用的名义虚列、隐匿。

（2）国内差旅和因公临时出国（境）。

企业应当根据国家有关规定和财务会计制度，结合生产经营实际和实施国际化经营的需要，合理确定企业负责人国内差旅和因公临时出国（境）乘坐交通工具的类型和等级，以及住宿、就餐等标准。除特殊情况外，不得乘坐民航包机或私人、企业和外国航空公司包机，不得租用商务机。

严禁企业负责人无明确公务目的的国内差旅活动，从严控制国内差旅随行人员。企业应当保障企业负责人处理本企业及其所出资企业境外经营管理业务的出国（境）活动，不得安排照顾性、无实质内容的一般性出访和考察性出访，不得安排与企业负责人因公临时出国（境）任务无关的人员随行。

企业负责人应当严格执行因公临时出国（境）管理制度和任务安排，不得以任何理由绕道旅行，或者以过境名义变相增加出访国家和地区，不得无故延长因公临时出国（境）时间。企业要严格规范国（境）外接待工作，严禁超标准接待。严禁用公款或者变相用公款在国内和出国（境）旅游。

企业负责人应当严格按规定开支国内差旅费用，严格遵守因公临时出国（境）经费预算、支出、使用、核算等财务制度，不得铺张浪费。

（3）通信。

加强企业负责人从事公务活动所发生移动通信费用和住宅通信费用的管理。参考电信市场资费标准，根据企业负责人岗位要求和履职需要，合理确定通信费用年度预算控制额度，在预算额度内按照财务制度严格规范执行，不得以任何名目为企业负责人发放通信补贴。

市场化选聘的企业负责人，其薪酬体系中已包括通信补贴的，不再报销通信费用或者另行发放通信补贴。

62. 可以用公款为企业负责人购买百科全书、中外名著、古籍文献等装饰性图书吗？

根据《中央企业负责人履职待遇、业务支出管理办法》的规定，除保障企业负责人履职待遇和业务支出外，严禁以下用公款为企业负责人支付个人支出的行为：

（1）按照职务为企业负责人个人设置定额消费。

（2）为企业负责人办理理疗保健卡、运动健身卡、会所和俱乐部会员卡、高尔夫球卡等各种消费卡。

（3）为企业负责人购买百科全书、中外名著、古籍文献等与工作无关的装饰性图书。

（4）支付企业负责人履行工作职责以外的、应当由个人承担的消费娱乐活动、宴请、赠送礼品及培训等各种费用。

（5）支付企业负责人与企业经营管理无关的各种消费支出。

（6）向所出资企业和其他有利益关系的单位转移各种企业负责人个人费用支出。

五、国有企业人员党纪政务处分

63. 党组织在纪律审查中发现党员有贪污贿赂、徇私舞弊等涉嫌犯罪行为的，应当给予党员什么党纪处分？

《中国共产党纪律处分条例》第二十九条规定，党组织在纪律审查中发现党员有贪污贿赂、滥用职权、玩忽职守、权力寻租、利益输送、徇私舞弊、浪费国家资财等违反法律涉嫌犯罪行为的，应当给予撤销党内职务、留党察看或者开除党籍处分。

64. 利用职权或者职务上的影响为他人谋取利益，会受到什么党纪处分？

《中国共产党纪律处分条例》第九十四条规定，党员干部必须正确行使人民赋予的权力，清正廉洁，反对特权思想和特权现象，反对任何滥用职权、谋求私利的行为。

利用职权或者职务上的影响为他人谋取利益，本人的配偶、子女及其配偶等亲属和其他特定关系人收受对方财物，情节较重的，给予警告或者严重警告处分；情节严重的，给予撤销党内职务、留党察看或者开除党籍处分。

65. 相互利用职权或者职务上的影响搞权权交易的，会受到什么党纪处分？

《中国共产党纪律处分条例》第九十五条规定，相互利用职权或者职务上的影响为对方及其配偶、子女及其配偶等亲属、身边工作人员和其他特定关系人谋取利益搞权权交易的，给予警告或者严重警告处分；情节较重的，给予撤销党内职务或者留党察看处分；情节严重的，给予开除党籍处分。

66. 纵容、默许亲属利用党员干部本人职权谋取私利的，会受到什么党纪处分？

《中国共产党纪律处分条例》第九十六条规定，纵容、默许配偶、子女及其配偶等亲属、身边工作人员和其他特定关系人利用党员干部本人职权或者职务上的影响谋取私利，情节较轻的，给予警告或者严重警告处分；情节较重的，给予撤销党内职务或者留党察看处分；情节严重的，给予开除党籍处分。

党员干部的配偶、子女及其配偶等亲属和其他特定关系人不实际工作而获取薪酬或者虽实际工作但领取明显超出同职级标准薪酬，党员干部知情未予纠正的，依照前款规定处理。

67. 收受可能影响公正执行公务的礼品、礼金等财物的，会受到什么党纪处分？

《中国共产党纪律处分条例》第九十七条规定，收受可能影响公正执行公务的礼品、礼金、消费卡（券）和有价证券、股权、其他金融产品等财物，情节较轻的，给予警告或者严重警告处分；情节较重的，给予撤销党内职务或者留党察看处分；情节严重的，给予开除党籍处分。

收受其他明显超出正常礼尚往来的财物的，依照前款规定处理。

68. 向从事公务的人员及其亲属赠送明显超出正常礼尚往来的礼品、礼金等财物的，会受到什么党纪处分？

《中国共产党纪律处分条例》第九十八条规定，向从事公务的人员及其配偶、子女及其配偶等亲属和其他特定关系人赠送明显超出正常礼尚往来的礼品、礼金、消费卡（券）和有价证券、股权、其他金融产品等财物，情节较重的，给予警告或者严重警告处分；情节严重的，给予撤销党内职务或者留党察看处分。

以讲课费、课题费、咨询费等名义变相送礼的，依照前款规定处理。

69. 借用管理和服务对象的钱款，可能影响公正执行公务的，会受到什么党纪处分？

《中国共产党纪律处分条例》第九十九条规定，借用管理和服务对象的钱款、住房、车辆等，可能影响公正执行公务，情节较重的，给予警告或者严重警告处分；情节严重的，给予撤销党内职务、留党察看或者开除党籍处分。

通过民间借贷等金融活动获取大额回报，可能影响公正执行公务的，依照前款规定处理。

70. 利用职权或者职务上的影响操办婚丧喜庆事宜，会受到什么党纪处分？

《中国共产党纪律处分条例》第一百条规定，利用职权或者职务上的影响操办婚丧喜庆事宜，造成不良影响的，给予警告或者严重警告处分；情节严重的，给予撤销党内职务处分；借机敛财或者有其他侵犯国家、集体和人民利益行为的，从重或者加重处分，直至开除党籍。

71. 违规接受、提供宴请或者旅游、健身、娱乐等活动安排的，会受到什么党纪处分？

《中国共产党纪律处分条例》第一百零一条规定，接受、提供可能影响公正执行公务的宴请或者旅游、健身、娱乐等活动安排，情节较重的，给予警告或者严重警告处分；情节严重的，给予撤销党内职务或者留党察看处分。

72. 违规取得、持有、实际使用消费卡（券）或出入私人会所的，会受到什么党纪处分？

《中国共产党纪律处分条例》第一百零二条规定，违反有关规定取得、持有、实际使用运动健身卡、会所和俱乐部会员卡、高尔夫球卡等各种消费卡（券），或者违反有关规定出入私人会所，情节较重的，给予警告或者严重警告处分；情节严重的，给予撤销党内职务或者留党察看处分。

73. 违规从事营利活动，会受到什么党纪处分？

《中国共产党纪律处分条例》第一百零三条规定，违反有关规定从事营利活动，有下列行为之一，情节较轻的，给予警告或者严重警告处分；情节较重的，给予撤销党内职务或者留党察看处分；情节严重的，给予开除党籍处分：（1）经商办企业；（2）拥有非上市公司（企业）的股份或者证券；（3）买卖股票或者进行其他证券投资；（4）从事有偿中介活动；（5）在国（境）外注册公司或者投资入股；（6）其他违反有关规定从事营利活动的行为。

利用参与企业重组改制、定向增发、兼并投资、土地使用权出让等工作中掌握的信息买卖股票，利用职权或者职务上的影响通过购买信托产品、基金等方式非正常获利的，依照前款规定处理。

违反有关规定在经济组织、社会组织等单位中兼职，或者经批准兼职但获取薪酬、奖金、津贴等额外利益的，依照第一款规定处理。

74. 利用职权或者职务上的影响，为亲属和特定关系人谋取利益的，会受到什么党纪处分？

《中国共产党纪律处分条例》第一百零四条规定，利用职权或者职务上的影响，为配偶、子女及其配偶等亲属和其他特定关系人在审批监管、资源开发、金融信贷、大宗采购、土地使用权出让、房地产开发、工程招投标以及公共财政收支等方面谋取利益，情节较轻的，给予警告或者严重警告处分；情节较重的，给予撤销党内职务或者留党察看处分；情节严重的，给予开除党籍处分。

利用职权或者职务上的影响，为配偶、子女及其配偶等亲属和其他特定关系人吸收存款、推销金融产品、经营名贵特产类特殊资源等提供帮助谋取利益的，依照前款规定处理。

75. 离退休后违规任职或从事营利活动的，会受到什么党纪处分？

《中国共产党纪律处分条例》第一百零五条规定，离职或者退（离）休后违反有关规定接受原任职务管辖的地区和业务范围内或者与原工作业务直接相关的企业和中介机构等单位的聘用，或者个人从事与原任职务管辖业务或者与原工作业务直接相关的营利活动，情节较轻的，给予警告或者严重警告处分；情节较重的，给予撤销党内职务处分；情节严重的，给予留党察看处分。

党员领导干部离职或者退（离）休后违反有关规定担任上市公

司、基金管理公司独立董事、独立监事等职务，情节较轻的，给予警告或者严重警告处分；情节较重的，给予撤销党内职务处分；情节严重的，给予留党察看处分。

76. 离退休后利用自身影响为他人谋取利益的，会受到什么党纪处分?

《中国共产党纪律处分条例》第一百零六条规定，离职或者退（离）休后利用原职权或者职务上的影响，为配偶、子女及其配偶等亲属和其他特定关系人从事经营活动谋取利益，情节较轻的，给予警告或者严重警告处分；情节较重的，给予撤销党内职务或者留党察看处分；情节严重的，给予开除党籍处分。

离职或者退（离）休后利用原职权或者职务上的影响为他人谋取利益，本人的配偶、子女及其配偶等亲属和其他特定关系人收受对方财物，情节较重的，给予警告或者严重警告处分；情节严重的，给予撤销党内职务、留党察看或者开除党籍处分。

77. 党员领导干部的配偶、子女及其配偶违规经营的，该党员领导干部会受到什么党纪处分?

《中国共产党纪律处分条例》第一百零七条规定，党员领导干部的配偶、子女及其配偶，违反有关规定在该党员领导干部管辖的地区和业务范围内从事可能影响其公正执行公务的经营活动，或者有其他违反经商办企业禁业规定行为的，该党员领导干部应当按照规定予以纠正；拒不纠正的，其本人应当辞去现任职务或者由组织予以调整职务；不辞去现任职务或者不服从组织调整职务的，给予撤销党内职务处分。

78. 党和国家机关违规经商办企业的，会受到什么党纪处分？

《中国共产党纪律处分条例》第一百零八条规定，党和国家机关违反有关规定经商办企业的，对直接责任者和领导责任者，给予警告或者严重警告处分；情节严重的，给予撤销党内职务处分。

79. 党员领导干部违规为本人、他人谋求特殊待遇的，会受到什么党纪处分？

《中国共产党纪律处分条例》第一百零九条规定，党员领导干部违反工作、生活保障制度，在交通、医疗、警卫等方面为本人、配偶、子女及其配偶等亲属、身边工作人员和其他特定关系人谋求特殊待遇，情节较重的，给予警告或者严重警告处分；情节严重的，给予撤销党内职务或者留党察看处分。

80. 在分配、购买住房中侵犯国家、集体利益的，会受到什么党纪处分？

《中国共产党纪律处分条例》第一百一十条规定，在分配、购买住房中侵犯国家、集体利益，情节较轻的，给予警告或者严重警告处分；情节较重的，给予撤销党内职务或者留党察看处分；情节严重的，给予开除党籍处分。

81. 侵占公私财物及违规报销的，会受到什么党纪处分？

《中国共产党纪律处分条例》第一百一十一条规定，利用职权或者职务上的影响，侵占非本人经管的公私财物，或者以象征性地支付钱款等方式侵占公私财物，或者无偿、象征性地支付报酬接受服务、使用劳务，情节较轻的，给予警告或者严重警告处分；情节较重的，给予撤销党内职务或者留党察看处分；情节严重的，给予开除党籍处分。

利用职权或者职务上的影响，将应当由本人、配偶、子女及其配偶等亲属、身边工作人员和其他特定关系人个人支付的费用，由下属单位、其他单位或者他人支付、报销的，依照前款规定处理。

82. 违规占用公物归个人使用或进行营利活动的，会受到什么党纪处分？

《中国共产党纪律处分条例》第一百一十二条规定，利用职权或者职务上的影响，违反有关规定占用公物归个人使用，时间超过六个月，情节较重的，给予警告或者严重警告处分；情节严重的，给予撤销党内职务处分。

占用公物进行营利活动的，给予警告或者严重警告处分；情节较重的，给予撤销党内职务或者留党察看处分；情节严重的，给予开除党籍处分。

将公物借给他人进行营利活动的，依照前款规定处理。

83. 组织、参加用公款支付的宴请等活动或者用公款购买赠送礼品的，会受到什么党纪处分？

《中国共产党纪律处分条例》第一百一十三条规定，违反有关规定组织、参加用公款支付的宴请、娱乐、健身活动，或者用公款购买赠送或者发放礼品、消费卡（券）等，对直接责任者和领导责任者，情节较轻的，给予警告或者严重警告处分；情节较重的，给予撤销党内职务或者留党察看处分；情节严重的，给予开除党籍处分。

84. 违规发放薪酬、津补贴和奖金等的，会受到什么党纪处分？

《中国共产党纪律处分条例》第一百一十四条规定，违反有关规定自定薪酬或者滥发津贴、补贴、奖金、福利等，对直接责任者和领导责任者，情节较轻的，给予警告或者严重警告处分；情节较重的，给予撤销党内职务或者留党察看处分；情节严重的，给予开除党籍处分。

85. 用公款旅游的，会受到什么党纪处分？

《中国共产党纪律处分条例》第一百一十五条规定，有下列行为之一，对直接责任者和领导责任者，情节较轻的，给予警告或者严重警告处分；情节较重的，给予撤销党内职务或者留党察看处分；情节严重的，给予开除党籍处分：

（1）公款旅游或者以学习培训、考察调研、职工疗养等为名变相公款旅游。

（2）改变公务行程，借机旅游。

（3）参加所管理企业、下属单位组织的考察活动，借机旅游。

以考察、学习、培训、研讨、招商、参展等名义变相用公款出国（境）旅游的，对直接责任者和领导责任者，依照前款规定处理。

86. 违规接待或者借机大吃大喝的，会受到什么党纪处分？

《中国共产党纪律处分条例》第一百一十六条规定，违反接待管理规定，超标准、超范围接待或者借机大吃大喝，对直接责任者和领导责任者，情节较重的，给予警告或者严重警告处分；情节严重的，给予撤销党内职务处分。

87. 违规配备、购买、更换、装饰、使用公车的，会受到什么党纪处分？

《中国共产党纪律处分条例》第一百一十七条规定，违反有关规定配备、购买、更换、装饰、使用公务交通工具或者有其他违反公务交通工具管理规定的行为，对直接责任者和领导责任者，情节较重的，给予警告或者严重警告处分；情节严重的，给予撤销党内职务或者留党察看处分。

88. 违反会议活动管理规定的，会受到什么党纪处分？

《中国共产党纪律处分条例》第一百一十八条规定，违反会议活动管理规定，有下列行为之一，对直接责任者和领导责任者，情节较重的，给予警告或者严重警告处分；情节严重的，给予撤销党内职务处分：

（1）到禁止召开会议的风景名胜区开会。

（2）决定或者批准举办各类节会、庆典活动。

（3）其他违反会议活动管理规定行为。

擅自举办评比达标表彰、创建示范活动或者借评比达标表彰、创建示范活动收取费用的，对直接责任者和领导责任者，依照前款规定处理。

89. 违反办公用房管理等规定的，会受到什么党纪处分？

《中国共产党纪律处分条例》第一百一十九条规定，违反办公用房管理等规定，有下列行为之一，对直接责任者和领导责任者，情节较重的，给予警告或者严重警告处分；情节严重的，给予撤销党内职务处分：

（1）决定或者批准兴建、装修办公楼、培训中心等楼堂馆所。

（2）超标准配备、使用办公用房。

（3）未经批准租用、借用办公用房。

（4）用公款包租、占用客房或者其他场所供个人使用。

（5）其他违反办公用房管理等规定行为。

90. 搞权色交易或钱色交易的，会受到什么党纪处分？

《中国共产党纪律处分条例》第一百二十条规定，搞权色交易或者给予财物搞钱色交易的，给予警告或者严重警告处分；情节较重的，给予撤销党内职务或者留党察看处分；情节严重的，给予开除党籍处分。

91. 政务处分的种类和期间是什么？

《公职人员政务处分法》第七条规定，政务处分的种类为：（1）警告；（2）记过；（3）记大过；（4）降级；（5）撤职；（6）开除。

第八条规定，政务处分的期间为：（1）警告，六个月；（2）记过，十二个月；（3）记大过，十八个月；（4）降级、撤职，二十四个月。政务处分决定自作出之日起生效，政务处分期自政务处分决定生效之日起计算。

92. 公职人员可以从轻或者减轻给予政务处分的情形有哪些？

《公职人员政务处分法》第十一条规定，公职人员有下列情形之一的，可以从轻或者减轻给予政务处分：

（1）主动交代本人应当受到政务处分的违法行为的。

（2）配合调查，如实说明本人违法事实的。

（3）检举他人违纪违法行为，经查证属实的。

（4）主动采取措施，有效避免、挽回损失或者消除不良影响的。

（5）在共同违法行为中起次要或者辅助作用的。

（6）主动上交或者退赔违法所得的。

（7）法律、法规规定的其他从轻或者减轻情节。

关于公职人员的范围，《公职人员政务处分法》第二条第三款规定，本法所称公职人员，是指《监察法》第十五条规定的人员。而《监察法》第十五条将国有企业管理人员列为了监察机关的监察对象。根据《监察法实施条例》第四十条的规定，国有企业管理人员是指国家出资企业中的下列人员：

（1）在国有独资、全资公司、企业中履行组织、领导、管理、监督等职责的人员。

（2）经党组织或者国家机关，国有独资、全资公司、企业，事业单位提名、推荐、任命、批准等，在国有控股、参股公司及其分支机构中履行组织、领导、管理、监督等职责的人员。

（3）经国家出资企业中负有管理、监督国有资产职责的组织批准或者研究决定，代表其在国有控股、参股公司及其分支机构中从事组织、领导、管理、监督等工作的人员。

93. 公职人员应当从重给予政务处分的情形有哪些？

《公职人员政务处分法》第十三条规定，公职人员有下列情形之一的，应当从重给予政务处分：

（1）在政务处分期内再次故意违法，应当受到政务处分的。

（2）阻止他人检举、提供证据的。

（3）串供或者伪造、隐匿、毁灭证据的。

（4）包庇同案人员的。

（5）胁迫、唆使他人实施违法行为的。

（6）拒不上交或者退赔违法所得的。

（7）法律、法规规定的其他从重情节。

94. 公职人员犯罪，予以开除的情形有哪些？

《公职人员政务处分法》第十四条规定，公职人员犯罪，有下列情形之一的，予以开除：

（1）因故意犯罪被判处管制、拘役或者有期徒刑以上刑罚（含宣告缓刑）的。

（2）因过失犯罪被判处有期徒刑，刑期超过三年的。

（3）因犯罪被单处或者并处剥夺政治权利的。

因过失犯罪被判处管制、拘役或者三年以下有期徒刑的，一般应当予以开除；案件情况特殊，予以撤职更为适当的，可以不予开除，但是应当报请上一级机关批准。

公职人员因犯罪被单处罚金，或者犯罪情节轻微，人民检察院依法作出不起诉决定或者人民法院依法免予刑事处罚的，予以撤职；造成不良影响的，予以开除。

95. 公职人员有两个以上违法行为的，应当如何确定政务处分？

《公职人员政务处分法》第十五条规定，公职人员有两个以上违法行为的，应当分别确定政务处分。应当给予两种以上政务处分的，执行其中最重的政务处分；应当给予撤职以下多个相同政务处分的，可以在一个政务处分期以上、多个政务处分期之和以下确定政务处分期，但是最长不得超过四十八个月。

96. **利用职权或者职务上的影响为本人或者他人谋取私利的，会受到什么政务处分？**

《公职人员政务处分法》第三十三条规定，有下列行为之一的，予以警告、记过或者记大过；情节较重的，予以降级或者撤职；情节严重的，予以开除：

（1）贪污贿赂的。

（2）利用职权或者职务上的影响为本人或者他人谋取私利的。

（3）纵容、默许特定关系人利用本人职权或者职务上的影响谋取私利的。

拒不按照规定纠正特定关系人违规任职、兼职或者从事经营活动，且不服从职务调整的，予以撤职。

97. **收受可能影响公正行使公权力的财物的，会受到什么政务处分？**

《公职人员政务处分法》第三十四条规定，收受可能影响公正行使公权力的礼品、礼金、有价证券等财物的，予以警告、记过或者记大过；情节较重的，予以降级或者撤职；情节严重的，予以开除。

向公职人员及其特定关系人赠送可能影响公正行使公权力的礼品、礼金、有价证券等财物，或者接受、提供可能影响公正行使公权力的宴请、旅游、健身、娱乐等活动安排，情节较重的，予以警告、记过或者记大过；情节严重的，予以降级或者撤职。

98. **违反规定公款消费的，会受到什么政务处分？**

《公职人员政务处分法》第三十五条规定，有下列行为之一，情节较重的，予以警告、记过或者记大过；情节严重的，予以降级或者撤职：

（1）违反规定设定、发放薪酬或者津贴、补贴、奖金的。

（2）违反规定，在公务接待、公务交通、会议活动、办公用房以及其他工作生活保障等方面超标准、超范围的。

（3）违反规定公款消费的。

99. 违反规定从事或者参与营利性活动的，会受到什么政务处分？

《公职人员政务处分法》第三十六条规定，违反规定从事或者参与营利性活动，或者违反规定兼任职务、领取报酬的，予以警告、记过或者记大过；情节较重的，予以降级或者撤职；情节严重的，予以开除。

100. 违反规定向管理服务对象收取、摊派财物的，会受到什么政务处分？

《公职人员政务处分法》第三十八条规定，有下列行为之一，情节较重的，予以警告、记过或者记大过；情节严重的，予以降级或者撤职：

（1）违反规定向管理服务对象收取、摊派财物的。

（2）在管理服务活动中故意刁难、吃拿卡要的。

（3）在管理服务活动中态度恶劣粗暴，造成不良后果或者影响的。

（4）不按照规定公开工作信息，侵犯管理服务对象知情权，造成不良后果或者影响的。

（5）其他侵犯管理服务对象利益的行为，造成不良后果或者影响的。

有前款第一项、第二项和第五项行为，情节特别严重的，予以开除。

101. 泄露国家秘密、工作秘密的，会受到什么政务处分？

《公职人员政务处分法》第三十九条规定，有下列行为之一，造成不良后果或者影响的，予以警告、记过或者记大过；情节较重的，予以降级或者撤职；情节严重的，予以开除：

（1）滥用职权，危害国家利益、社会公共利益或者侵害公民、法人、其他组织合法权益的。

（2）不履行或者不正确履行职责，玩忽职守，贻误工作的。

（3）工作中有形式主义、官僚主义行为的。

（4）工作中有弄虚作假，误导、欺骗行为的。

（5）泄露国家秘密、工作秘密，或者泄露因履行职责掌握的商业秘密、个人隐私的。

102. 参与赌博的，会受到什么政务处分？

《公职人员政务处分法》第四十条规定，有下列行为之一的，予以警告、记过或者记大过；情节较重的，予以降级或者撤职；情节严重的，予以开除：

（1）违背社会公序良俗，在公共场所有不当行为，造成不良影响的。

（2）参与或者支持迷信活动，造成不良影响的。

（3）参与赌博的。

（4）拒不承担赡养、抚养、扶养义务的。

（5）实施家庭暴力，虐待、遗弃家庭成员的。

（6）其他严重违反家庭美德、社会公德的行为。

吸食、注射毒品，组织赌博，组织、支持、参与卖淫、嫖娼、色情淫乱活动的，予以撤职或者开除。

六、国有企业人员职务违法犯罪处置

103. 国有企业工作人员将国有资产低价折股或者低价出售，致使国家利益遭受重大损失的，会受到什么刑事处罚?

《刑法》第一百六十九条规定，国有公司、企业或者其上级主管部门直接负责的主管人员，徇私舞弊，将国有资产低价折股或者低价出售，致使国家利益遭受重大损失的，处三年以下有期徒刑或者拘役；致使国家利益遭受特别重大损失的，处三年以上七年以下有期徒刑。

其他公司、企业直接负责的主管人员，徇私舞弊，将公司、企业资产低价折股或者低价出售，致使公司、企业利益遭受重大损失的，依照前款的规定处罚。

104. 国家工作人员利用职务上的便利非法占有国有财物的，会有什么法律后果?

《刑法》第三百八十二条规定，国家工作人员利用职务上的便利，侵吞、窃取、骗取或者以其他手段非法占有公共财物的，是贪污罪。

受国家机关、国有公司、企业、事业单位、人民团体委托管理、经营国有财产的人员，利用职务上的便利，侵吞、窃取、骗取或者以其他手段非法占有国有财物的，以贪污论。

与前两款所列人员勾结，伙同贪污的，以共犯论处。

第九十三条规定，本法所称国家工作人员，是指国家机关中从事公务的人员。国有公司、企业、事业单位、人民团体中从事公务的人员和国家机关、国有公司、企业、事业单位委派到非国有公司、企业、事业单位、社会团体从事公务的人员，以及其他依照法律从事公务的人员，以国家工作人员论。

第三百八十三条规定，对犯贪污罪的，根据情节轻重，分别依照下列规定处罚：

（1）贪污数额较大或者有其他较重情节的，处三年以下有期徒刑或者拘役，并处罚金。

（2）贪污数额巨大或者有其他严重情节的，处三年以上十年以下有期徒刑，并处罚金或者没收财产。

（3）贪污数额特别巨大或者有其他特别严重情节的，处十年以上有期徒刑或者无期徒刑，并处罚金或者没收财产；数额特别巨大，并使国家和人民利益遭受特别重大损失的，处无期徒刑或者死刑，并处没收财产。

对多次贪污未经处理的，按照累计贪污数额处罚。

犯第一款罪，在提起公诉前如实供述自己罪行、真诚悔罪、积极退赃，避免、减少损害结果的发生，有第一项规定情形的，可以从轻、减轻或者免除处罚；有第二项、第三项规定情形的，可以从轻处罚。

犯第一款罪，有第三项规定情形被判处死刑缓期执行的，人民法院根据犯罪情节等情况可以同时决定在其死刑缓期执行二年期满依法减为无期徒刑后，终身监禁，不得减刑、假释。

105. 国家工作人员挪用公款数额较大、进行营利活动的，应当承担什么法律责任？

根据《刑法》第三百八十四条的规定，国家工作人员利用职务上的便利，挪用公款归个人使用，进行非法活动的，或者挪用公款数额较大、进行营利活动的，或者挪用公款数额较大、超过三个月未还的，是挪用公款罪，处五年以下有期徒刑或者拘役；情节严重的，处五年以上有期徒刑。挪用公款数额巨大不退还的，处十年以上有期徒刑或者无期徒刑。

挪用用于救灾、抢险、防汛、优抚、扶贫、移民、救济款物归个人使用的，从重处罚。

106. 国家工作人员非法收受他人财物，为他人谋取利益的，会受到什么刑事处罚？

根据《刑法》第三百八十五条的规定，国家工作人员利用职务上的便利，索取他人财物的，或者非法收受他人财物，为他人谋取利益的，是受贿罪。

国家工作人员在经济往来中，违反国家规定，收受各种名义的回扣、手续费，归个人所有的，以受贿论处。

第三百八十六条规定，对犯受贿罪的，根据受贿所得数额及情节，依照本法第三百八十三条的规定处罚。索贿的从重处罚。

107. 国有企业索取、非法收受他人财物，为他人谋取利益的，会受到什么刑事处罚？

《刑法》第三百八十七条规定，国家机关、国有公司、企业、事业单位、人民团体，索取、非法收受他人财物，为他人谋取利益，情节严重的，对单位判处罚金，并对其直接负责的主管人员和其他直接责任人员，处三年以下有期徒刑或者拘役；情节特别严重的，处三年以上十年以下有期徒刑。

前款所列单位，在经济往来中，在帐外暗中收受各种名义的回扣、手续费的，以受贿论，依照前款的规定处罚。

108. 国家工作人员的近亲属为请托人谋取不正当利益，收受请托人财物，应当受到什么处罚？

根据《刑法》第三百八十八条之一的规定，国家工作人员的近亲属或者其他与该国家工作人员关系密切的人，通过该国家工作人员职务上的行为，或者利用该国家工作人员职权或者地位形成的便利条件，通过其他国家工作人员职务上的行为，为请托人谋取不正当利益，索取请托人财物或者收受请托人财物，数额较大或者有其他较重情节的，处三年以下有期徒刑或者拘役，并处罚金；数额巨大或者有其他严重情节的，处三年以上七年以下有期徒刑，并处罚金；数额特别巨大或者有其他特别严重情节的，处七年以上有期徒刑，并处罚金或者没收财产。

离职的国家工作人员或者其近亲属以及其他与其关系密切的人，利用该离职的国家工作人员原职权或者地位形成的便利条件实施前款行为的，依照前款的规定定罪处罚。

109. 为谋取不正当利益，给予国家工作人员以财物的，应当承担哪些刑事责任？

《刑法》第三百八十九条规定，为谋取不正当利益，给予国家工作人员以财物的，是行贿罪。

在经济往来中，违反国家规定，给予国家工作人员以财物，数额较大的，或者违反国家规定，给予国家工作人员以各种名义的回扣、手续费的，以行贿论处。

因被勒索给予国家工作人员以财物，没有获得不正当利益的，不是行贿。

第三百九十条规定，对犯行贿罪的，处三年以下有期徒刑或者拘役，并处罚金；因行贿谋取不正当利益，情节严重的，或者使国家利益遭受重大损失的，处三年以上十年以下有期徒刑，并处罚金；情节特别严重的，或者使国家利益遭受特别重大损失的，处十年以上有期徒刑或者无期徒刑，并处罚金或者没收财产。

有下列情形之一的，从重处罚：

（1）多次行贿或者向多人行贿的；

（2）国家工作人员行贿的；

（3）在国家重点工程、重大项目中行贿的；

（4）为谋取职务、职级晋升、调整行贿的；

（5）对监察、行政执法、司法工作人员行贿的；

（6）在生态环境、财政金融、安全生产、食品药品、防灾救灾、社会保障、教育、医疗等领域行贿，实施违法犯罪活动的；

（7）将违法所得用于行贿的。

行贿人在被追诉前主动交待行贿行为的，可以从轻或者减轻处罚。其中，犯罪较轻的，对调查突破、侦破重大案件起关键作用的，或者有重大立功表现的，可以减轻或者免除处罚。

110. 为谋取不正当利益，向国家工作人员的近亲属行贿的，应当承担哪些刑事责任？

《刑法》第三百九十条之一规定，为谋取不正当利益，向国家工作人员的近亲属或者其他与该国家工作人员关系密切的人，或者向离职的国家工作人员或者其近亲属以及其他与其关系密切的人行贿的，处三年以下有期徒刑或者拘役，并处罚金；情节严重的，或者使国家利益遭受重大损失的，处三年以上七年以下有期徒刑，并处罚金；情节特别严重的，或者使国家利益遭受特别重大损失的，处七年以上十年以下有期徒刑，并处罚金。

单位犯前款罪的，对单位判处罚金，并对其直接负责的主管人员和其他直接责任人员，处三年以下有期徒刑或者拘役，并处罚金。

111. 为谋取不正当利益，给予国有企业以财物的，应当承担什么法律责任？

《刑法》第三百九十一条规定，为谋取不正当利益，给予国家机关、国有公司、企业、事业单位、人民团体以财物的，或者在经济往来中，违反国家规定，给予各种名义的回扣、手续费的，处三年以下有期徒刑或者拘役，并处罚金；情节严重的，处三年以上七年以下有期徒刑，并处罚金。

单位犯前款罪的，对单位判处罚金，并对其直接负责的主管人员和其他直接责任人员，依照前款的规定处罚。

112. 向国家工作人员介绍贿赂的，应当受到什么处罚？

《刑法》第三百九十二条规定，向国家工作人员介绍贿赂，情节严重的，处三年以下有期徒刑或者拘役，并处罚金。

介绍贿赂人在被追诉前主动交待介绍贿赂行为的，可以减轻处罚或者免除处罚。

113. 国家工作人员的财产不能说明来源的，会有什么法律后果？

《刑法》第三百九十五条第一款规定，国家工作人员的财产、支出明显超过合法收入，差额巨大的，可以责令该国家工作人员说明来源，不能说明来源的，差额部分以非法所得论，处五年以下有期徒刑或者拘役；差额特别巨大的，处五年以上十年以下有期徒刑。财产的差额部分予以追缴。

114. 国家工作人员在境外的存款数额较大、隐瞒不报的，会有什么法律后果?

《刑法》第三百九十五条第二款规定，国家工作人员在境外的存款，应当依照国家规定申报。数额较大、隐瞒不报的，处二年以下有期徒刑或者拘役；情节较轻的，由其所在单位或者上级主管机关酌情给予行政处分。

115. 国有企业以单位名义将国有资产集体私分给个人，应当承担什么刑事责任?

《刑法》第三百九十六条第一款规定，国家机关、国有公司、企业、事业单位、人民团体，违反国家规定，以单位名义将国有资产集体私分给个人，数额较大的，对其直接负责的主管人员和其他直接责任人员，处三年以下有期徒刑或者拘役，并处或者单处罚金；数额巨大的，处三年以上七年以下有期徒刑，并处罚金。

附 录

中华人民共和国公司法

（1993 年 12 月 29 日第八届全国人民代表大会常务委员会第五次会议通过 根据 1999 年 12 月 25 日第九届全国人民代表大会常务委员会第十三次会议《关于修改〈中华人民共和国公司法〉的决定》第一次修正 根据 2004 年 8 月 28 日第十届全国人民代表大会常务委员会第十一次会议《关于修改〈中华人民共和国公司法〉的决定》第二次修正 2005 年 10 月 27 日第十届全国人民代表大会常务委员会第十八次会议第一次修订 根据 2013 年 12 月 28 日第十二届全国人民代表大会常务委员会第六次会议《关于修改〈中华人民共和国海洋环境保护法〉等七部法律的决定》第三次修正 根据 2018 年 10 月 26 日第十三届全国人民代表大会常务委员会第六次会议《关于修改〈中华人民共和国公司法〉的决定》第四次修正 2023 年 12 月 29 日第十四届全国人民代表大会常务委员会第七次会议第二次修订 2023 年 12 月 29 日中华人民共和国主席令第 15 号公布 自 2024 年 7 月 1 日起施行）

第一章 总 则

第一条 【立法目的】* 为了规范公司的组织和行为，保护公司、股东、职工和债权人的合法权益，完善中国特色现代企业制度，弘扬企业家精神，维护社会经济秩序，促进社会主义市场经济

---

* 本书中的条文主旨均为编者所加，仅供读者参考检索。

的发展，根据宪法，制定本法。

第二条 【调整对象】本法所称公司，是指依照本法在中华人民共和国境内设立的有限责任公司和股份有限公司。

第三条 【公司法律地位】公司是企业法人，有独立的法人财产，享有法人财产权。公司以其全部财产对公司的债务承担责任。

公司的合法权益受法律保护，不受侵犯。

第四条 【股东有限责任及股东权利】有限责任公司的股东以其认缴的出资额为限对公司承担责任；股份有限公司的股东以其认购的股份为限对公司承担责任。

公司股东对公司依法享有资产收益、参与重大决策和选择管理者等权利。

第五条 【公司章程】设立公司应当依法制定公司章程。公司章程对公司、股东、董事、监事、高级管理人员具有约束力。

第六条 【公司名称】公司应当有自己的名称。公司名称应当符合国家有关规定。

公司的名称权受法律保护。

第七条 【公司名称中的组织形式】依照本法设立的有限责任公司，应当在公司名称中标明有限责任公司或者有限公司字样。

依照本法设立的股份有限公司，应当在公司名称中标明股份有限公司或者股份公司字样。

第八条 【公司住所】公司以其主要办事机构所在地为住所。

第九条 【公司经营范围】公司的经营范围由公司章程规定。公司可以修改公司章程，变更经营范围。

公司的经营范围中属于法律、行政法规规定须经批准的项目，应当依法经过批准。

第十条 【公司法定代表人的担任及辞任】公司的法定代表人

按照公司章程的规定，由代表公司执行公司事务的董事或者经理担任。

担任法定代表人的董事或者经理辞任的，视为同时辞去法定代表人。

法定代表人辞任的，公司应当在法定代表人辞任之日起三十日内确定新的法定代表人。

第十一条　**【法定代表人代表行为的法律后果】**法定代表人以公司名义从事的民事活动，其法律后果由公司承受。

公司章程或者股东会对法定代表人职权的限制，不得对抗善意相对人。

法定代表人因执行职务造成他人损害的，由公司承担民事责任。公司承担民事责任后，依照法律或者公司章程的规定，可以向有过错的法定代表人追偿。

第十二条　**【公司形式变更】**有限责任公司变更为股份有限公司，应当符合本法规定的股份有限公司的条件。股份有限公司变更为有限责任公司，应当符合本法规定的有限责任公司的条件。

有限责任公司变更为股份有限公司的，或者股份有限公司变更为有限责任公司的，公司变更前的债权、债务由变更后的公司承继。

第十三条　**【子公司与分公司】**公司可以设立子公司。子公司具有法人资格，依法独立承担民事责任。

公司可以设立分公司。分公司不具有法人资格，其民事责任由公司承担。

第十四条　**【转投资】**公司可以向其他企业投资。

法律规定公司不得成为对所投资企业的债务承担连带责任的出资人的，从其规定。

第十五条　**【公司投资或者提供担保的限制】**公司向其他企业

投资或者为他人提供担保，按照公司章程的规定，由董事会或者股东会决议；公司章程对投资或者担保的总额及单项投资或者担保的数额有限额规定的，不得超过规定的限额。

公司为公司股东或者实际控制人提供担保的，应当经股东会决议。

前款规定的股东或者受前款规定的实际控制人支配的股东，不得参加前款规定事项的表决。该项表决由出席会议的其他股东所持表决权的过半数通过。

第十六条　【职工权益保护与职业教育】公司应当保护职工的合法权益，依法与职工签订劳动合同，参加社会保险，加强劳动保护，实现安全生产。

公司应当采用多种形式，加强公司职工的职业教育和岗位培训，提高职工素质。

第十七条　【工会和公司民主管理】公司职工依照《中华人民共和国工会法》组织工会，开展工会活动，维护职工合法权益。公司应当为本公司工会提供必要的活动条件。公司工会代表职工就职工的劳动报酬、工作时间、休息休假、劳动安全卫生和保险福利等事项依法与公司签订集体合同。

公司依照宪法和有关法律的规定，建立健全以职工代表大会为基本形式的民主管理制度，通过职工代表大会或者其他形式，实行民主管理。

公司研究决定改制、解散、申请破产以及经营方面的重大问题、制定重要的规章制度时，应当听取公司工会的意见，并通过职工代表大会或者其他形式听取职工的意见和建议。

第十八条　【党组织】在公司中，根据中国共产党章程的规定，设立中国共产党的组织，开展党的活动。公司应当为党组织的活动提供必要条件。

第十九条　【合法合规诚信经营】公司从事经营活动，应当遵守法律法规，遵守社会公德、商业道德，诚实守信，接受政府和社会公众的监督。

第二十条　【承担社会责任】公司从事经营活动，应当充分考虑公司职工、消费者等利益相关者的利益以及生态环境保护等社会公共利益，承担社会责任。

国家鼓励公司参与社会公益活动，公布社会责任报告。

第二十一条　【禁止滥用股东权利】公司股东应当遵守法律、行政法规和公司章程，依法行使股东权利，不得滥用股东权利损害公司或者其他股东的利益。

公司股东滥用股东权利给公司或者其他股东造成损失的，应当承担赔偿责任。

第二十二条　【不得利用关联关系损害公司利益】公司的控股股东、实际控制人、董事、监事、高级管理人员不得利用关联关系损害公司利益。

违反前款规定，给公司造成损失的，应当承担赔偿责任。

第二十三条　【公司法人人格否认】公司股东滥用公司法人独立地位和股东有限责任，逃避债务，严重损害公司债权人利益的，应当对公司债务承担连带责任。

股东利用其控制的两个以上公司实施前款规定行为的，各公司应当对任一公司的债务承担连带责任。

只有一个股东的公司，股东不能证明公司财产独立于股东自己的财产的，应当对公司债务承担连带责任。

第二十四条　【电子通信方式开会】公司股东会、董事会、监事会召开会议和表决可以采用电子通信方式，公司章程另有规定的除外。

第二十五条　【股东会、董事会决议的无效】公司股东会、董事会的决议内容违反法律、行政法规的无效。

第二十六条　【股东会、董事会决议的撤销】公司股东会、董事会的会议召集程序、表决方式违反法律、行政法规或者公司章程，或者决议内容违反公司章程的，股东自决议作出之日起六十日内，可以请求人民法院撤销。但是，股东会、董事会的会议召集程序或者表决方式仅有轻微瑕疵，对决议未产生实质影响的除外。

未被通知参加股东会会议的股东自知道或者应当知道股东会决议作出之日起六十日内，可以请求人民法院撤销；自决议作出之日起一年内没有行使撤销权的，撤销权消灭。

第二十七条　【股东会、董事会决议不成立】有下列情形之一的，公司股东会、董事会的决议不成立：

（一）未召开股东会、董事会会议作出决议；

（二）股东会、董事会会议未对决议事项进行表决；

（三）出席会议的人数或者所持表决权数未达到本法或者公司章程规定的人数或者所持表决权数；

（四）同意决议事项的人数或者所持表决权数未达到本法或者公司章程规定的人数或者所持表决权数。

第二十八条　【决议被宣告无效、被撤销、被确认不成立的后果】公司股东会、董事会决议被人民法院宣告无效、撤销或者确认不成立的，公司应当向公司登记机关申请撤销根据该决议已办理的登记。

股东会、董事会决议被人民法院宣告无效、撤销或者确认不成立的，公司根据该决议与善意相对人形成的民事法律关系不受影响。

第二章　公 司 登 记

第二十九条　【公司设立登记】设立公司，应当依法向公司登记机关申请设立登记。

法律、行政法规规定设立公司必须报经批准的，应当在公司登记前依法办理批准手续。

第三十条　【设立公司申请材料】申请设立公司，应当提交设立登记申请书、公司章程等文件，提交的相关材料应当真实、合法和有效。

申请材料不齐全或者不符合法定形式的，公司登记机关应当一次性告知需要补正的材料。

第三十一条　【公司设立登记】申请设立公司，符合本法规定的设立条件的，由公司登记机关分别登记为有限责任公司或者股份有限公司；不符合本法规定的设立条件的，不得登记为有限责任公司或者股份有限公司。

第三十二条　【公司登记事项及公示】公司登记事项包括：

（一）名称；

（二）住所；

（三）注册资本；

（四）经营范围；

（五）法定代表人的姓名；

（六）有限责任公司股东、股份有限公司发起人的姓名或者名称。

公司登记机关应当将前款规定的公司登记事项通过国家企业信用信息公示系统向社会公示。

第三十三条　【公司营业执照】依法设立的公司，由公司登记机关发给公司营业执照。公司营业执照签发日期为公司成立日期。

公司营业执照应当载明公司的名称、住所、注册资本、经营范围、法定代表人姓名等事项。

公司登记机关可以发给电子营业执照。电子营业执照与纸质营业执照具有同等法律效力。

第三十四条 **【公司变更登记】**公司登记事项发生变更的，应当依法办理变更登记。

公司登记事项未经登记或者未经变更登记，不得对抗善意相对人。

第三十五条 **【公司变更登记所需材料】**公司申请变更登记，应当向公司登记机关提交公司法定代表人签署的变更登记申请书、依法作出的变更决议或者决定等文件。

公司变更登记事项涉及修改公司章程的，应当提交修改后的公司章程。

公司变更法定代表人的，变更登记申请书由变更后的法定代表人签署。

第三十六条 **【变更登记换发营业执照】**公司营业执照记载的事项发生变更的，公司办理变更登记后，由公司登记机关换发营业执照。

第三十七条 **【公司注销登记】**公司因解散、被宣告破产或者其他法定事由需要终止的，应当依法向公司登记机关申请注销登记，由公司登记机关公告公司终止。

第三十八条 **【设立分公司登记】**公司设立分公司，应当向公司登记机关申请登记，领取营业执照。

第三十九条 **【应当撤销公司登记的情形】**虚报注册资本、提交虚假材料或者采取其他欺诈手段隐瞒重要事实取得公司设立登记的，公司登记机关应当依照法律、行政法规的规定予以撤销。

第四十条　**【企业信息公示系统公示事项】**公司应当按照规定通过国家企业信用信息公示系统公示下列事项：

（一）有限责任公司股东认缴和实缴的出资额、出资方式和出资日期，股份有限公司发起人认购的股份数；

（二）有限责任公司股东、股份有限公司发起人的股权、股份变更信息；

（三）行政许可取得、变更、注销等信息；

（四）法律、行政法规规定的其他信息。

公司应当确保前款公示信息真实、准确、完整。

第四十一条　**【优化公司登记服务】**公司登记机关应当优化公司登记办理流程，提高公司登记效率，加强信息化建设，推行网上办理等便捷方式，提升公司登记便利化水平。

国务院市场监督管理部门根据本法和有关法律、行政法规的规定，制定公司登记注册的具体办法。

第三章　有限责任公司的设立和组织机构

第一节　设　　立

第四十二条　**【有限责任公司的股东人数】**有限责任公司由一个以上五十个以下股东出资设立。

第四十三条　**【有限责任公司的设立协议】**有限责任公司设立时的股东可以签订设立协议，明确各自在公司设立过程中的权利和义务。

第四十四条　**【有限责任公司设立时的股东责任】**有限责任公司设立时的股东为设立公司从事的民事活动，其法律后果由公司承受。

公司未成立的，其法律后果由公司设立时的股东承受；设立时的股东为二人以上的，享有连带债权，承担连带债务。

设立时的股东为设立公司以自己的名义从事民事活动产生的民事责任，第三人有权选择请求公司或者公司设立时的股东承担。

设立时的股东因履行公司设立职责造成他人损害的，公司或者无过错的股东承担赔偿责任后，可以向有过错的股东追偿。

第四十五条 【公司章程制定】设立有限责任公司，应当由股东共同制定公司章程。

第四十六条 【公司章程内容】有限责任公司章程应当载明下列事项：

（一）公司名称和住所；

（二）公司经营范围；

（三）公司注册资本；

（四）股东的姓名或者名称；

（五）股东的出资额、出资方式和出资日期；

（六）公司的机构及其产生办法、职权、议事规则；

（七）公司法定代表人的产生、变更办法；

（八）股东会认为需要规定的其他事项。

股东应当在公司章程上签名或者盖章。

第四十七条 【注册资本】有限责任公司的注册资本为在公司登记机关登记的全体股东认缴的出资额。全体股东认缴的出资额由股东按照公司章程的规定自公司成立之日起五年内缴足。

法律、行政法规以及国务院决定对有限责任公司注册资本实缴、注册资本最低限额、股东出资期限另有规定的，从其规定。

第四十八条 【股东出资方式】股东可以用货币出资，也可以用实物、知识产权、土地使用权、股权、债权等可以用货币估价并可以依法转让的非货币财产作价出资；但是，法律、行政法规规定不得作为出资的财产除外。

对作为出资的非货币财产应当评估作价，核实财产，不得高估或者低估作价。法律、行政法规对评估作价有规定的，从其规定。

第四十九条　【股东出资义务】股东应当按期足额缴纳公司章程规定的各自所认缴的出资额。

股东以货币出资的，应当将货币出资足额存入有限责任公司在银行开设的账户；以非货币财产出资的，应当依法办理其财产权的转移手续。

股东未按期足额缴纳出资的，除应当向公司足额缴纳外，还应当对给公司造成的损失承担赔偿责任。

第五十条　【股东虚假出资或不足额出资的责任】有限责任公司设立时，股东未按照公司章程规定实际缴纳出资，或者实际出资的非货币财产的实际价额显著低于所认缴的出资额的，设立时的其他股东与该股东在出资不足的范围内承担连带责任。

第五十一条　【董事会催缴义务及其赔偿责任】有限责任公司成立后，董事会应当对股东的出资情况进行核查，发现股东未按期足额缴纳公司章程规定的出资的，应当由公司向该股东发出书面催缴书，催缴出资。

未及时履行前款规定的义务，给公司造成损失的，负有责任的董事应当承担赔偿责任。

第五十二条　【股东催缴失权制度】股东未按照公司章程规定的出资日期缴纳出资，公司依照前条第一款规定发出书面催缴书催缴出资的，可以载明缴纳出资的宽限期；宽限期自公司发出催缴书之日起，不得少于六十日。宽限期届满，股东仍未履行出资义务的，公司经董事会决议可以向该股东发出失权通知，通知应当以书面形式发出。自通知发出之日起，该股东丧失其未缴纳出资的股权。

依照前款规定丧失的股权应当依法转让，或者相应减少注册资本并注销该股权；六个月内未转让或者注销的，由公司其他股东按照其出资比例足额缴纳相应出资。

股东对失权有异议的，应当自接到失权通知之日起三十日内，向人民法院提起诉讼。

第五十三条 【**股东抽逃出资的法律责任**】公司成立后，股东不得抽逃出资。

违反前款规定的，股东应当返还抽逃的出资；给公司造成损失的，负有责任的董事、监事、高级管理人员应当与该股东承担连带赔偿责任。

第五十四条 【**股东出资加速到期**】公司不能清偿到期债务的，公司或者已到期债权的债权人有权要求已认缴出资但未届出资期限的股东提前缴纳出资。

第五十五条 【**出资证明书**】有限责任公司成立后，应当向股东签发出资证明书，记载下列事项：

（一）公司名称；

（二）公司成立日期；

（三）公司注册资本；

（四）股东的姓名或者名称、认缴和实缴的出资额、出资方式和出资日期；

（五）出资证明书的编号和核发日期。

出资证明书由法定代表人签名，并由公司盖章。

第五十六条 【**股东名册**】有限责任公司应当置备股东名册，

记载下列事项：

（一）股东的姓名或者名称及住所；

（二）股东认缴和实缴的出资额、出资方式和出资日期；

（三）出资证明书编号；

（四）取得和丧失股东资格的日期。

记载于股东名册的股东，可以依股东名册主张行使股东权利。

第五十七条　【股东查阅、复制权】股东有权查阅、复制公司章程、股东名册、股东会会议记录、董事会会议决议、监事会会议决议和财务会计报告。

股东可以要求查阅公司会计账簿、会计凭证。股东要求查阅公司会计账簿、会计凭证的，应当向公司提出书面请求，说明目的。公司有合理根据认为股东查阅会计账簿、会计凭证有不正当目的，可能损害公司合法利益的，可以拒绝提供查阅，并应当自股东提出书面请求之日起十五日内书面答复股东并说明理由。公司拒绝提供查阅的，股东可以向人民法院提起诉讼。

股东查阅前款规定的材料，可以委托会计师事务所、律师事务所等中介机构进行。

股东及其委托的会计师事务所、律师事务所等中介机构查阅、复制有关材料，应当遵守有关保护国家秘密、商业秘密、个人隐私、个人信息等法律、行政法规的规定。

股东要求查阅、复制公司全资子公司相关材料的，适用前四款的规定。

第二节　组 织 机 构

第五十八条　【股东会的组成及地位】有限责任公司股东会由全体股东组成。股东会是公司的权力机构，依照本法行使职权。

第五十九条 【股东会的职权与书面议事方式】股东会行使下列职权：

（一）选举和更换董事、监事，决定有关董事、监事的报酬事项；

（二）审议批准董事会的报告；

（三）审议批准监事会的报告；

（四）审议批准公司的利润分配方案和弥补亏损方案；

（五）对公司增加或者减少注册资本作出决议；

（六）对发行公司债券作出决议；

（七）对公司合并、分立、解散、清算或者变更公司形式作出决议；

（八）修改公司章程；

（九）公司章程规定的其他职权。

股东会可以授权董事会对发行公司债券作出决议。

对本条第一款所列事项股东以书面形式一致表示同意的，可以不召开股东会会议，直接作出决定，并由全体股东在决定文件上签名或者盖章。

第六十条 【一人公司的股东决定】只有一个股东的有限责任公司不设股东会。股东作出前条第一款所列事项的决定时，应当采用书面形式，并由股东签名或者盖章后置备于公司。

第六十一条 【首次股东会会议】首次股东会会议由出资最多的股东召集和主持，依照本法规定行使职权。

第六十二条 【定期会议和临时会议】股东会会议分为定期会议和临时会议。

定期会议应当按照公司章程的规定按时召开。代表十分之一以上表决权的股东、三分之一以上的董事或者监事会提议召开临时会议的，应当召开临时会议。

第六十三条　**【股东会会议的召集和主持】**股东会会议由董事会召集，董事长主持；董事长不能履行职务或者不履行职务的，由副董事长主持；副董事长不能履行职务或者不履行职务的，由过半数的董事共同推举一名董事主持。

董事会不能履行或者不履行召集股东会会议职责的，由监事会召集和主持；监事会不召集和主持的，代表十分之一以上表决权的股东可以自行召集和主持。

第六十四条　**【股东会会议的通知和记录】**召开股东会会议，应当于会议召开十五日前通知全体股东；但是，公司章程另有规定或者全体股东另有约定的除外。

股东会应当对所议事项的决定作成会议记录，出席会议的股东应当在会议记录上签名或者盖章。

第六十五条　**【股东表决权】**股东会会议由股东按照出资比例行使表决权；但是，公司章程另有规定的除外。

第六十六条　**【股东会的议事方式和表决程序】**股东会的议事方式和表决程序，除本法有规定的外，由公司章程规定。

股东会作出决议，应当经代表过半数表决权的股东通过。

股东会作出修改公司章程、增加或者减少注册资本的决议，以及公司合并、分立、解散或者变更公司形式的决议，应当经代表三分之二以上表决权的股东通过。

第六十七条　**【董事会的职权】**有限责任公司设董事会，本法第七十五条另有规定的除外。

董事会行使下列职权：

（一）召集股东会会议，并向股东会报告工作；

（二）执行股东会的决议；

（三）决定公司的经营计划和投资方案；

（四）制订公司的利润分配方案和弥补亏损方案；

（五）制订公司增加或者减少注册资本以及发行公司债券的方案；

（六）制订公司合并、分立、解散或者变更公司形式的方案；

（七）决定公司内部管理机构的设置；

（八）决定聘任或者解聘公司经理及其报酬事项，并根据经理的提名决定聘任或者解聘公司副经理、财务负责人及其报酬事项；

（九）制定公司的基本管理制度；

（十）公司章程规定或者股东会授予的其他职权。

公司章程对董事会职权的限制不得对抗善意相对人。

第六十八条　【董事会的组成】有限责任公司董事会成员为三人以上，其成员中可以有公司职工代表。职工人数三百人以上的有限责任公司，除依法设监事会并有公司职工代表的外，其董事会成员中应当有公司职工代表。董事会中的职工代表由公司职工通过职工代表大会、职工大会或者其他形式民主选举产生。

董事会设董事长一人，可以设副董事长。董事长、副董事长的产生办法由公司章程规定。

第六十九条　【审计委员会】有限责任公司可以按照公司章程的规定在董事会中设置由董事组成的审计委员会，行使本法规定的监事会的职权，不设监事会或者监事。公司董事会成员中的职工代表可以成为审计委员会成员。

第七十条　【董事任期、选任和辞任】董事任期由公司章程规定，但每届任期不得超过三年。董事任期届满，连选可以连任。

董事任期届满未及时改选，或者董事在任期内辞任导致董事会成员低于法定人数的，在改选出的董事就任前，原董事仍应当依照法律、行政法规和公司章程的规定，履行董事职务。

董事辞任的，应当以书面形式通知公司，公司收到通知之日辞任生效，但存在前款规定情形的，董事应当继续履行职务。

第七十一条　【董事的解任和赔偿】股东会可以决议解任董事，决议作出之日解任生效。

无正当理由，在任期届满前解任董事的，该董事可以要求公司予以赔偿。

第七十二条　【董事会会议的召集和主持】董事会会议由董事长召集和主持；董事长不能履行职务或者不履行职务的，由副董事长召集和主持；副董事长不能履行职务或者不履行职务的，由过半数的董事共同推举一名董事召集和主持。

第七十三条　【董事会的议事方式、表决程序和会议记录】董事会的议事方式和表决程序，除本法有规定的外，由公司章程规定。

董事会会议应当有过半数的董事出席方可举行。董事会作出决议，应当经全体董事的过半数通过。

董事会决议的表决，应当一人一票。

董事会应当对所议事项的决定作成会议记录，出席会议的董事应当在会议记录上签名。

第七十四条　【经理的任免和职权】有限责任公司可以设经理，由董事会决定聘任或者解聘。

经理对董事会负责，根据公司章程的规定或者董事会的授权行使职权。经理列席董事会会议。

第七十五条　【设董事不设董事会的情形】规模较小或者股东人数较少的有限责任公司，可以不设董事会，设一名董事，行使本法规定的董事会的职权。该董事可以兼任公司经理。

第七十六条 **【监事会的设置、组成和监事会会议】**有限责任公司设监事会，本法第六十九条、第八十三条另有规定的除外。

监事会成员为三人以上。监事会成员应当包括股东代表和适当比例的公司职工代表，其中职工代表的比例不得低于三分之一，具体比例由公司章程规定。监事会中的职工代表由公司职工通过职工代表大会、职工大会或者其他形式民主选举产生。

监事会设主席一人，由全体监事过半数选举产生。监事会主席召集和主持监事会会议；监事会主席不能履行职务或者不履行职务的，由过半数的监事共同推举一名监事召集和主持监事会会议。

董事、高级管理人员不得兼任监事。

第七十七条 **【监事的任期、选任和辞任】**监事的任期每届为三年。监事任期届满，连选可以连任。

监事任期届满未及时改选，或者监事在任期内辞任导致监事会成员低于法定人数的，在改选出的监事就任前，原监事仍应当依照法律、行政法规和公司章程的规定，履行监事职务。

第七十八条 **【监事会的一般职权】**监事会行使下列职权：

（一）检查公司财务；

（二）对董事、高级管理人员执行职务的行为进行监督，对违反法律、行政法规、公司章程或者股东会决议的董事、高级管理人员提出解任的建议；

（三）当董事、高级管理人员的行为损害公司的利益时，要求董事、高级管理人员予以纠正；

（四）提议召开临时股东会会议，在董事会不履行本法规定的召集和主持股东会会议职责时召集和主持股东会会议；

（五）向股东会会议提出提案；

（六）依照本法第一百八十九条的规定，对董事、高级管理人员提起诉讼；

（七）公司章程规定的其他职权。

第七十九条　【监事的质询权、建议权和监事会的调查权】监事可以列席董事会会议，并对董事会决议事项提出质询或者建议。

监事会发现公司经营情况异常，可以进行调查；必要时，可以聘请会计师事务所等协助其工作，费用由公司承担。

第八十条　【监事会有权要求董事、高级管理人员提交执行职务报告】监事会可以要求董事、高级管理人员提交执行职务的报告。

董事、高级管理人员应当如实向监事会提供有关情况和资料，不得妨碍监事会或者监事行使职权。

第八十一条　【监事会会议】监事会每年度至少召开一次会议，监事可以提议召开临时监事会会议。

监事会的议事方式和表决程序，除本法有规定的外，由公司章程规定。

监事会决议应当经全体监事的过半数通过。

监事会决议的表决，应当一人一票。

监事会应当对所议事项的决定作成会议记录，出席会议的监事应当在会议记录上签名。

第八十二条　【监事会履职费用的承担】监事会行使职权所必需的费用，由公司承担。

第八十三条　【不设监事会、监事的情形】规模较小或者股东人数较少的有限责任公司，可以不设监事会，设一名监事，行使本法规定的监事会的职权；经全体股东一致同意，也可以不设监事。

第四章　有限责任公司的股权转让

第八十四条　【股权转让规则及优先购买权】有限责任公司的

股东之间可以相互转让其全部或者部分股权。

股东向股东以外的人转让股权的，应当将股权转让的数量、价格、支付方式和期限等事项书面通知其他股东，其他股东在同等条件下有优先购买权。股东自接到书面通知之日起三十日内未答复的，视为放弃优先购买权。两个以上股东行使优先购买权的，协商确定各自的购买比例；协商不成的，按照转让时各自的出资比例行使优先购买权。

公司章程对股权转让另有规定的，从其规定。

第八十五条 【强制执行程序中的优先购买权】人民法院依照法律规定的强制执行程序转让股东的股权时，应当通知公司及全体股东，其他股东在同等条件下有优先购买权。其他股东自人民法院通知之日起满二十日不行使优先购买权的，视为放弃优先购买权。

第八十六条 【股东名册变更】股东转让股权的，应当书面通知公司，请求变更股东名册；需要办理变更登记的，并请求公司向公司登记机关办理变更登记。公司拒绝或者在合理期限内不予答复的，转让人、受让人可以依法向人民法院提起诉讼。

股权转让的，受让人自记载于股东名册时起可以向公司主张行使股东权利。

第八十七条 【转让股权后的变更记载】依照本法转让股权后，公司应当及时注销原股东的出资证明书，向新股东签发出资证明书，并相应修改公司章程和股东名册中有关股东及其出资额的记载。对公司章程的该项修改不需再由股东会表决。

第八十八条 【瑕疵出资股权转让的责任承担】股东转让已认缴出资但未届出资期限的股权的，由受让人承担缴纳该出资的义务；受让人未按期足额缴纳出资的，转让人对受让人未按期缴纳的出资承担补充责任。

　　未按照公司章程规定的出资日期缴纳出资或者作为出资的非货币财产的实际价额显著低于所认缴的出资额的股东转让股权的，转让人与受让人在出资不足的范围内承担连带责任；受让人不知道且不应当知道存在上述情形的，由转让人承担责任。

　　第八十九条　【公司股权回购的情形】有下列情形之一的，对股东会该项决议投反对票的股东可以请求公司按照合理的价格收购其股权：

　　（一）公司连续五年不向股东分配利润，而公司该五年连续盈利，并且符合本法规定的分配利润条件；

　　（二）公司合并、分立、转让主要财产；

　　（三）公司章程规定的营业期限届满或者章程规定的其他解散事由出现，股东会通过决议修改章程使公司存续。

　　自股东会决议作出之日起六十日内，股东与公司不能达成股权收购协议的，股东可以自股东会决议作出之日起九十日内向人民法院提起诉讼。

　　公司的控股股东滥用股东权利，严重损害公司或者其他股东利益的，其他股东有权请求公司按照合理的价格收购其股权。

　　公司因本条第一款、第三款规定的情形收购的本公司股权，应当在六个月内依法转让或者注销。

　　第九十条　【股东资格的继承】自然人股东死亡后，其合法继承人可以继承股东资格；但是，公司章程另有规定的除外。

第五章　股份有限公司的设立和组织机构

第一节　设　　立

　　第九十一条　【设立方式】设立股份有限公司，可以采取发起设立或者募集设立的方式。

发起设立，是指由发起人认购设立公司时应发行的全部股份而设立公司。

募集设立，是指由发起人认购设立公司时应发行股份的一部分，其余股份向特定对象募集或者向社会公开募集而设立公司。

第九十二条　【发起人的限制】设立股份有限公司，应当有一人以上二百人以下为发起人，其中应当有半数以上的发起人在中华人民共和国境内有住所。

第九十三条　【发起人的义务】股份有限公司发起人承担公司筹办事务。

发起人应当签订发起人协议，明确各自在公司设立过程中的权利和义务。

第九十四条　【公司章程制定】设立股份有限公司，应当由发起人共同制订公司章程。

第九十五条　【公司章程内容】股份有限公司章程应当载明下列事项：

（一）公司名称和住所；

（二）公司经营范围；

（三）公司设立方式；

（四）公司注册资本、已发行的股份数和设立时发行的股份数，面额股的每股金额；

（五）发行类别股的，每一类别股的股份数及其权利和义务；

（六）发起人的姓名或者名称、认购的股份数、出资方式；

（七）董事会的组成、职权和议事规则；

（八）公司法定代表人的产生、变更办法；

（九）监事会的组成、职权和议事规则；

（十）公司利润分配办法；

（十一）公司的解散事由与清算办法；

（十二）公司的通知和公告办法；

（十三）股东会认为需要规定的其他事项。

第九十六条　【注册资本】股份有限公司的注册资本为在公司登记机关登记的已发行股份的股本总额。在发起人认购的股份缴足前，不得向他人募集股份。

法律、行政法规以及国务院决定对股份有限公司注册资本最低限额另有规定的，从其规定。

第九十七条　【发起人认购股份】以发起设立方式设立股份有限公司的，发起人应当认足公司章程规定的公司设立时应发行的股份。

以募集设立方式设立股份有限公司的，发起人认购的股份不得少于公司章程规定的公司设立时应发行股份总数的百分之三十五；但是，法律、行政法规另有规定的，从其规定。

第九十八条　【足额缴纳股款与出资方式】发起人应当在公司成立前按照其认购的股份全额缴纳股款。

发起人的出资，适用本法第四十八条、第四十九条第二款关于有限责任公司股东出资的规定。

第九十九条　【发起人的连带责任】发起人不按照其认购的股份缴纳股款，或者作为出资的非货币财产的实际价额显著低于所认购的股份的，其他发起人与该发起人在出资不足的范围内承担连带责任。

第一百条　【募集股份的公告和认股书】发起人向社会公开募集股份，应当公告招股说明书，并制作认股书。认股书应当载明本法第一百五十四条第二款、第三款所列事项，由认股人填写认购的股份数、金额、住所，并签名或者盖章。认股人应当按照所认购股份足额缴纳股款。

第一百零一条 【**验资**】向社会公开募集股份的股款缴足后，应当经依法设立的验资机构验资并出具证明。

第一百零二条 【**股东名册**】股份有限公司应当制作股东名册并置备于公司。股东名册应当记载下列事项：

（一）股东的姓名或者名称及住所；

（二）各股东所认购的股份种类及股份数；

（三）发行纸面形式的股票的，股票的编号；

（四）各股东取得股份的日期。

第一百零三条 【**公司成立大会的召开**】募集设立股份有限公司的发起人应当自公司设立时应发行股份的股款缴足之日起三十日内召开公司成立大会。发起人应当在成立大会召开十五日前将会议日期通知各认股人或者予以公告。成立大会应当有持有表决权过半数的认股人出席，方可举行。

以发起设立方式设立股份有限公司成立大会的召开和表决程序由公司章程或者发起人协议规定。

第一百零四条 【**公司成立大会的职权和表决程序**】公司成立大会行使下列职权：

（一）审议发起人关于公司筹办情况的报告；

（二）通过公司章程；

（三）选举董事、监事；

（四）对公司的设立费用进行审核；

（五）对发起人非货币财产出资的作价进行审核；

（六）发生不可抗力或者经营条件发生重大变化直接影响公司设立的，可以作出不设立公司的决议。

成立大会对前款所列事项作出决议，应当经出席会议的认股人所持表决权过半数通过。

第一百零五条　【返还股款、不得任意抽回股本】公司设立时应发行的股份未募足，或者发行股份的股款缴足后，发起人在三十日内未召开成立大会的，认股人可以按照所缴股款并加算银行同期存款利息，要求发起人返还。

发起人、认股人缴纳股款或者交付非货币财产出资后，除未按期募足股份、发起人未按期召开成立大会或者成立大会决议不设立公司的情形外，不得抽回其股本。

第一百零六条　【申请设立登记】董事会应当授权代表，于公司成立大会结束后三十日内向公司登记机关申请设立登记。

第一百零七条　【有限责任公司中适用于股份有限公司的规定】本法第四十四条、第四十九条第三款、第五十一条、第五十二条、第五十三条的规定，适用于股份有限公司。

第一百零八条　【有限责任公司变更为股份有限公司】有限责任公司变更为股份有限公司时，折合的实收股本总额不得高于公司净资产额。有限责任公司变更为股份有限公司，为增加注册资本公开发行股份时，应当依法办理。

第一百零九条　【重要资料的置备】股份有限公司应当将公司章程、股东名册、股东会会议记录、董事会会议记录、监事会会议记录、财务会计报告、债券持有人名册置备于本公司。

第一百一十条　【股东的查阅、复制、建议、质询及知情权】股东有权查阅、复制公司章程、股东名册、股东会会议记录、董事会会议决议、监事会会议决议、财务会计报告，对公司的经营提出建议或者质询。

连续一百八十日以上单独或者合计持有公司百分之三以上股份

的股东要求查阅公司的会计账簿、会计凭证的，适用本法第五十七条第二款、第三款、第四款的规定。公司章程对持股比例有较低规定的，从其规定。

股东要求查阅、复制公司全资子公司相关材料的，适用前两款的规定。

上市公司股东查阅、复制相关材料的，应当遵守《中华人民共和国证券法》等法律、行政法规的规定。

第二节　股　东　会

第一百一十一条　【股东会的组成与地位】 股份有限公司股东会由全体股东组成。股东会是公司的权力机构，依照本法行使职权。

第一百一十二条　【股东会的职权】 本法第五十九条第一款、第二款关于有限责任公司股东会职权的规定，适用于股份有限公司股东会。

本法第六十条关于只有一个股东的有限责任公司不设股东会的规定，适用于只有一个股东的股份有限公司。

第一百一十三条　【股东会和临时股东会的召开】 股东会应当每年召开一次年会。有下列情形之一的，应当在两个月内召开临时股东会会议：

（一）董事人数不足本法规定人数或者公司章程所定人数的三分之二时；

（二）公司未弥补的亏损达股本总额三分之一时；

（三）单独或者合计持有公司百分之十以上股份的股东请求时；

（四）董事会认为必要时；

（五）监事会提议召开时；

（六）公司章程规定的其他情形。

第一百一十四条　【股东会会议的召集与主持】股东会会议由董事会召集，董事长主持；董事长不能履行职务或者不履行职务的，由副董事长主持；副董事长不能履行职务或者不履行职务的，由过半数的董事共同推举一名董事主持。

董事会不能履行或者不履行召集股东会会议职责的，监事会应当及时召集和主持；监事会不召集和主持的，连续九十日以上单独或者合计持有公司百分之十以上股份的股东可以自行召集和主持。

单独或者合计持有公司百分之十以上股份的股东请求召开临时股东会会议的，董事会、监事会应当在收到请求之日起十日内作出是否召开临时股东会会议的决定，并书面答复股东。

第一百一十五条　【股东会的通知期限、临时议案】召开股东会会议，应当将会议召开的时间、地点和审议的事项于会议召开二十日前通知各股东；临时股东会会议应当于会议召开十五日前通知各股东。

单独或者合计持有公司百分之一以上股份的股东，可以在股东会会议召开十日前提出临时提案并书面提交董事会。临时提案应当有明确议题和具体决议事项。董事会应当在收到提案后二日内通知其他股东，并将该临时提案提交股东会审议；但临时提案违反法律、行政法规或者公司章程的规定，或者不属于股东会职权范围的除外。公司不得提高提出临时提案股东的持股比例。

公开发行股份的公司，应当以公告方式作出前两款规定的通知。

股东会不得对通知中未列明的事项作出决议。

第一百一十六条　【股东表决权和决议比例】股东出席股东会会议，所持每一股份有一表决权，类别股股东除外。公司持有的本公司股份没有表决权。

股东会作出决议，应当经出席会议的股东所持表决权过半数通过。

股东会作出修改公司章程、增加或者减少注册资本的决议，以及公司合并、分立、解散或者变更公司形式的决议，应当经出席会议的股东所持表决权的三分之二以上通过。

第一百一十七条　【累积投票制】股东会选举董事、监事，可以按照公司章程的规定或者股东会的决议，实行累积投票制。

本法所称累积投票制，是指股东会选举董事或者监事时，每一股份拥有与应选董事或者监事人数相同的表决权，股东拥有的表决权可以集中使用。

第一百一十八条　【出席股东会会议的代理】股东委托代理人出席股东会会议的，应当明确代理人代理的事项、权限和期限；代理人应当向公司提交股东授权委托书，并在授权范围内行使表决权。

第一百一十九条　【股东会会议记录】股东会应当对所议事项的决定作成会议记录，主持人、出席会议的董事应当在会议记录上签名。会议记录应当与出席股东的签名册及代理出席的委托书一并保存。

第三节　董事会、经理

第一百二十条　【董事会的组成、任期及职权】股份有限公司设董事会，本法第一百二十八条另有规定的除外。

本法第六十七条、第六十八条第一款、第七十条、第七十一条的规定，适用于股份有限公司。

第一百二十一条　【审计委员会】股份有限公司可以按照公司

章程的规定在董事会中设置由董事组成的审计委员会，行使本法规定的监事会的职权，不设监事会或者监事。

审计委员会成员为三名以上，过半数成员不得在公司担任除董事以外的其他职务，且不得与公司存在任何可能影响其独立客观判断的关系。公司董事会成员中的职工代表可以成为审计委员会成员。

审计委员会作出决议，应当经审计委员会成员的过半数通过。

审计委员会决议的表决，应当一人一票。

审计委员会的议事方式和表决程序，除本法有规定的外，由公司章程规定。

公司可以按照公司章程的规定在董事会中设置其他委员会。

第一百二十二条　【董事长的产生及职权】董事会设董事长一人，可以设副董事长。董事长和副董事长由董事会以全体董事的过半数选举产生。

董事长召集和主持董事会会议，检查董事会决议的实施情况。副董事长协助董事长工作，董事长不能履行职务或者不履行职务的，由副董事长履行职务；副董事长不能履行职务或者不履行职务的，由过半数的董事共同推举一名董事履行职务。

第一百二十三条　【董事会会议的召集】董事会每年度至少召开两次会议，每次会议应当于会议召开十日前通知全体董事和监事。

代表十分之一以上表决权的股东、三分之一以上董事或者监事会，可以提议召开临时董事会会议。董事长应当自接到提议后十日内，召集和主持董事会会议。

董事会召开临时会议，可以另定召集董事会的通知方式和通知时限。

第一百二十四条 【董事会会议的议事规则】董事会会议应当有过半数的董事出席方可举行。董事会作出决议，应当经全体董事的过半数通过。

董事会决议的表决，应当一人一票。

董事会应当对所议事项的决定作成会议记录，出席会议的董事应当在会议记录上签名。

第一百二十五条 【董事会会议的出席及责任承担】董事会会议，应当由董事本人出席；董事因故不能出席，可以书面委托其他董事代为出席，委托书应当载明授权范围。

董事应当对董事会的决议承担责任。董事会的决议违反法律、行政法规或者公司章程、股东会决议，给公司造成严重损失的，参与决议的董事对公司负赔偿责任；经证明在表决时曾表明异议并记载于会议记录的，该董事可以免除责任。

第一百二十六条 【经理的任免及职权】股份有限公司设经理，由董事会决定聘任或者解聘。

经理对董事会负责，根据公司章程的规定或者董事会的授权行使职权。经理列席董事会会议。

第一百二十七条 【董事会成员兼任经理】公司董事会可以决定由董事会成员兼任经理。

第一百二十八条 【设董事不设董事会的情形】规模较小或者股东人数较少的股份有限公司，可以不设董事会，设一名董事，行使本法规定的董事会的职权。该董事可以兼任公司经理。

第一百二十九条 【高级管理人员的报酬披露】公司应当定期向股东披露董事、监事、高级管理人员从公司获得报酬的情况。

第四节　监　事　会

第一百三十条 【监事会的组成及任期】股份有限公司设监事

会，本法第一百二十一条第一款、第一百三十三条另有规定的除外。

监事会成员为三人以上。监事会成员应当包括股东代表和适当比例的公司职工代表，其中职工代表的比例不得低于三分之一，具体比例由公司章程规定。监事会中的职工代表由公司职工通过职工代表大会、职工大会或者其他形式民主选举产生。

监事会设主席一人，可以设副主席。监事会主席和副主席由全体监事过半数选举产生。监事会主席召集和主持监事会会议；监事会主席不能履行职务或者不履行职务的，由监事会副主席召集和主持监事会会议；监事会副主席不能履行职务或者不履行职务的，由过半数的监事共同推举一名监事召集和主持监事会会议。

董事、高级管理人员不得兼任监事。

本法第七十七条关于有限责任公司监事任期的规定，适用于股份有限公司监事。

第一百三十一条　【监事会的职权及费用】本法第七十八条至第八十条的规定，适用于股份有限公司监事会。

监事会行使职权所必需的费用，由公司承担。

第一百三十二条　【监事会会议】监事会每六个月至少召开一次会议。监事可以提议召开临时监事会会议。

监事会的议事方式和表决程序，除本法有规定的外，由公司章程规定。

监事会决议应当经全体监事的过半数通过。

监事会决议的表决，应当一人一票。

监事会应当对所议事项的决定作成会议记录，出席会议的监事应当在会议记录上签名。

第一百三十三条　【设监事不设监事会的情形】规模较小或者

股东人数较少的股份有限公司，可以不设监事会，设一名监事，行使本法规定的监事会的职权。

第五节 上市公司组织机构的特别规定

第一百三十四条 【上市公司的定义】本法所称上市公司，是指其股票在证券交易所上市交易的股份有限公司。

第一百三十五条 【特别事项的通过】上市公司在一年内购买、出售重大资产或者向他人提供担保的金额超过公司资产总额百分之三十的，应当由股东会作出决议，并经出席会议的股东所持表决权的三分之二以上通过。

第一百三十六条 【独立董事】上市公司设独立董事，具体管理办法由国务院证券监督管理机构规定。

上市公司的公司章程除载明本法第九十五条规定的事项外，还应当依照法律、行政法规的规定载明董事会专门委员会的组成、职权以及董事、监事、高级管理人员薪酬考核机制等事项。

第一百三十七条 【上市公司审计委员会职权】上市公司在董事会中设置审计委员会的，董事会对下列事项作出决议前应当经审计委员会全体成员过半数通过：

（一）聘用、解聘承办公司审计业务的会计师事务所；

（二）聘任、解聘财务负责人；

（三）披露财务会计报告；

（四）国务院证券监督管理机构规定的其他事项。

第一百三十八条 【董事会秘书】上市公司设董事会秘书，负责公司股东会和董事会会议的筹备、文件保管以及公司股东资料的管理，办理信息披露事务等事宜。

第一百三十九条 【会议决议的关联关系董事不得表决】上市

公司董事与董事会会议决议事项所涉及的企业或者个人有关联关系的，该董事应当及时向董事会书面报告。有关联关系的董事不得对该项决议行使表决权，也不得代理其他董事行使表决权。该董事会会议由过半数的无关联关系董事出席即可举行，董事会会议所作决议须经无关联关系董事过半数通过。出席董事会会议的无关联关系董事人数不足三人的，应当将该事项提交上市公司股东会审议。

第一百四十条　【依法信息披露及禁止违法代持】上市公司应当依法披露股东、实际控制人的信息，相关信息应当真实、准确、完整。

禁止违反法律、行政法规的规定代持上市公司股票。

第一百四十一条　【禁止交叉持股】上市公司控股子公司不得取得该上市公司的股份。

上市公司控股子公司因公司合并、质权行使等原因持有上市公司股份的，不得行使所持股份对应的表决权，并应当及时处分相关上市公司股份。

第六章　股份有限公司的股份发行和转让

第一节　股份发行

第一百四十二条　【股份及其形式】公司的资本划分为股份。公司的全部股份，根据公司章程的规定择一采用面额股或者无面额股。采用面额股的，每一股的金额相等。

公司可以根据公司章程的规定将已发行的面额股全部转换为无面额股或者将无面额股全部转换为面额股。

采用无面额股的，应当将发行股份所得股款的二分之一以上计入注册资本。

第一百四十三条 【股份发行的原则】股份的发行，实行公平、公正的原则，同类别的每一股份应当具有同等权利。

同次发行的同类别股份，每股的发行条件和价格应当相同；认购人所认购的股份，每股应当支付相同价额。

第一百四十四条 【类别股的发行】公司可以按照公司章程的规定发行下列与普通股权利不同的类别股：

（一）优先或者劣后分配利润或者剩余财产的股份；

（二）每一股的表决权数多于或者少于普通股的股份；

（三）转让须经公司同意等转让受限的股份；

（四）国务院规定的其他类别股。

公开发行股份的公司不得发行前款第二项、第三项规定的类别股；公开发行前已发行的除外。

公司发行本条第一款第二项规定的类别股的，对于监事或者审计委员会成员的选举和更换，类别股与普通股每一股的表决权数相同。

第一百四十五条 【类别股的章程记载】发行类别股的公司，应当在公司章程中载明以下事项：

（一）类别股分配利润或者剩余财产的顺序；

（二）类别股的表决权数；

（三）类别股的转让限制；

（四）保护中小股东权益的措施；

（五）股东会认为需要规定的其他事项。

第一百四十六条 【类别股股东表决权的行使规则】发行类别股的公司，有本法第一百一十六条第三款规定的事项等可能影响类别股股东权利的，除应当依照第一百一十六条第三款的规定经股东会决议外，还应当经出席类别股股东会议的股东所持表决权的三分之二以上通过。

公司章程可以对需经类别股股东会议决议的其他事项作出规定。

第一百四十七条　【公司股票及记名股票】公司的股份采取股票的形式。股票是公司签发的证明股东所持股份的凭证。

公司发行的股票，应当为记名股票。

第一百四十八条　【股票发行的价格】面额股股票的发行价格可以按票面金额，也可以超过票面金额，但不得低于票面金额。

第一百四十九条　【股票的形式及载明事项】股票采用纸面形式或者国务院证券监督管理机构规定的其他形式。

股票采用纸面形式的，应当载明下列主要事项：

（一）公司名称；

（二）公司成立日期或者股票发行的时间；

（三）股票种类、票面金额及代表的股份数，发行无面额股的，股票代表的股份数。

股票采用纸面形式的，还应当载明股票的编号，由法定代表人签名，公司盖章。

发起人股票采用纸面形式的，应当标明发起人股票字样。

第一百五十条　【股票的交付】股份有限公司成立后，即向股东正式交付股票。公司成立前不得向股东交付股票。

第一百五十一条　【发行新股的决议】公司发行新股，股东会应当对下列事项作出决议：

（一）新股种类及数额；

（二）新股发行价格；

（三）新股发行的起止日期；

（四）向原有股东发行新股的种类及数额；

（五）发行无面额股的，新股发行所得股款计入注册资本的金额。

公司发行新股，可以根据公司经营情况和财务状况，确定其作价方案。

第一百五十二条　【授权董事会发行新股】公司章程或者股东会可以授权董事会在三年内决定发行不超过已发行股份百分之五十的股份。但以非货币财产作价出资的应当经股东会决议。

董事会依照前款规定决定发行股份导致公司注册资本、已发行股份数发生变化的，对公司章程该项记载事项的修改不需再由股东会表决。

第一百五十三条　【授权董事会发行新股决议的通过】公司章程或者股东会授权董事会决定发行新股的，董事会决议应当经全体董事三分之二以上通过。

第一百五十四条　【公开募集股份及招股说明书内容】公司向社会公开募集股份，应当经国务院证券监督管理机构注册，公告招股说明书。

招股说明书应当附有公司章程，并载明下列事项：

（一）发行的股份总数；

（二）面额股的票面金额和发行价格或者无面额股的发行价格；

（三）募集资金的用途；

（四）认股人的权利和义务；

（五）股份种类及其权利和义务；

（六）本次募股的起止日期及逾期未募足时认股人可以撤回所认股份的说明。

公司设立时发行股份的，还应当载明发起人认购的股份数。

第一百五十五条　【股票承销】公司向社会公开募集股份，应当由依法设立的证券公司承销，签订承销协议。

第一百五十六条 【代收股款】公司向社会公开募集股份，应当同银行签订代收股款协议。

代收股款的银行应当按照协议代收和保存股款，向缴纳股款的认股人出具收款单据，并负有向有关部门出具收款证明的义务。

公司发行股份募足股款后，应予公告。

第二节　股　份　转　让

第一百五十七条 【股份转让】股份有限公司的股东持有的股份可以向其他股东转让，也可以向股东以外的人转让；公司章程对股份转让有限制的，其转让按照公司章程的规定进行。

第一百五十八条 【股份转让场所和方式】股东转让其股份，应当在依法设立的证券交易场所进行或者按照国务院规定的其他方式进行。

第一百五十九条 【股票转让】股票的转让，由股东以背书方式或者法律、行政法规规定的其他方式进行；转让后由公司将受让人的姓名或者名称及住所记载于股东名册。

股东会会议召开前二十日内或者公司决定分配股利的基准日前五日内，不得变更股东名册。法律、行政法规或者国务院证券监督管理机构对上市公司股东名册变更另有规定的，从其规定。

第一百六十条 【股份转让限制】公司公开发行股份前已发行的股份，自公司股票在证券交易所上市交易之日起一年内不得转让。法律、行政法规或者国务院证券监督管理机构对上市公司的股东、实际控制人转让其所持有的本公司股份另有规定的，从其规定。

公司董事、监事、高级管理人员应当向公司申报所持有的本公司的股份及其变动情况，在就任时确定的任职期间每年转让的股份不得超过其所持有本公司股份总数的百分之二十五；所持本公司股份自公司股票上市交易之日起一年内不得转让。上述人员离职后半年内，不得转让其所持有的本公司股份。公司章程可以对公司董事、监事、高级管理人员转让其所持有的本公司股份作出其他限制性规定。

股份在法律、行政法规规定的限制转让期限内出质的，质权人不得在限制转让期限内行使质权。

第一百六十一条　【异议股东股份回购请求权】有下列情形之一的，对股东会该项决议投反对票的股东可以请求公司按照合理的价格收购其股份，公开发行股份的公司除外：

（一）公司连续五年不向股东分配利润，而公司该五年连续盈利，并且符合本法规定的分配利润条件；

（二）公司转让主要财产；

（三）公司章程规定的营业期限届满或者章程规定的其他解散事由出现，股东会通过决议修改章程使公司存续。

自股东会决议作出之日起六十日内，股东与公司不能达成股份收购协议的，股东可以自股东会决议作出之日起九十日内向人民法院提起诉讼。

公司因本条第一款规定的情形收购的本公司股份，应当在六个月内依法转让或者注销。

第一百六十二条　【公司回购股份的情形及要求】公司不得收购本公司股份。但是，有下列情形之一的除外：

（一）减少公司注册资本；

（二）与持有本公司股份的其他公司合并；

（三）将股份用于员工持股计划或者股权激励；

（四）股东因对股东会作出的公司合并、分立决议持异议，要求公司收购其股份；

（五）将股份用于转换公司发行的可转换为股票的公司债券；

（六）上市公司为维护公司价值及股东权益所必需。

公司因前款第一项、第二项规定的情形收购本公司股份的，应当经股东会决议；公司因前款第三项、第五项、第六项规定的情形收购本公司股份的，可以按照公司章程或者股东会的授权，经三分之二以上董事出席的董事会会议决议。

公司依照本条第一款规定收购本公司股份后，属于第一项情形的，应当自收购之日起十日内注销；属于第二项、第四项情形的，应当在六个月内转让或者注销；属于第三项、第五项、第六项情形的，公司合计持有的本公司股份数不得超过本公司已发行股份总数的百分之十，并应当在三年内转让或者注销。

上市公司收购本公司股份的，应当依照《中华人民共和国证券法》的规定履行信息披露义务。上市公司因本条第一款第三项、第五项、第六项规定的情形收购本公司股份的，应当通过公开的集中交易方式进行。

公司不得接受本公司的股份作为质权的标的。

第一百六十三条　【禁止财务资助】公司不得为他人取得本公司或者其母公司的股份提供赠与、借款、担保以及其他财务资助，公司实施员工持股计划的除外。

为公司利益，经股东会决议，或者董事会按照公司章程或者股东会的授权作出决议，公司可以为他人取得本公司或者其母公司的股份提供财务资助，但财务资助的累计总额不得超过已发行股本总额的百分之十。董事会作出决议应当经全体董事的三分之二以上通过。

违反前两款规定，给公司造成损失的，负有责任的董事、监事、高级管理人员应当承担赔偿责任。

第一百六十四条 【股票丢失的救济】股票被盗、遗失或者灭失，股东可以依照《中华人民共和国民事诉讼法》规定的公示催告程序，请求人民法院宣告该股票失效。人民法院宣告该股票失效后，股东可以向公司申请补发股票。

第一百六十五条 【上市公司的股票交易】上市公司的股票，依照有关法律、行政法规及证券交易所交易规则上市交易。

第一百六十六条 【上市公司的信息披露】上市公司应当依照法律、行政法规的规定披露相关信息。

第一百六十七条 【股东资格的继承】自然人股东死亡后，其合法继承人可以继承股东资格；但是，股份转让受限的股份有限公司的章程另有规定的除外。

第七章 国家出资公司组织机构的特别规定

第一百六十八条 【国家出资公司的概念】国家出资公司的组织机构，适用本章规定；本章没有规定的，适用本法其他规定。

本法所称国家出资公司，是指国家出资的国有独资公司、国有资本控股公司，包括国家出资的有限责任公司、股份有限公司。

第一百六十九条 【代表国家出资人的职责和权益】国家出资公司，由国务院或者地方人民政府分别代表国家依法履行出资人职责，享有出资人权益。国务院或者地方人民政府可以授权国有资产监督管理机构或者其他部门、机构代表本级人民政府对国家出资公司履行出资人职责。

代表本级人民政府履行出资人职责的机构、部门，以下统称为履行出资人职责的机构。

第一百七十条　【国家出资公司的党组织】国家出资公司中中国共产党的组织，按照中国共产党章程的规定发挥领导作用，研究讨论公司重大经营管理事项，支持公司的组织机构依法行使职权。

第一百七十一条　【国有独资公司章程】国有独资公司章程由履行出资人职责的机构制定。

第一百七十二条　【国有独资公司股东会职权的行使】国有独资公司不设股东会，由履行出资人职责的机构行使股东会职权。履行出资人职责的机构可以授权公司董事会行使股东会的部分职权，但公司章程的制定和修改，公司的合并、分立、解散、申请破产，增加或者减少注册资本，分配利润，应当由履行出资人职责的机构决定。

第一百七十三条　【国有独资公司的董事会】国有独资公司的董事会依照本法规定行使职权。

国有独资公司的董事会成员中，应当过半数为外部董事，并应当有公司职工代表。

董事会成员由履行出资人职责的机构委派；但是，董事会成员中的职工代表由公司职工代表大会选举产生。

董事会设董事长一人，可以设副董事长。董事长、副董事长由履行出资人职责的机构从董事会成员中指定。

第一百七十四条　【国有独资公司的经理】国有独资公司的经理由董事会聘任或者解聘。

经履行出资人职责的机构同意，董事会成员可以兼任经理。

第一百七十五条　【国有独资公司高层人员的兼职禁止】国有独资公司的董事、高级管理人员，未经履行出资人职责的机构同意，不得在其他有限责任公司、股份有限公司或者其他经济组织兼职。

第一百七十六条 【国有独资公司不设监事会和监事的情形】国有独资公司在董事会中设置由董事组成的审计委员会行使本法规定的监事会职权的，不设监事会或者监事。

第一百七十七条 【国家出资公司加强内部合规管理】国家出资公司应当依法建立健全内部监督管理和风险控制制度，加强内部合规管理。

第八章 公司董事、监事、高级
管理人员的资格和义务

第一百七十八条 【董事、监事、高级管理人员的资格禁止】有下列情形之一的，不得担任公司的董事、监事、高级管理人员：

（一）无民事行为能力或者限制民事行为能力；

（二）因贪污、贿赂、侵占财产、挪用财产或者破坏社会主义市场经济秩序，被判处刑罚，或者因犯罪被剥夺政治权利，执行期满未逾五年，被宣告缓刑的，自缓刑考验期满之日起未逾二年；

（三）担任破产清算的公司、企业的董事或者厂长、经理，对该公司、企业的破产负有个人责任的，自该公司、企业破产清算完结之日起未逾三年；

（四）担任因违法被吊销营业执照、责令关闭的公司、企业的法定代表人，并负有个人责任的，自该公司、企业被吊销营业执照、责令关闭之日起未逾三年；

（五）个人因所负数额较大债务到期未清偿被人民法院列为失信被执行人。

违反前款规定选举、委派董事、监事或者聘任高级管理人员的，该选举、委派或者聘任无效。

董事、监事、高级管理人员在任职期间出现本条第一款所列情形的，公司应当解除其职务。

第一百七十九条　**【董事、监事、高级管理人员的守法合规义务】**董事、监事、高级管理人员应当遵守法律、行政法规和公司章程。

第一百八十条　**【董事、监事、高级管理人员的忠实义务和勤勉义务】**董事、监事、高级管理人员对公司负有忠实义务，应当采取措施避免自身利益与公司利益冲突，不得利用职权牟取不正当利益。

董事、监事、高级管理人员对公司负有勤勉义务，执行职务应当为公司的最大利益尽到管理者通常应有的合理注意。

公司的控股股东、实际控制人不担任公司董事但实际执行公司事务的，适用前两款规定。

第一百八十一条　**【董事、监事、高级管理人员的禁止行为】**董事、监事、高级管理人员不得有下列行为：

（一）侵占公司财产、挪用公司资金；

（二）将公司资金以其个人名义或者以其他个人名义开立账户存储；

（三）利用职权贿赂或者收受其他非法收入；

（四）接受他人与公司交易的佣金归为己有；

（五）擅自披露公司秘密；

（六）违反对公司忠实义务的其他行为。

第一百八十二条　**【董事、监事、高级管理人员自我交易和关联交易的限制】**董事、监事、高级管理人员，直接或者间接与本公司订立合同或者进行交易，应当就与订立合同或者进行交易有关的事项向董事会或者股东会报告，并按照公司章程的规定经董事会或者股东会决议通过。

董事、监事、高级管理人员的近亲属，董事、监事、高级管理人员或者其近亲属直接或者间接控制的企业，以及与董事、监事、高级管理人员有其他关联关系的关联人，与公司订立合同或者进行交易，适用前款规定。

第一百八十三条 【禁止董事、监事、高级管理人员篡夺公司商业机会】董事、监事、高级管理人员，不得利用职务便利为自己或者他人谋取属于公司的商业机会。但是，有下列情形之一的除外：

（一）向董事会或者股东会报告，并按照公司章程的规定经董事会或者股东会决议通过；

（二）根据法律、行政法规或者公司章程的规定，公司不能利用该商业机会。

第一百八十四条 【董事、监事、高级管理人员同业竞争的限制】董事、监事、高级管理人员未向董事会或者股东会报告，并按照公司章程的规定经董事会或者股东会决议通过，不得自营或者为他人经营与其任职公司同类的业务。

第一百八十五条 【关联董事表决权】董事会对本法第一百八十二条至第一百八十四条规定的事项决议时，关联董事不得参与表决，其表决权不计入表决权总数。出席董事会会议的无关联关系董事人数不足三人的，应当将该事项提交股东会审议。

第一百八十六条 【董事、监事、高级管理人员违法所得收入应当归公司所有】董事、监事、高级管理人员违反本法第一百八十一条至第一百八十四条规定所得的收入应当归公司所有。

第一百八十七条 【董事、监事、高级管理人员列席股东会】股东会要求董事、监事、高级管理人员列席会议的，董事、监事、高级管理人员应当列席并接受股东的质询。

第一百八十八条　【董事、监事、高级管理人员的损害赔偿责任】董事、监事、高级管理人员执行职务违反法律、行政法规或者公司章程的规定，给公司造成损失的，应当承担赔偿责任。

第一百八十九条　【公司权益受损的股东救济】董事、高级管理人员有前条规定的情形的，有限责任公司的股东、股份有限公司连续一百八十日以上单独或者合计持有公司百分之一以上股份的股东，可以书面请求监事会向人民法院提起诉讼；监事有前条规定的情形的，前述股东可以书面请求董事会向人民法院提起诉讼。

监事会或者董事会收到前款规定的股东书面请求后拒绝提起诉讼，或者自收到请求之日起三十日内未提起诉讼，或者情况紧急、不立即提起诉讼将会使公司利益受到难以弥补的损害的，前款规定的股东有权为公司利益以自己的名义直接向人民法院提起诉讼。

他人侵犯公司合法权益，给公司造成损失的，本条第一款规定的股东可以依照前两款的规定向人民法院提起诉讼。

公司全资子公司的董事、监事、高级管理人员有前条规定情形，或者他人侵犯公司全资子公司合法权益造成损失的，有限责任公司的股东、股份有限公司连续一百八十日以上单独或者合计持有公司百分之一以上股份的股东，可以依照前三款规定书面请求全资子公司的监事会、董事会向人民法院提起诉讼或者以自己的名义直接向人民法院提起诉讼。

第一百九十条　【股东权益受损的直接诉讼】董事、高级管理人员违反法律、行政法规或者公司章程的规定，损害股东利益的，股东可以向人民法院提起诉讼。

第一百九十一条　【董事、高级管理人员与公司的连带责任】董事、高级管理人员执行职务，给他人造成损害的，公司应当承担赔偿责任；董事、高级管理人员存在故意或者重大过失的，也应当承担赔偿责任。

第一百九十二条 **【控股股东、实际控制人的连带责任】**公司的控股股东、实际控制人指示董事、高级管理人员从事损害公司或者股东利益的行为的，与该董事、高级管理人员承担连带责任。

第一百九十三条 **【董事责任保险】**公司可以在董事任职期间为董事因执行公司职务承担的赔偿责任投保责任保险。

公司为董事投保责任保险或者续保后，董事会应当向股东会报告责任保险的投保金额、承保范围及保险费率等内容。

第九章 公 司 债 券

第一百九十四条 **【公司债券的定义、发行与交易】**本法所称公司债券，是指公司发行的约定按期还本付息的有价证券。

公司债券可以公开发行，也可以非公开发行。

公司债券的发行和交易应当符合《中华人民共和国证券法》等法律、行政法规的规定。

第一百九十五条 **【公司债券募集办法】**公开发行公司债券，应当经国务院证券监督管理机构注册，公告公司债券募集办法。

公司债券募集办法应当载明下列主要事项：

（一）公司名称；

（二）债券募集资金的用途；

（三）债券总额和债券的票面金额；

（四）债券利率的确定方式；

（五）还本付息的期限和方式；

（六）债券担保情况；

（七）债券的发行价格、发行的起止日期；

（八）公司净资产额；

（九）已发行的尚未到期的公司债券总额；

（十）公司债券的承销机构。

第一百九十六条　**【公司债券的票面记载事项】**公司以纸面形式发行公司债券的，应当在债券上载明公司名称、债券票面金额、利率、偿还期限等事项，并由法定代表人签名，公司盖章。

第一百九十七条　**【公司债券应记名】**公司债券应当为记名债券。

第一百九十八条　**【公司债券持有人名册】**公司发行公司债券应当置备公司债券持有人名册。

发行公司债券的，应当在公司债券持有人名册上载明下列事项：

（一）债券持有人的姓名或者名称及住所；

（二）债券持有人取得债券的日期及债券的编号；

（三）债券总额，债券的票面金额、利率、还本付息的期限和方式；

（四）债券的发行日期。

第一百九十九条　**【公司债券的登记结算】**公司债券的登记结算机构应当建立债券登记、存管、付息、兑付等相关制度。

第二百条　**【公司债券转让】**公司债券可以转让，转让价格由转让人与受让人约定。

公司债券的转让应当符合法律、行政法规的规定。

第二百零一条　**【公司债券的转让方式】**公司债券由债券持有人以背书方式或者法律、行政法规规定的其他方式转让；转让后由公司将受让人的姓名或者名称及住所记载于公司债券持有人名册。

第二百零二条　**【可转换公司债券的发行】**股份有限公司经股东会决议，或者经公司章程、股东会授权由董事会决议，可以发行可转换为股票的公司债券，并规定具体的转换办法。上市公司发行可转换为股票的公司债券，应当经国务院证券监督管理机构注册。

发行可转换为股票的公司债券，应当在债券上标明可转换公司债券字样，并在公司债券持有人名册上载明可转换公司债券的数额。

第二百零三条 【可转换公司债券的转换】 发行可转换为股票的公司债券的，公司应当按照其转换办法向债券持有人换发股票，但债券持有人对转换股票或者不转换股票有选择权。法律、行政法规另有规定的除外。

第二百零四条 【债券持有人会议】 公开发行公司债券的，应当为同期债券持有人设立债券持有人会议，并在债券募集办法中对债券持有人会议的召集程序、会议规则和其他重要事项作出规定。债券持有人会议可以对与债券持有人有利害关系的事项作出决议。

除公司债券募集办法另有约定外，债券持有人会议决议对同期全体债券持有人发生效力。

第二百零五条 【聘请债券受托管理人】 公开发行公司债券的，发行人应当为债券持有人聘请债券受托管理人，由其为债券持有人办理受领清偿、债权保全、与债券相关的诉讼以及参与债务人破产程序等事项。

第二百零六条 【债券受托管理人的职责与责任】 债券受托管理人应当勤勉尽责，公正履行受托管理职责，不得损害债券持有人利益。

受托管理人与债券持有人存在利益冲突可能损害债券持有人利益的，债券持有人会议可以决议变更债券受托管理人。

债券受托管理人违反法律、行政法规或者债券持有人会议决议，损害债券持有人利益的，应当承担赔偿责任。

第十章　公司财务、会计

第二百零七条　**【公司财务与会计制度】**公司应当依照法律、行政法规和国务院财政部门的规定建立本公司的财务、会计制度。

第二百零八条　**【财务会计报告】**公司应当在每一会计年度终了时编制财务会计报告，并依法经会计师事务所审计。

财务会计报告应当依照法律、行政法规和国务院财政部门的规定制作。

第二百零九条　**【财务会计报告的公示】**有限责任公司应当按照公司章程规定的期限将财务会计报告送交各股东。

股份有限公司的财务会计报告应当在召开股东会年会的二十日前置备于本公司，供股东查阅；公开发行股份的股份有限公司应当公告其财务会计报告。

第二百一十条　**【法定公积金、任意公积金与利润分配】**公司分配当年税后利润时，应当提取利润的百分之十列入公司法定公积金。公司法定公积金累计额为公司注册资本的百分之五十以上的，可以不再提取。

公司的法定公积金不足以弥补以前年度亏损的，在依照前款规定提取法定公积金之前，应当先用当年利润弥补亏损。

公司从税后利润中提取法定公积金后，经股东会决议，还可以从税后利润中提取任意公积金。

公司弥补亏损和提取公积金后所余税后利润，有限责任公司按照股东实缴的出资比例分配利润，全体股东约定不按照出资比例分配利润的除外；股份有限公司按照股东所持有的股份比例分配利润，公司章程另有规定的除外。

公司持有的本公司股份不得分配利润。

第二百一十一条 **【违法利润分配的法律责任】**公司违反本法规定向股东分配利润的，股东应当将违反规定分配的利润退还公司；给公司造成损失的，股东及负有责任的董事、监事、高级管理人员应当承担赔偿责任。

第二百一十二条 **【利润分配期限】**股东会作出分配利润的决议的，董事会应当在股东会决议作出之日起六个月内进行分配。

第二百一十三条 **【股份有限公司资本公积金】**公司以超过股票票面金额的发行价格发行股份所得的溢价款、发行无面额股所得股款未计入注册资本的金额以及国务院财政部门规定列入资本公积金的其他项目，应当列为公司资本公积金。

第二百一十四条 **【公积金的用途】**公司的公积金用于弥补公司的亏损、扩大公司生产经营或者转为增加公司注册资本。

公积金弥补公司亏损，应当先使用任意公积金和法定公积金；仍不能弥补的，可以按照规定使用资本公积金。

法定公积金转为增加注册资本时，所留存的该项公积金不得少于转增前公司注册资本的百分之二十五。

第二百一十五条 **【聘用、解聘会计师事务所】**公司聘用、解聘承办公司审计业务的会计师事务所，按照公司章程的规定，由股东会、董事会或者监事会决定。

公司股东会、董事会或者监事会就解聘会计师事务所进行表决时，应当允许会计师事务所陈述意见。

第二百一十六条 **【真实提供会计资料】**公司应当向聘用的会计师事务所提供真实、完整的会计凭证、会计账簿、财务会计报告及其他会计资料，不得拒绝、隐匿、谎报。

第二百一十七条 **【会计账簿】**公司除法定的会计账簿外，不得另立会计账簿。

对公司资金，不得以任何个人名义开立账户存储。

第十一章　公司合并、分立、增资、减资

第二百一十八条　【公司合并】公司合并可以采取吸收合并或者新设合并。

一个公司吸收其他公司为吸收合并，被吸收的公司解散。两个以上公司合并设立一个新的公司为新设合并，合并各方解散。

第二百一十九条　【简易合并】公司与其持股百分之九十以上的公司合并，被合并的公司不需经股东会决议，但应当通知其他股东，其他股东有权请求公司按照合理的价格收购其股权或者股份。

公司合并支付的价款不超过本公司净资产百分之十的，可以不经股东会决议；但是，公司章程另有规定的除外。

公司依照前两款规定合并不经股东会决议的，应当经董事会决议。

第二百二十条　【公司合并的程序】公司合并，应当由合并各方签订合并协议，并编制资产负债表及财产清单。公司应当自作出合并决议之日起十日内通知债权人，并于三十日内在报纸上或者国家企业信用信息公示系统公告。债权人自接到通知之日起三十日内，未接到通知的自公告之日起四十五日内，可以要求公司清偿债务或者提供相应的担保。

第二百二十一条　【公司合并前债权债务的承继】公司合并时，合并各方的债权、债务，应当由合并后存续的公司或者新设的公司承继。

第二百二十二条　【公司分立】公司分立，其财产作相应的分割。

公司分立，应当编制资产负债表及财产清单。公司应当自作出

分立决议之日起十日内通知债权人，并于三十日内在报纸上或者国家企业信用信息公示系统公告。

第二百二十三条 **【公司分立前的债务承担】**公司分立前的债务由分立后的公司承担连带责任。但是，公司在分立前与债权人就债务清偿达成的书面协议另有约定的除外。

第二百二十四条 **【公司减资】**公司减少注册资本，应当编制资产负债表及财产清单。

公司应当自股东会作出减少注册资本决议之日起十日内通知债权人，并于三十日内在报纸上或者国家企业信用信息公示系统公告。债权人自接到通知之日起三十日内，未接到通知的自公告之日起四十五日内，有权要求公司清偿债务或者提供相应的担保。

公司减少注册资本，应当按照股东出资或者持有股份的比例相应减少出资额或者股份，法律另有规定、有限责任公司全体股东另有约定或者股份有限公司章程另有规定的除外。

第二百二十五条 **【简易减资】**公司依照本法第二百一十四条第二款的规定弥补亏损后，仍有亏损的，可以减少注册资本弥补亏损。减少注册资本弥补亏损的，公司不得向股东分配，也不得免除股东缴纳出资或者股款的义务。

依照前款规定减少注册资本的，不适用前条第二款的规定，但应当自股东会作出减少注册资本决议之日起三十日内在报纸上或者国家企业信用信息公示系统公告。

公司依照前两款的规定减少注册资本后，在法定公积金和任意公积金累计额达到公司注册资本百分之五十前，不得分配利润。

第二百二十六条 **【违法减资的法律后果】**违反本法规定减少注册资本的，股东应当退还其收到的资金，减免股东出资的应当恢复原状；给公司造成损失的，股东及负有责任的董事、监事、高级管理人员应当承担赔偿责任。

第二百二十七条　【增资优先认缴（购）权】有限责任公司增加注册资本时，股东在同等条件下有权优先按照实缴的出资比例认缴出资。但是，全体股东约定不按照出资比例优先认缴出资的除外。

股份有限公司为增加注册资本发行新股时，股东不享有优先认购权，公司章程另有规定或者股东会决议决定股东享有优先认购权的除外。

第二百二十八条　【公司增资】有限责任公司增加注册资本时，股东认缴新增资本的出资，依照本法设立有限责任公司缴纳出资的有关规定执行。

股份有限公司为增加注册资本发行新股时，股东认购新股，依照本法设立股份有限公司缴纳股款的有关规定执行。

第十二章　公司解散和清算

第二百二十九条　【公司解散的事由及公示】公司因下列原因解散：

（一）公司章程规定的营业期限届满或者公司章程规定的其他解散事由出现；

（二）股东会决议解散；

（三）因公司合并或者分立需要解散；

（四）依法被吊销营业执照、责令关闭或者被撤销；

（五）人民法院依照本法第二百三十一条的规定予以解散。

公司出现前款规定的解散事由，应当在十日内将解散事由通过国家企业信用信息公示系统予以公示。

第二百三十条　【特定解散情形下的公司存续】公司有前条第

一款第一项、第二项情形，且尚未向股东分配财产的，可以通过修改公司章程或者经股东会决议而存续。

依照前款规定修改公司章程或者经股东会决议，有限责任公司须经持有三分之二以上表决权的股东通过，股份有限公司须经出席股东会会议的股东所持表决权的三分之二以上通过。

第二百三十一条 【**司法强制解散公司**】公司经营管理发生严重困难，继续存续会使股东利益受到重大损失，通过其他途径不能解决的，持有公司百分之十以上表决权的股东，可以请求人民法院解散公司。

第二百三十二条 【**清算义务人和清算组**】公司因本法第二百二十九条第一款第一项、第二项、第四项、第五项规定而解散的，应当清算。董事为公司清算义务人，应当在解散事由出现之日起十五日内组成清算组进行清算。

清算组由董事组成，但是公司章程另有规定或者股东会决议另选他人的除外。

清算义务人未及时履行清算义务，给公司或者债权人造成损失的，应当承担赔偿责任。

第二百三十三条 【**法院指定清算组**】公司依照前条第一款的规定应当清算，逾期不成立清算组进行清算或者成立清算组后不清算的，利害关系人可以申请人民法院指定有关人员组成清算组进行清算。人民法院应当受理该申请，并及时组织清算组进行清算。

公司因本法第二百二十九条第一款第四项的规定而解散的，作出吊销营业执照、责令关闭或者撤销决定的部门或者公司登记机关，可以申请人民法院指定有关人员组成清算组进行清算。

第二百三十四条 【**清算组的职权**】清算组在清算期间行使下列职权：

（一）清理公司财产，分别编制资产负债表和财产清单；

（二）通知、公告债权人；

（三）处理与清算有关的公司未了结的业务；

（四）清缴所欠税款以及清算过程中产生的税款；

（五）清理债权、债务；

（六）分配公司清偿债务后的剩余财产；

（七）代表公司参与民事诉讼活动。

第二百三十五条　【债权人申报债权】清算组应当自成立之日起十日内通知债权人，并于六十日内在报纸上或者国家企业信用信息公示系统公告。债权人应当自接到通知之日起三十日内，未接到通知的自公告之日起四十五日内，向清算组申报其债权。

债权人申报债权，应当说明债权的有关事项，并提供证明材料。清算组应当对债权进行登记。

在申报债权期间，清算组不得对债权人进行清偿。

第二百三十六条　【清算程序】清算组在清理公司财产、编制资产负债表和财产清单后，应当制订清算方案，并报股东会或者人民法院确认。

公司财产在分别支付清算费用、职工的工资、社会保险费用和法定补偿金，缴纳所欠税款，清偿公司债务后的剩余财产，有限责任公司按照股东的出资比例分配，股份有限公司按照股东持有的股份比例分配。

清算期间，公司存续，但不得开展与清算无关的经营活动。公司财产在未依照前款规定清偿前，不得分配给股东。

第二百三十七条　【破产申请】清算组在清理公司财产、编制资产负债表和财产清单后，发现公司财产不足清偿债务的，应当依法向人民法院申请破产清算。

人民法院受理破产申请后，清算组应当将清算事务移交给人民法院指定的破产管理人。

第二百三十八条 **【清算组成员的义务和责任】** 清算组成员履行清算职责，负有忠实义务和勤勉义务。

清算组成员怠于履行清算职责，给公司造成损失的，应当承担赔偿责任；因故意或者重大过失给债权人造成损失的，应当承担赔偿责任。

第二百三十九条 **【清算结束后公司的注销】** 公司清算结束后，清算组应当制作清算报告，报股东会或者人民法院确认，并报送公司登记机关，申请注销公司登记。

第二百四十条 **【简易注销】** 公司在存续期间未产生债务，或者已清偿全部债务的，经全体股东承诺，可以按照规定通过简易程序注销公司登记。

通过简易程序注销公司登记，应当通过国家企业信用信息公示系统予以公告，公告期限不少于二十日。公告期限届满后，未有异议的，公司可以在二十日内向公司登记机关申请注销公司登记。

公司通过简易程序注销公司登记，股东对本条第一款规定的内容承诺不实的，应当对注销登记前的债务承担连带责任。

第二百四十一条 **【强制注销】** 公司被吊销营业执照、责令关闭或者被撤销，满三年未向公司登记机关申请注销公司登记的，公司登记机关可以通过国家企业信用信息公示系统予以公告，公告期限不少于六十日。公告期限届满后，未有异议的，公司登记机关可以注销公司登记。

依照前款规定注销公司登记的，原公司股东、清算义务人的责任不受影响。

第二百四十二条 **【破产清算】** 公司被依法宣告破产的，依照有关企业破产的法律实施破产清算。

第十三章　外国公司的分支机构

第二百四十三条　【外国公司的概念】本法所称外国公司，是指依照外国法律在中华人民共和国境外设立的公司。

第二百四十四条　【外国公司分支机构的设立程序】外国公司在中华人民共和国境内设立分支机构，应当向中国主管机关提出申请，并提交其公司章程、所属国的公司登记证书等有关文件，经批准后，向公司登记机关依法办理登记，领取营业执照。

外国公司分支机构的审批办法由国务院另行规定。

第二百四十五条　【外国公司分支机构的设立条件】外国公司在中华人民共和国境内设立分支机构，应当在中华人民共和国境内指定负责该分支机构的代表人或者代理人，并向该分支机构拨付与其所从事的经营活动相适应的资金。

对外国公司分支机构的经营资金需要规定最低限额的，由国务院另行规定。

第二百四十六条　【外国公司分支机构的名称】外国公司的分支机构应当在其名称中标明该外国公司的国籍及责任形式。

外国公司的分支机构应当在本机构中置备该外国公司章程。

第二百四十七条　【外国公司分支机构的法律地位】外国公司在中华人民共和国境内设立的分支机构不具有中国法人资格。

外国公司对其分支机构在中华人民共和国境内进行经营活动承担民事责任。

第二百四十八条　【外国公司分支机构的活动原则】经批准设立的外国公司分支机构，在中华人民共和国境内从事业务活动，应当遵守中国的法律，不得损害中国的社会公共利益，其合法权益受中国法律保护。

第二百四十九条 【外国公司分支机构的撤销和清算】外国公司撤销其在中华人民共和国境内的分支机构时，应当依法清偿债务，依照本法有关公司清算程序的规定进行清算。未清偿债务之前，不得将其分支机构的财产转移至中华人民共和国境外。

第十四章 法 律 责 任

第二百五十条 【欺诈登记的法律责任】违反本法规定，虚报注册资本、提交虚假材料或者采取其他欺诈手段隐瞒重要事实取得公司登记的，由公司登记机关责令改正，对虚报注册资本的公司，处以虚报注册资本金额百分之五以上百分之十五以下的罚款；对提交虚假材料或者采取其他欺诈手段隐瞒重要事实的公司，处以五万元以上二百万元以下的罚款；情节严重的，吊销营业执照；对直接负责的主管人员和其他直接责任人员处以三万元以上三十万元以下的罚款。

第二百五十一条 【未依法公示有关信息的法律责任】公司未依照本法第四十条规定公示有关信息或者不如实公示有关信息的，由公司登记机关责令改正，可以处以一万元以上五万元以下的罚款。情节严重的，处以五万元以上二十万元以下的罚款；对直接负责的主管人员和其他直接责任人员处以一万元以上十万元以下的罚款。

第二百五十二条 【虚假出资的法律责任】公司的发起人、股东虚假出资，未交付或者未按期交付作为出资的货币或者非货币财产的，由公司登记机关责令改正，可以处以五万元以上二十万元以下的罚款；情节严重的，处以虚假出资或者未出资金额百分之五以上百分之十五以下的罚款；对直接负责的主管人员和其他直接责任人员处以一万元以上十万元以下的罚款。

第二百五十三条　【抽逃出资的法律责任】公司的发起人、股东在公司成立后，抽逃其出资的，由公司登记机关责令改正，处以所抽逃出资金额百分之五以上百分之十五以下的罚款；对直接负责的主管人员和其他直接责任人员处以三万元以上三十万元以下的罚款。

第二百五十四条　【另立会计账簿、提供虚假财务会计报告的法律责任】有下列行为之一的，由县级以上人民政府财政部门依照《中华人民共和国会计法》等法律、行政法规的规定处罚：

（一）在法定的会计账簿以外另立会计账簿；

（二）提供存在虚假记载或者隐瞒重要事实的财务会计报告。

第二百五十五条　【不按规定通知债权人的法律责任】公司在合并、分立、减少注册资本或者进行清算时，不依照本法规定通知或者公告债权人的，由公司登记机关责令改正，对公司处以一万元以上十万元以下的罚款。

第二百五十六条　【清算时隐匿分配公司财产的法律责任】公司在进行清算时，隐匿财产，对资产负债表或者财产清单作虚假记载，或者在未清偿债务前分配公司财产的，由公司登记机关责令改正，对公司处以隐匿财产或者未清偿债务前分配公司财产金额百分之五以上百分之十以下的罚款；对直接负责的主管人员和其他直接责任人员处以一万元以上十万元以下的罚款。

第二百五十七条　【承担资产评估、验资或者验证的机构违法的法律责任】承担资产评估、验资或者验证的机构提供虚假材料或者提供有重大遗漏的报告的，由有关部门依照《中华人民共和国资产评估法》、《中华人民共和国注册会计师法》等法律、行政法规的规定处罚。

承担资产评估、验资或者验证的机构因其出具的评估结果、验资或者验证证明不实，给公司债权人造成损失的，除能够证明自己没有过错的外，在其评估或者证明不实的金额范围内承担赔偿责任。

第二百五十八条 【公司登记机关违法的法律责任】 公司登记机关违反法律、行政法规规定未履行职责或者履行职责不当的，对负有责任的领导人员和直接责任人员依法给予政务处分。

第二百五十九条 【冒用公司名义的法律责任】 未依法登记为有限责任公司或者股份有限公司，而冒用有限责任公司或者股份有限公司名义的，或者未依法登记为有限责任公司或者股份有限公司的分公司，而冒用有限责任公司或者股份有限公司的分公司名义的，由公司登记机关责令改正或者予以取缔，可以并处十万元以下的罚款。

第二百六十条 【逾期开业、不当停业及未依法办理变更登记的法律责任】 公司成立后无正当理由超过六个月未开业的，或者开业后自行停业连续六个月以上的，公司登记机关可以吊销营业执照，但公司依法办理歇业的除外。

公司登记事项发生变更时，未依照本法规定办理有关变更登记的，由公司登记机关责令限期登记；逾期不登记的，处以一万元以上十万元以下的罚款。

第二百六十一条 【外国公司擅自设立分支机构的法律责任】 外国公司违反本法规定，擅自在中华人民共和国境内设立分支机构的，由公司登记机关责令改正或者关闭，可以并处五万元以上二十万元以下的罚款。

第二百六十二条 【利用公司名义危害国家安全与社会公共利益的法律责任】 利用公司名义从事危害国家安全、社会公共利益的严重违法行为的，吊销营业执照。

第二百六十三条　【民事赔偿优先】公司违反本法规定，应当承担民事赔偿责任和缴纳罚款、罚金的，其财产不足以支付时，先承担民事赔偿责任。

第二百六十四条　【刑事责任】违反本法规定，构成犯罪的，依法追究刑事责任。

第十五章　附　　则

第二百六十五条　【本法相关用语的含义】本法下列用语的含义：

（一）高级管理人员，是指公司的经理、副经理、财务负责人，上市公司董事会秘书和公司章程规定的其他人员。

（二）控股股东，是指其出资额占有限责任公司资本总额超过百分之五十或者其持有的股份占股份有限公司股本总额超过百分之五十的股东；出资额或者持有股份的比例虽然低于百分之五十，但依其出资额或者持有的股份所享有的表决权已足以对股东会的决议产生重大影响的股东。

（三）实际控制人，是指通过投资关系、协议或者其他安排，能够实际支配公司行为的人。

（四）关联关系，是指公司控股股东、实际控制人、董事、监事、高级管理人员与其直接或者间接控制的企业之间的关系，以及可能导致公司利益转移的其他关系。但是，国家控股的企业之间不仅因为同受国家控股而具有关联关系。

第二百六十六条　【施行日期】本法自 2024 年 7 月 1 日起施行。

本法施行前已登记设立的公司，出资期限超过本法规定的期限的，除法律、行政法规或者国务院另有规定外，应当逐步调整至本法规定的期限以内；对于出资期限、出资额明显异常的，公司登记机关可以依法要求其及时调整。具体实施办法由国务院规定。

中华人民共和国公职人员政务处分法

（2020年6月20日第十三届全国人民代表大会常务委员会第十九次会议通过 2020年6月20日中华人民共和国主席令第46号公布 自2020年7月1日起施行）

第一章 总 则

第一条 为了规范政务处分，加强对所有行使公权力的公职人员的监督，促进公职人员依法履职、秉公用权、廉洁从政从业、坚持道德操守，根据《中华人民共和国监察法》，制定本法。

第二条 本法适用于监察机关对违法的公职人员给予政务处分的活动。

本法第二章、第三章适用于公职人员任免机关、单位对违法的公职人员给予处分。处分的程序、申诉等适用其他法律、行政法规、国务院部门规章和国家有关规定。

本法所称公职人员，是指《中华人民共和国监察法》第十五条规定的人员。

第三条 监察机关应当按照管理权限，加强对公职人员的监督，依法给予违法的公职人员政务处分。

公职人员任免机关、单位应当按照管理权限，加强对公职人员的教育、管理、监督，依法给予违法的公职人员处分。

监察机关发现公职人员任免机关、单位应当给予处分而未给予，或者给予的处分违法、不当的，应当及时提出监察建议。

第四条 给予公职人员政务处分，坚持党管干部原则，集体讨论决定；坚持法律面前一律平等，以事实为根据，以法律为准绳，给予的政务处分与违法行为的性质、情节、危害程度相当；坚持惩戒与教育相结合，宽严相济。

第五条 给予公职人员政务处分，应当事实清楚、证据确凿、定性准确、处理恰当、程序合法、手续完备。

第六条 公职人员依法履行职责受法律保护，非因法定事由、非经法定程序，不受政务处分。

第二章 政务处分的种类和适用

第七条 政务处分的种类为：

（一）警告；

（二）记过；

（三）记大过；

（四）降级；

（五）撤职；

（六）开除。

第八条 政务处分的期间为：

（一）警告，六个月；

（二）记过，十二个月；

（三）记大过，十八个月；

（四）降级、撤职，二十四个月。

政务处分决定自作出之日起生效，政务处分期自政务处分决定生效之日起计算。

第九条 公职人员二人以上共同违法，根据各自在违法行为中所起的作用和应当承担的法律责任，分别给予政务处分。

第十条 有关机关、单位、组织集体作出的决定违法或者实施违法行为的，对负有责任的领导人员和直接责任人员中的公职人员依法给予政务处分。

第十一条 公职人员有下列情形之一的，可以从轻或者减轻给予政务处分：

（一）主动交代本人应当受到政务处分的违法行为的；

（二）配合调查，如实说明本人违法事实的；

（三）检举他人违纪违法行为，经查证属实的；

（四）主动采取措施，有效避免、挽回损失或者消除不良影响的；

（五）在共同违法行为中起次要或者辅助作用的；

（六）主动上交或者退赔违法所得的；

（七）法律、法规规定的其他从轻或者减轻情节。

第十二条 公职人员违法行为情节轻微，且具有本法第十一条规定的情形之一的，可以对其进行谈话提醒、批评教育、责令检查或者予以诫勉，免予或者不予政务处分。

公职人员因不明真相被裹挟或者被胁迫参与违法活动，经批评教育后确有悔改表现的，可以减轻、免予或者不予政务处分。

第十三条 公职人员有下列情形之一的，应当从重给予政务处分：

（一）在政务处分期内再次故意违法，应当受到政务处分的；

（二）阻止他人检举、提供证据的；

（三）串供或者伪造、隐匿、毁灭证据的；

（四）包庇同案人员的；

（五）胁迫、唆使他人实施违法行为的；

（六）拒不上交或者退赔违法所得的；

（七）法律、法规规定的其他从重情节。

第十四条 公职人员犯罪，有下列情形之一的，予以开除：

（一）因故意犯罪被判处管制、拘役或者有期徒刑以上刑罚（含宣告缓刑）的；

（二）因过失犯罪被判处有期徒刑，刑期超过三年的；

（三）因犯罪被单处或者并处剥夺政治权利的。

因过失犯罪被判处管制、拘役或者三年以下有期徒刑的，一般应当予以开除；案件情况特殊，予以撤职更为适当的，可以不予开除，但是应当报请上一级机关批准。

公职人员因犯罪被单处罚金，或者犯罪情节轻微，人民检察院依法作出不起诉决定或者人民法院依法免予刑事处罚的，予以撤职；造成不良影响的，予以开除。

第十五条 公职人员有两个以上违法行为的，应当分别确定政务处分。应当给予两种以上政务处分的，执行其中最重的政务处分；应当给予撤职以下多个相同政务处分的，可以在一个政务处分期以上、多个政务处分期之和以下确定政务处分期，但是最长不得超过四十八个月。

第十六条 对公职人员的同一违法行为，监察机关和公职人员任免机关、单位不得重复给予政务处分和处分。

第十七条 公职人员有违法行为，有关机关依照规定给予组织处理的，监察机关可以同时给予政务处分。

第十八条 担任领导职务的公职人员有违法行为，被罢免、撤销、免去或者辞去领导职务的，监察机关可以同时给予政务处分。

第十九条 公务员以及参照《中华人民共和国公务员法》管理的人员在政务处分期内，不得晋升职务、职级、衔级和级别；其中，被记过、记大过、降级、撤职的，不得晋升工资档次。被撤职的，按照规定降低职务、职级、衔级和级别，同时降低工资和待遇。

第二十条　法律、法规授权或者受国家机关依法委托管理公共事务的组织中从事公务的人员，以及公办的教育、科研、文化、医疗卫生、体育等单位中从事管理的人员，在政务处分期内，不得晋升职务、岗位和职员等级、职称；其中，被记过、记大过、降级、撤职的，不得晋升薪酬待遇等级。被撤职的，降低职务、岗位或者职员等级，同时降低薪酬待遇。

第二十一条　国有企业管理人员在政务处分期内，不得晋升职务、岗位等级和职称；其中，被记过、记大过、降级、撤职的，不得晋升薪酬待遇等级。被撤职的，降低职务或者岗位等级，同时降低薪酬待遇。

第二十二条　基层群众性自治组织中从事管理的人员有违法行为的，监察机关可以予以警告、记过、记大过。

基层群众性自治组织中从事管理的人员受到政务处分的，应当由县级或者乡镇人民政府根据具体情况减发或者扣发补贴、奖金。

第二十三条　《中华人民共和国监察法》第十五条第六项规定的人员有违法行为的，监察机关可以予以警告、记过、记大过。情节严重的，由所在单位直接给予或者监察机关建议有关机关、单位给予降低薪酬待遇、调离岗位、解除人事关系或者劳动关系等处理。

《中华人民共和国监察法》第十五条第二项规定的人员，未担任公务员、参照《中华人民共和国公务员法》管理的人员、事业单位工作人员或者国有企业人员职务的，对其违法行为依照前款规定处理。

第二十四条　公职人员被开除，或者依照本法第二十三条规定，受到解除人事关系或者劳动关系处理的，不得录用为公务员以及参照《中华人民共和国公务员法》管理的人员。

第二十五条　公职人员违法取得的财物和用于违法行为的本人财物，除依法应当由其他机关没收、追缴或者责令退赔的，由监察机关没收、追缴或者责令退赔；应当退还原所有人或者原持有人的，依法予以退还；属于国家财产或者不应当退还以及无法退还的，上缴国库。

公职人员因违法行为获得的职务、职级、衔级、级别、岗位和职员等级、职称、待遇、资格、学历、学位、荣誉、奖励等其他利益，监察机关应当建议有关机关、单位、组织按规定予以纠正。

第二十六条　公职人员被开除的，自政务处分决定生效之日起，应当解除其与所在机关、单位的人事关系或者劳动关系。

公职人员受到开除以外的政务处分，在政务处分期内有悔改表现，并且没有再发生应当给予政务处分的违法行为的，政务处分期满后自动解除，晋升职务、职级、衔级、级别、岗位和职员等级、职称、薪酬待遇不再受原政务处分影响。但是，解除降级、撤职的，不恢复原职务、职级、衔级、级别、岗位和职员等级、职称、薪酬待遇。

第二十七条　已经退休的公职人员退休前或者退休后有违法行为的，不再给予政务处分，但是可以对其立案调查；依法应当予以降级、撤职、开除的，应当按照规定相应调整其享受的待遇，对其违法取得的财物和用于违法行为的本人财物依照本法第二十五条的规定处理。

已经离职或者死亡的公职人员在履职期间有违法行为的，依照前款规定处理。

第三章　违法行为及其适用的政务处分

第二十八条　有下列行为之一的，予以记过或者记大过；情节较重的，予以降级或者撤职；情节严重的，予以开除：

（一）散布有损宪法权威、中国共产党领导和国家声誉的言论的；

（二）参加旨在反对宪法、中国共产党领导和国家的集会、游行、示威等活动的；

（三）拒不执行或者变相不执行中国共产党和国家的路线方针政策、重大决策部署的；

（四）参加非法组织、非法活动的；

（五）挑拨、破坏民族关系，或者参加民族分裂活动的；

（六）利用宗教活动破坏民族团结和社会稳定的；

（七）在对外交往中损害国家荣誉和利益的。

有前款第二项、第四项、第五项和第六项行为之一的，对策划者、组织者和骨干分子，予以开除。

公开发表反对宪法确立的国家指导思想，反对中国共产党领导，反对社会主义制度，反对改革开放的文章、演说、宣言、声明等的，予以开除。

第二十九条　不按照规定请示、报告重大事项，情节较重的，予以警告、记过或者记大过；情节严重的，予以降级或者撤职。

违反个人有关事项报告规定，隐瞒不报，情节较重的，予以警告、记过或者记大过。

篡改、伪造本人档案资料的，予以记过或者记大过；情节严重的，予以降级或者撤职。

第三十条　有下列行为之一的，予以警告、记过或者记大过；情节严重的，予以降级或者撤职：

（一）违反民主集中制原则，个人或者少数人决定重大事项，或者拒不执行、擅自改变集体作出的重大决定的；

（二）拒不执行或者变相不执行、拖延执行上级依法作出的决定、命令的。

第三十一条 违反规定出境或者办理因私出境证件的，予以记过或者记大过；情节严重的，予以降级或者撤职。

违反规定取得外国国籍或者获取境外永久居留资格、长期居留许可的，予以撤职或者开除。

第三十二条 有下列行为之一的，予以警告、记过或者记大过；情节较重的，予以降级或者撤职；情节严重的，予以开除：

（一）在选拔任用、录用、聘用、考核、晋升、评选等干部人事工作中违反有关规定的；

（二）弄虚作假，骗取职务、职级、衔级、级别、岗位和职员等级、职称、待遇、资格、学历、学位、荣誉、奖励或者其他利益的；

（三）对依法行使批评、申诉、控告、检举等权利的行为进行压制或者打击报复的；

（四）诬告陷害，意图使他人受到名誉损害或者责任追究等不良影响的；

（五）以暴力、威胁、贿赂、欺骗等手段破坏选举的。

第三十三条 有下列行为之一的，予以警告、记过或者记大过；情节较重的，予以降级或者撤职；情节严重的，予以开除：

（一）贪污贿赂的；

（二）利用职权或者职务上的影响为本人或者他人谋取私利的；

（三）纵容、默许特定关系人利用本人职权或者职务上的影响谋取私利的。

拒不按照规定纠正特定关系人违规任职、兼职或者从事经营活动，且不服从职务调整的，予以撤职。

第三十四条　收受可能影响公正行使公权力的礼品、礼金、有价证券等财物的，予以警告、记过或者记大过；情节较重的，予以降级或者撤职；情节严重的，予以开除。

向公职人员及其特定关系人赠送可能影响公正行使公权力的礼品、礼金、有价证券等财物，或者接受、提供可能影响公正行使公权力的宴请、旅游、健身、娱乐等活动安排，情节较重的，予以警告、记过或者记大过；情节严重的，予以降级或者撤职。

第三十五条　有下列行为之一，情节较重的，予以警告、记过或者记大过；情节严重的，予以降级或者撤职：

（一）违反规定设定、发放薪酬或者津贴、补贴、奖金的；

（二）违反规定，在公务接待、公务交通、会议活动、办公用房以及其他工作生活保障等方面超标准、超范围的；

（三）违反规定公款消费的。

第三十六条　违反规定从事或者参与营利性活动，或者违反规定兼任职务、领取报酬的，予以警告、记过或者记大过；情节较重的，予以降级或者撤职；情节严重的，予以开除。

第三十七条　利用宗族或者黑恶势力等欺压群众，或者纵容、包庇黑恶势力活动的，予以撤职；情节严重的，予以开除。

第三十八条　有下列行为之一，情节较重的，予以警告、记过或者记大过；情节严重的，予以降级或者撤职：

（一）违反规定向管理服务对象收取、摊派财物的；

（二）在管理服务活动中故意刁难、吃拿卡要的；

（三）在管理服务活动中态度恶劣粗暴，造成不良后果或者影响的；

（四）不按照规定公开工作信息，侵犯管理服务对象知情权，造成不良后果或者影响的；

（五）其他侵犯管理服务对象利益的行为，造成不良后果或者影响的。

有前款第一项、第二项和第五项行为，情节特别严重的，予以开除。

第三十九条 有下列行为之一，造成不良后果或者影响的，予以警告、记过或者记大过；情节较重的，予以降级或者撤职；情节严重的，予以开除：

（一）滥用职权，危害国家利益、社会公共利益或者侵害公民、法人、其他组织合法权益的；

（二）不履行或者不正确履行职责，玩忽职守，贻误工作的；

（三）工作中有形式主义、官僚主义行为的；

（四）工作中有弄虚作假，误导、欺骗行为的；

（五）泄露国家秘密、工作秘密，或者泄露因履行职责掌握的商业秘密、个人隐私的。

第四十条 有下列行为之一的，予以警告、记过或者记大过；情节较重的，予以降级或者撤职；情节严重的，予以开除：

（一）违背社会公序良俗，在公共场所有不当行为，造成不良影响的；

（二）参与或者支持迷信活动，造成不良影响的；

（三）参与赌博的；

（四）拒不承担赡养、抚养、扶养义务的；

（五）实施家庭暴力，虐待、遗弃家庭成员的；

（六）其他严重违反家庭美德、社会公德的行为。

吸食、注射毒品，组织赌博，组织、支持、参与卖淫、嫖娼、色情淫乱活动的，予以撤职或者开除。

第四十一条 公职人员有其他违法行为，影响公职人员形象，损害国家和人民利益的，可以根据情节轻重给予相应政务处分。

第四章　政务处分的程序

第四十二条　监察机关对涉嫌违法的公职人员进行调查，应当由二名以上工作人员进行。监察机关进行调查时，有权依法向有关单位和个人了解情况，收集、调取证据。有关单位和个人应当如实提供情况。

严禁以威胁、引诱、欺骗及其他非法方式收集证据。以非法方式收集的证据不得作为给予政务处分的依据。

第四十三条　作出政务处分决定前，监察机关应当将调查认定的违法事实及拟给予政务处分的依据告知被调查人，听取被调查人的陈述和申辩，并对其陈述的事实、理由和证据进行核实，记录在案。被调查人提出的事实、理由和证据成立的，应予采纳。不得因被调查人的申辩而加重政务处分。

第四十四条　调查终结后，监察机关应当根据下列不同情况，分别作出处理：

（一）确有应受政务处分的违法行为的，根据情节轻重，按照政务处分决定权限，履行规定的审批手续后，作出政务处分决定；

（二）违法事实不能成立的，撤销案件；

（三）符合免予、不予政务处分条件的，作出免予、不予政务处分决定；

（四）被调查人涉嫌其他违法或者犯罪行为的，依法移送主管机关处理。

第四十五条　决定给予政务处分的，应当制作政务处分决定书。

政务处分决定书应当载明下列事项：

（一）被处分人的姓名、工作单位和职务；

（二）违法事实和证据；

（三）政务处分的种类和依据；

（四）不服政务处分决定，申请复审、复核的途径和期限；

（五）作出政务处分决定的机关名称和日期。

政务处分决定书应当盖有作出决定的监察机关的印章。

第四十六条　政务处分决定书应当及时送达被处分人和被处分人所在机关、单位，并在一定范围内宣布。

作出政务处分决定后，监察机关应当根据被处分人的具体身份书面告知相关的机关、单位。

第四十七条　参与公职人员违法案件调查、处理的人员有下列情形之一的，应当自行回避，被调查人、检举人及其他有关人员也有权要求其回避：

（一）是被调查人或者检举人的近亲属的；

（二）担任过本案的证人的；

（三）本人或者其近亲属与调查的案件有利害关系的；

（四）可能影响案件公正调查、处理的其他情形。

第四十八条　监察机关负责人的回避，由上级监察机关决定；其他参与违法案件调查、处理人员的回避，由监察机关负责人决定。

监察机关或者上级监察机关发现参与违法案件调查、处理人员有应当回避情形的，可以直接决定该人员回避。

第四十九条　公职人员依法受到刑事责任追究的，监察机关应当根据司法机关的生效判决、裁定、决定及其认定的事实和情节，依照本法规定给予政务处分。

公职人员依法受到行政处罚，应当给予政务处分的，监察机关可以根据行政处罚决定认定的事实和情节，经立案调查核实后，依照本法给予政务处分。

监察机关根据本条第一款、第二款的规定作出政务处分后，司法机关、行政机关依法改变原生效判决、裁定、决定等，对原政务处分决定产生影响的，监察机关应当根据改变后的判决、裁定、决定等重新作出相应处理。

第五十条　监察机关对经各级人民代表大会、县级以上各级人民代表大会常务委员会选举或者决定任命的公职人员予以撤职、开除的，应当先依法罢免、撤销或者免去其职务，再依法作出政务处分决定。

监察机关对经中国人民政治协商会议各级委员会全体会议或者其常务委员会选举或者决定任命的公职人员予以撤职、开除的，应当先依章程免去其职务，再依法作出政务处分决定。

监察机关对各级人民代表大会代表、中国人民政治协商会议各级委员会委员给予政务处分的，应当向有关的人民代表大会常务委员会、乡、民族乡、镇的人民代表大会主席团或者中国人民政治协商会议委员会常务委员会通报。

第五十一条　下级监察机关根据上级监察机关的指定管辖决定进行调查的案件，调查终结后，对不属于本监察机关管辖范围内的监察对象，应当交有管理权限的监察机关依法作出政务处分决定。

第五十二条　公职人员涉嫌违法，已经被立案调查，不宜继续履行职责的，公职人员任免机关、单位可以决定暂停其履行职务。

公职人员在被立案调查期间，未经监察机关同意，不得出境、辞去公职；被调查公职人员所在机关、单位及上级机关、单位不得对其交流、晋升、奖励、处分或者办理退休手续。

第五十三条　监察机关在调查中发现公职人员受到不实检举、

控告或者诬告陷害，造成不良影响的，应当按照规定及时澄清事实，恢复名誉，消除不良影响。

第五十四条 公职人员受到政务处分的，应当将政务处分决定书存入其本人档案。对于受到降级以上政务处分的，应当由人事部门按照管理权限在作出政务处分决定后一个月内办理职务、工资及其他有关待遇等的变更手续；特殊情况下，经批准可以适当延长办理期限，但是最长不得超过六个月。

第五章　复审、复核

第五十五条 公职人员对监察机关作出的涉及本人的政务处分决定不服的，可以依法向作出决定的监察机关申请复审；公职人员对复审决定仍不服的，可以向上一级监察机关申请复核。

监察机关发现本机关或者下级监察机关作出的政务处分决定确有错误的，应当及时予以纠正或者责令下级监察机关及时予以纠正。

第五十六条 复审、复核期间，不停止原政务处分决定的执行。

公职人员不因提出复审、复核而被加重政务处分。

第五十七条 有下列情形之一的，复审、复核机关应当撤销原政务处分决定，重新作出决定或者责令原作出决定的监察机关重新作出决定：

（一）政务处分所依据的违法事实不清或者证据不足的；

（二）违反法定程序，影响案件公正处理的；

（三）超越职权或者滥用职权作出政务处分决定的。

第五十八条 有下列情形之一的，复审、复核机关应当变更原政务处分决定，或者责令原作出决定的监察机关予以变更：

（一）适用法律、法规确有错误的；

（二）对违法行为的情节认定确有错误的；

（三）政务处分不当的。

第五十九条　复审、复核机关认为政务处分决定认定事实清楚，适用法律正确的，应当予以维持。

第六十条　公职人员的政务处分决定被变更，需要调整该公职人员的职务、职级、衔级、级别、岗位和职员等级或者薪酬待遇等的，应当按照规定予以调整。政务处分决定被撤销的，应当恢复该公职人员的级别、薪酬待遇，按照原职务、职级、衔级、岗位和职员等级安排相应的职务、职级、衔级、岗位和职员等级，并在原政务处分决定公布范围内为其恢复名誉。没收、追缴财物错误的，应当依法予以返还、赔偿。

公职人员因有本法第五十七条、第五十八条规定的情形被撤销政务处分或者减轻政务处分的，应当对其薪酬待遇受到的损失予以补偿。

第六章　法律责任

第六十一条　有关机关、单位无正当理由拒不采纳监察建议的，由其上级机关、主管部门责令改正，对该机关、单位给予通报批评，对负有责任的领导人员和直接责任人员依法给予处理。

第六十二条　有关机关、单位、组织或者人员有下列情形之一的，由其上级机关，主管部门，任免机关、单位或者监察机关责令改正，依法给予处理：

（一）拒不执行政务处分决定的；

（二）拒不配合或者阻碍调查的；

（三）对检举人、证人或者调查人员进行打击报复的；

（四）诬告陷害公职人员的；

（五）其他违反本法规定的情形。

第六十三条 监察机关及其工作人员有下列情形之一的，对负有责任的领导人员和直接责任人员依法给予处理：

（一）违反规定处置问题线索的；

（二）窃取、泄露调查工作信息，或者泄露检举事项、检举受理情况以及检举人信息的；

（三）对被调查人或者涉案人员逼供、诱供，或者侮辱、打骂、虐待、体罚或者变相体罚的；

（四）收受被调查人或者涉案人员的财物以及其他利益的；

（五）违反规定处置涉案财物的；

（六）违反规定采取调查措施的；

（七）利用职权或者职务上的影响干预调查工作、以案谋私的；

（八）违反规定发生办案安全事故，或者发生安全事故后隐瞒不报、报告失实、处置不当的；

（九）违反回避等程序规定，造成不良影响的；

（十）不依法受理和处理公职人员复审、复核的；

（十一）其他滥用职权、玩忽职守、徇私舞弊的行为。

第六十四条 违反本法规定，构成犯罪的，依法追究刑事责任。

第七章 附 则

第六十五条 国务院及其相关主管部门根据本法的原则和精神，结合事业单位、国有企业等的实际情况，对事业单位、国有企业等的违法的公职人员处分事宜作出具体规定。

第六十六条 中央军事委员会可以根据本法制定相关具体

规定。

第六十七条 本法施行前，已结案的案件如果需要复审、复核，适用当时的规定。尚未结案的案件，如果行为发生时的规定不认为是违法的，适用当时的规定；如果行为发生时的规定认为是违法的，依照当时的规定处理，但是如果本法不认为是违法或者根据本法处理较轻的，适用本法。

第六十八条 本法自 2020 年 7 月 1 日起施行。

中华人民共和国刑法（节录）

（1979 年 7 月 1 日第五届全国人民代表大会第二次会议通过　1997 年 3 月 14 日第八届全国人民代表大会第五次会议修订　根据 1998 年 12 月 29 日第九届全国人民代表大会常务委员会第六次会议通过的《全国人民代表大会常务委员会关于惩治骗购外汇、逃汇和非法买卖外汇犯罪的决定》、1999 年 12 月 25 日第九届全国人民代表大会常务委员会第十三次会议通过的《中华人民共和国刑法修正案》、2001 年 8 月 31 日第九届全国人民代表大会常务委员会第二十三次会议通过的《中华人民共和国刑法修正案（二）》、2001 年 12 月 29 日第九届全国人民代表大会常务委员会第二十五次会议通过的《中华人民共和国刑法修正案（三）》、2002 年 12 月 28 日第九届全国人民代表大会常务委员会第三十一次会议通过的《中华人民共和国刑法修正案（四）》、2005 年 2 月 28 日第十届全国人民代表大会常务委员会第十四次会议通过的《中华人民共和国刑法修正案（五）》、2006 年 6 月 29 日第十届全国人民代表大会常务委员会第二十二次会议通过的《中华人民共和国刑法修正案（六）》、2009 年 2 月 28 日第十一届全国人民代表大会常务委员会第七次会议通过的《中华人民共和国刑法修正案（七）》、2009 年 8 月 27 日第十一届全国人民代表大会常务委员会第十次会议通过的《全国人民代表大会常务委员会关于修改部分法律的决定》、2011 年 2 月 25 日第十一届全国人民代表大会常务委员会第十九次会议通过的《中华人民共和国刑法修正案（八）》、2015 年 8 月 29 日第十二届全国人民代表大会常务委员会第十六次会议通过的《中华人民共和国刑法修正案（九）》、2017 年 11 月 4 日第十二届全国人民代表大会常务委员会第三十次会议通过的《中华人民共和国刑法修正案（十）》、2020 年 12 月 26 日第十三届全国人民代表大会常务委员会第二十四次会议通过的《中华人民共和国刑法修正案（十一）》和 2023 年 12 月 29 日第十四届全国人民代表大会常务委员会第七次会议通过的《中华人民共和国刑法修正案（十二）》修正)①

······

第八章　贪污贿赂罪

第三百八十二条　【贪污罪】国家工作人员利用职务上的便利，侵吞、窃取、骗取或者以其他手段非法占有公共财物的，是贪污罪。

受国家机关、国有公司、企业、事业单位、人民团体委托管理、经营国有财产的人员，利用职务上的便利，侵吞、窃取、骗取或者以其他手段非法占有国有财物的，以贪污论。

与前两款所列人员勾结，伙同贪污的，以共犯论处。

第三百八十三条　【对贪污罪的处罚】对犯贪污罪的，根据情

---

①　刑法、历次刑法修正案、涉及修改刑法的决定的施行日期，分别依据各法律所规定的施行日期确定。

另，总则部分条文主旨为编者所加，分则其他条文主旨是根据司法解释确定罪名所加。

节轻重，分别依照下列规定处罚：

（一）贪污数额较大或者有其他较重情节的，处三年以下有期徒刑或者拘役，并处罚金。

（二）贪污数额巨大或者有其他严重情节的，处三年以上十年以下有期徒刑，并处罚金或者没收财产。

（三）贪污数额特别巨大或者有其他特别严重情节的，处十年以上有期徒刑或者无期徒刑，并处罚金或者没收财产；数额特别巨大，并使国家和人民利益遭受特别重大损失的，处无期徒刑或者死刑，并处没收财产。

对多次贪污未经处理的，按照累计贪污数额处罚。

犯第一款罪，在提起公诉前如实供述自己罪行、真诚悔罪、积极退赃，避免、减少损害结果的发生，有第一项规定情形的，可以从轻、减轻或者免除处罚；有第二项、第三项规定情形的，可以从轻处罚。

犯第一款罪，有第三项规定情形被判处死刑缓期执行的，人民法院根据犯罪情节等情况可以同时决定在其死刑缓期执行二年期满依法减为无期徒刑后，终身监禁，不得减刑、假释。

第三百八十四条　【挪用公款罪】国家工作人员利用职务上的便利，挪用公款归个人使用，进行非法活动的，或者挪用公款数额较大、进行营利活动的，或者挪用公款数额较大、超过三个月未还的，是挪用公款罪，处五年以下有期徒刑或者拘役；情节严重的，处五年以上有期徒刑。挪用公款数额巨大不退还的，处十年以上有期徒刑或者无期徒刑。

挪用用于救灾、抢险、防汛、优抚、扶贫、移民、救济款物归个人使用的，从重处罚。

第三百八十五条　【受贿罪】国家工作人员利用职务上的便

利，索取他人财物的，或者非法收受他人财物，为他人谋取利益的，是受贿罪。

国家工作人员在经济往来中，违反国家规定，收受各种名义的回扣、手续费，归个人所有的，以受贿论处。

第三百八十六条 　【对受贿罪的处罚】对犯受贿罪的，根据受贿所得数额及情节，依照本法第三百八十三条的规定处罚。索贿的从重处罚。

第三百八十七条 　【单位受贿罪】国家机关、国有公司、企业、事业单位、人民团体，索取、非法收受他人财物，为他人谋取利益，情节严重的，对单位判处罚金，并对其直接负责的主管人员和其他直接责任人员，处三年以下有期徒刑或者拘役；情节特别严重的，处三年以上十年以下有期徒刑。

前款所列单位，在经济往来中，在帐外暗中收受各种名义的回扣、手续费的，以受贿论，依照前款的规定处罚。

第三百八十八条 　【受贿罪】国家工作人员利用本人职权或者地位形成的便利条件，通过其他国家工作人员职务上的行为，为请托人谋取不正当利益，索取请托人财物或者收受请托人财物的，以受贿论处。

第三百八十八条之一 　【利用影响力受贿罪】国家工作人员的近亲属或者其他与该国家工作人员关系密切的人，通过该国家工作人员职务上的行为，或者利用该国家工作人员职权或者地位形成的便利条件，通过其他国家工作人员职务上的行为，为请托人谋取不正当利益，索取请托人财物或者收受请托人财物，数额较大或者有其他较重情节的，处三年以下有期徒刑或者拘役，并处罚金；数额巨大或者有其他严重情节的，处三年以上七年以下有期徒刑，并处罚金；数额特别巨大或者有其他特别严重情节的，处七年以上有期徒刑，并处罚金或者没收财产。

离职的国家工作人员或者其近亲属以及其他与其关系密切的人，利用该离职的国家工作人员原职权或者地位形成的便利条件实施前款行为的，依照前款的规定定罪处罚。

第三百八十九条　【行贿罪】 为谋取不正当利益，给予国家工作人员以财物的，是行贿罪。

在经济往来中，违反国家规定，给予国家工作人员以财物，数额较大的，或者违反国家规定，给予国家工作人员以各种名义的回扣、手续费的，以行贿论处。

因被勒索给予国家工作人员以财物，没有获得不正当利益的，不是行贿。

第三百九十条　【对行贿罪的处罚】 对犯行贿罪的，处三年以下有期徒刑或者拘役，并处罚金；因行贿谋取不正当利益，情节严重的，或者使国家利益遭受重大损失的，处三年以上十年以下有期徒刑，并处罚金；情节特别严重的，或者使国家利益遭受特别重大损失的，处十年以上有期徒刑或者无期徒刑，并处罚金或者没收财产。

有下列情形之一的，从重处罚：

（一）多次行贿或者向多人行贿的；

（二）国家工作人员行贿的；

（三）在国家重点工程、重大项目中行贿的；

（四）为谋取职务、职级晋升、调整行贿的；

（五）对监察、行政执法、司法工作人员行贿的；

（六）在生态环境、财政金融、安全生产、食品药品、防灾救灾、社会保障、教育、医疗等领域行贿，实施违法犯罪活动的；

（七）将违法所得用于行贿的。

　　行贿人在被追诉前主动交待行贿行为的，可以从轻或者减轻处罚。其中，犯罪较轻的，对调查突破、侦破重大案件起关键作用的，或者有重大立功表现的，可以减轻或者免除处罚。

　　第三百九十条之一　**【对有影响力的人行贿罪】**为谋取不正当利益，向国家工作人员的近亲属或者其他与该国家工作人员关系密切的人，或者向离职的国家工作人员或者其近亲属以及其他与其关系密切的人行贿的，处三年以下有期徒刑或者拘役，并处罚金；情节严重的，或者使国家利益遭受重大损失的，处三年以上七年以下有期徒刑，并处罚金；情节特别严重的，或者使国家利益遭受特别重大损失的，处七年以上十年以下有期徒刑，并处罚金。

　　单位犯前款罪的，对单位判处罚金，并对其直接负责的主管人员和其他直接责任人员，处三年以下有期徒刑或者拘役，并处罚金。

　　第三百九十一条　**【对单位行贿罪】**为谋取不正当利益，给予国家机关、国有公司、企业、事业单位、人民团体以财物的，或者在经济往来中，违反国家规定，给予各种名义的回扣、手续费的，处三年以下有期徒刑或者拘役，并处罚金；情节严重的，处三年以上七年以下有期徒刑，并处罚金。

　　单位犯前款罪的，对单位判处罚金，并对其直接负责的主管人员和其他直接责任人员，依照前款的规定处罚。

　　第三百九十二条　**【介绍贿赂罪】**向国家工作人员介绍贿赂，情节严重的，处三年以下有期徒刑或者拘役，并处罚金。

　　介绍贿赂人在被追诉前主动交待介绍贿赂行为的，可以减轻处罚或者免除处罚。

　　第三百九十三条　**【单位行贿罪】**单位为谋取不正当利益而行贿，或者违反国家规定，给予国家工作人员以回扣、手续费，情节严重的，对单位判处罚金，并对其直接负责的主管人员和其他直接责任人员，处三年以下有期徒刑或者拘役，并处罚金；情节特别严重的，处三年以上十年以下有期徒刑，并处罚金。因行贿取得的违法所得归个人所有的，依照本法第三百八十九条、第三百九十条的规定定罪处罚。

第三百九十四条 【贪污罪】国家工作人员在国内公务活动或者对外交往中接受礼物，依照国家规定应当交公而不交公，数额较大的，依照本法第三百八十二条、第三百八十三条的规定定罪处罚。

第三百九十五条 【巨额财产来源不明罪】国家工作人员的财产、支出明显超过合法收入，差额巨大的，可以责令该国家工作人员说明来源，不能说明来源的，差额部分以非法所得论，处五年以下有期徒刑或者拘役；差额特别巨大的，处五年以上十年以下有期徒刑。财产的差额部分予以追缴。

【隐瞒境外存款罪】国家工作人员在境外的存款，应当依照国家规定申报。数额较大、隐瞒不报的，处二年以下有期徒刑或者拘役；情节较轻的，由其所在单位或者上级主管机关酌情给予行政处分。

第三百九十六条 【私分国有资产罪】国家机关、国有公司、企业、事业单位、人民团体，违反国家规定，以单位名义将国有资产集体私分给个人，数额较大的，对其直接负责的主管人员和其他直接责任人员，处三年以下有期徒刑或者拘役，并处或者单处罚金；数额巨大的，处三年以上七年以下有期徒刑，并处罚金。

【私分罚没财物罪】司法机关、行政执法机关违反国家规定，将应当上缴国家的罚没财物，以单位名义集体私分给个人的，依照前款的规定处罚。

……

中国共产党廉洁自律准则

（2015 年 10 月 12 日中共中央政治局会议审议批准
2015 年 10 月 18 日中共中央发布）

中国共产党全体党员和各级党员领导干部必须坚定共产主义理想和中国特色社会主义信念，必须坚持全心全意为人民服务根本宗旨，必须继承发扬党的优良传统和作风，必须自觉培养高尚道德情操，努力弘扬中华民族传统美德，廉洁自律，接受监督，永葆党的先进性和纯洁性。

党员廉洁自律规范

第一条 坚持公私分明，先公后私，克己奉公。

第二条 坚持崇廉拒腐，清白做人，干净做事。

第三条 坚持尚俭戒奢，艰苦朴素，勤俭节约。

第四条 坚持吃苦在前，享受在后，甘于奉献。

党员领导干部廉洁自律规范

第五条 廉洁从政，自觉保持人民公仆本色。

第六条 廉洁用权，自觉维护人民根本利益。

第七条 廉洁修身，自觉提升思想道德境界。

第八条 廉洁齐家，自觉带头树立良好家风。

中国共产党纪律处分条例

（2003 年 12 月 23 日中共中央政治局会议审议批准
2003 年 12 月 31 日中共中央发布　2023 年 12 月 8 日中共
中央政治局会议第三次修订　2023 年 12 月 19 日中共中央
发布）

第一编　总　　则

第一章　总体要求和适用范围

第一条　【制定目的】为了维护党章和其他党内法规，严肃党
的纪律，纯洁党的组织，保障党员民主权利，教育党员遵纪守法，
维护党的团结统一，保证党的理论、路线、方针、政策、决议和国
家法律法规的贯彻执行，根据《中国共产党章程》，制定本条例。

第二条　【指导思想】党的纪律建设必须坚持以马克思列宁主
义、毛泽东思想、邓小平理论、"三个代表"重要思想、科学发展
观、习近平新时代中国特色社会主义思想为指导，坚持和加强党的
全面领导，坚决维护习近平总书记党中央的核心、全党的核心地
位，坚决维护以习近平同志为核心的党中央权威和集中统一领导，
弘扬伟大建党精神，坚持自我革命，贯彻全面从严治党战略方针，
落实新时代党的建设总要求，推动解决大党独有难题、健全全面从
严治党体系，全面加强党的纪律建设，为以中国式现代化全面推进
强国建设、民族复兴伟业提供坚强纪律保障。

第三条　【遵守党章党纪】党章是最根本的党内法规，是管党
治党的总规矩。党的纪律是党的各级组织和全体党员必须遵守的行

为规则。党组织和党员必须坚守初心使命，牢固树立政治意识、大局意识、核心意识、看齐意识，始终坚定道路自信、理论自信、制度自信、文化自信，切实践行正确的权力观、政绩观、事业观，自觉遵守和维护党章，严格执行和维护党的纪律，自觉接受党的纪律约束，模范遵守国家法律法规。

第四条　【党的纪律处分工作的原则】党的纪律处分工作遵循下列原则：

（一）坚持党要管党、全面从严治党。把严的基调、严的措施、严的氛围长期坚持下去，加强对党的各级组织和全体党员的教育、管理和监督，把纪律挺在前面，抓早抓小、防微杜渐。

（二）党纪面前一律平等。对违犯党纪的党组织和党员必须严肃、公正执行纪律，党内不允许有任何不受纪律约束的党组织和党员。

（三）实事求是。对党组织和党员违犯党纪的行为，应当以事实为依据，以党章、其他党内法规和国家法律法规为准绳，执纪执法贯通，准确认定行为性质，区别不同情况，恰当予以处理。

（四）民主集中制。实施党纪处分，应当按照规定程序经党组织集体讨论决定，不允许任何个人或者少数人擅自决定和批准。上级党组织对违犯党纪的党组织和党员作出的处理决定，下级党组织必须执行。

（五）惩前毖后、治病救人。处理违犯党纪的党组织和党员，应当实行惩戒与教育相结合，做到宽严相济。

第五条　【监督执纪的四种形态】深化运用监督执纪"四种形态"，经常开展批评和自我批评，及时进行谈话提醒、批评教育、责令检查、诫勉，让"红红脸、出出汗"成为常态；党纪轻处分、组织调整成为违纪处理的大多数；党纪重处分、重大职务调整的成为少数；严重违纪涉嫌犯罪追究刑事责任的成为极少数。

第六条 【适用范围】本条例适用于违犯党纪应当受到党纪责任追究的党组织和党员。

第二章　违纪与纪律处分

第七条 【违纪必究及重点查处的问题】党组织和党员违反党章和其他党内法规，违反国家法律法规，违反党和国家政策，违反社会主义道德，危害党、国家和人民利益的行为，依照规定应当给予纪律处理或者处分的，都必须受到追究。

重点查处党的十八大以来不收敛、不收手，问题线索反映集中、群众反映强烈，政治问题和经济问题交织的腐败案件，违反中央八项规定精神的问题。

第八条 【对党员的纪律处分种类】对党员的纪律处分种类：

（一）警告；

（二）严重警告；

（三）撤销党内职务；

（四）留党察看；

（五）开除党籍。

第九条 【对党组织的纪律处分】对于违犯党纪的党组织，上级党组织应当责令其作出书面检查或者给予通报批评。对于严重违犯党纪、本身又不能纠正的党组织，上一级党的委员会在查明核实后，根据情节严重的程度，可以予以：

（一）改组；

（二）解散。

第十条 【警告和严重警告】党员受到警告处分一年内、受到严重警告处分一年半内，不得在党内提拔职务或者进一步使用，也不得向党外组织推荐担任高于其原任职务的党外职务或者进一步使用。

第十一条　【撤销党内职务、党外职务】撤销党内职务处分，是指撤销受处分党员由党内选举或者组织任命的党内职务。对于在党内担任两个以上职务的，党组织在作处分决定时，应当明确是撤销其一切职务还是一个或者几个职务。如果决定撤销其一个职务，必须撤销其担任的最高职务。如果决定撤销其两个以上职务，则必须从其担任的最高职务开始依次撤销。对于在党外组织担任职务的，应当建议党外组织撤销其党外职务。

对于在立案审查中因涉嫌违犯党纪被免职的党员，审查后依照本条例规定应当给予撤销党内职务处分的，应当按照其原任职务给予撤销党内职务处分。对于应当受到撤销党内职务处分，但是本人没有担任党内职务的，应当给予其严重警告处分。同时，在党外组织担任职务的，应当建议党外组织撤销其党外职务。

党员受到撤销党内职务处分，或者依照前款规定受到严重警告处分的，二年内不得在党内担任和向党外组织推荐担任与其原任职务相当或者高于其原任职务的职务。

第十二条　【留党察看】留党察看处分，分为留党察看一年、留党察看二年。对于受到留党察看处分一年的党员，期满后仍不符合恢复党员权利条件的，应当延长一年留党察看期限。留党察看期限最长不得超过二年。

党员受留党察看处分期间，没有表决权、选举权和被选举权。留党察看期间，确有悔改表现的，期满后恢复其党员权利；坚持不改或者又发现其他应当受到党纪处分的违纪行为的，应当开除党籍。

党员受到留党察看处分，其党内职务自然撤销。对于担任党外职务的，应当建议党外组织撤销其党外职务。受到留党察看处分的党员，恢复党员权利后二年内，不得在党内担任和向党外组织推荐担任与其原任职务相当或者高于其原任职务的职务。

第十三条 【开除党籍】党员受到开除党籍处分，五年内不得重新入党，也不得推荐担任与其原任职务相当或者高于其原任职务的党外职务。另有规定不准重新入党的，依照规定。

第十四条 【组织处理与终止党代表资格】党员干部受到党纪处分，需要同时进行组织处理的，党组织应当按照规定给予组织处理。

党的各级代表大会的代表受到留党察看以上处分的，党组织应当终止其代表资格。

第十五条 【党组织改组的领导机构成员均免职】对于受到改组处理的党组织领导机构成员，除应当受到撤销党内职务以上处分的外，均自然免职。

第十六条 【党组织解散的应逐个审查党员】对于受到解散处理的党组织中的党员，应当逐个审查。其中，符合党员条件的，应当重新登记，并参加新的组织过党的生活；不符合党员条件的，应当对其进行教育、限期改正，经教育仍无转变的，予以劝退或者除名；有违纪行为的，依照规定予以追究。

第三章 纪律处分运用规则

第十七条 【从轻或者减轻处分的情形】有下列情形之一的，可以从轻或者减轻处分：

（一）主动交代本人应当受到党纪处分的问题；

（二）在组织谈话函询、初步核实、立案审查过程中，能够配合核实审查工作，如实说明本人违纪违法事实；

（三）检举同案人或者其他人应当受到党纪处分或者法律追究的问题，经查证属实，或者有其他立功表现；

（四）主动挽回损失、消除不良影响或者有效阻止危害结果发生；

（五）主动上交或者退赔违纪所得；

（六）党内法规规定的其他从轻或者减轻处分情形。

第十八条　【中央纪委特批减轻处分】根据案件的特殊情况，由中央纪委决定或者经省（部）级纪委（不含副省级市纪委）决定并呈报中央纪委批准，对违纪党员也可以在本条例规定的处分幅度以外减轻处分。

第十九条　【免予处分、不予党纪处分、不追究党纪责任】对于党员违犯党纪应当给予警告或者严重警告处分，但是具有本条例第十七条规定的情形之一或者本条例分则中另有规定的，可以给予批评教育、责令检查、诫勉或者组织处理，免予党纪处分。对违纪党员免予处分，应当作出书面结论。

党员有作风纪律方面的苗头性、倾向性问题或者违犯党纪情节轻微的，可以给予谈话提醒、批评教育、责令检查等，或者予以诫勉，不予党纪处分。

党员行为虽然造成损失或者后果，但不是出于故意或者过失，而是由于不可抗力等原因所引起的，不追究党纪责任。

第二十条　【从重或者加重处分的情形】有下列情形之一的，应当从重或者加重处分：

（一）强迫、唆使他人违纪；

（二）拒不上交或者退赔违纪所得；

（三）违纪受处分后又因故意违纪应当受到党纪处分；

（四）违纪受处分后，又被发现其受处分前没有交代的其他应当受到党纪处分的问题；

（五）党内法规规定的其他从重或者加重处分情形。

第二十一条 【影响期的计算】党员在党纪处分影响期内又受到党纪处分的，其影响期为原处分尚未执行的影响期与新处分影响期之和。

第二十二条 【从轻处分与从重处分的含义】从轻处分，是指在本条例规定的违纪行为应当受到的处分幅度以内，给予较轻的处分。

从重处分，是指在本条例规定的违纪行为应当受到的处分幅度以内，给予较重的处分。

第二十三条 【减轻处分与加重处分的含义】减轻处分，是指在本条例规定的违纪行为应当受到的处分幅度以外，减轻一档给予处分。

加重处分，是指在本条例规定的违纪行为应当受到的处分幅度以外，加重一档给予处分。

本条例规定的只有开除党籍处分一个档次的违纪行为，不适用第一款减轻处分的规定。

第二十四条 【一人有两种以上违纪行为的合并处理】一人有本条例规定的两种以上应当受到党纪处分的违纪行为，应当合并处理，按其数种违纪行为中应当受到的最高处分加重一档给予处分；其中一种违纪行为应当受到开除党籍处分的，应当给予开除党籍处分。

第二十五条 【一个行为触犯两个以上条款的处理】一个违纪行为同时触犯本条例两个以上条款的，依照处分较重的条款定性处理。

一个条款规定的违纪构成要件全部包含在另一个条款规定的违

纪构成要件中，特别规定与一般规定不一致的，适用特别规定。

第二十六条　【两人以上共同故意违纪的处理】二人以上共同故意违纪的，对为首者，从重处分，本条例另有规定的除外；对其他成员，按照其在共同违纪中所起的作用和应负的责任，分别给予处分。

对于经济方面共同违纪的，按照个人参与数额及其所起作用，分别给予处分。对共同违纪的为首者，情节严重的，按照共同违纪的总数额处分。

教唆他人违纪的，应当按照其在共同违纪中所起的作用追究党纪责任。

第二十七条　【党组织领导机构集体违纪的处理】党组织领导机构集体作出违犯党纪的决定或者实施其他违犯党纪的行为，对具有共同故意的成员，按共同违纪处理；对过失违纪的成员，按照各自在集体违纪中所起的作用和应负的责任分别给予处分。

第四章　对违法犯罪党员的纪律处分

第二十八条　【违法犯罪党员的党纪处分】对违法犯罪的党员，应当按照规定给予党纪处分，做到适用纪律和适用法律有机融合，党纪政务等处分相匹配。

第二十九条　【对涉嫌犯罪的党员的党纪处分】党组织在纪律审查中发现党员有贪污贿赂、滥用职权、玩忽职守、权力寻租、利益输送、徇私舞弊、浪费国家资财等违反法律涉嫌犯罪行为的，应当给予撤销党内职务、留党察看或者开除党籍处分。

第三十条　【对不涉及犯罪但须追究党纪责任的党员的党纪处分】党组织在纪律审查中发现党员有刑法规定的行为，虽不构成犯罪但须追究党纪责任的，或者有其他破坏社会主义市场经济秩序、违反治安管理等违法行为，损害党、国家和人民利益的，应当视具体情节给予警告直至开除党籍处分。

违反国家财经纪律，在公共资金收支、税务管理、国有资产管理、政府采购管理、金融管理、财务会计管理等财经活动中有违法行为的，依照前款规定处理。

党员有嫖娼或者吸食、注射毒品等丧失党员条件，严重败坏党的形象行为的，应当给予开除党籍处分。

第三十一条　【对违法犯罪党员的处理程序】党组织在纪律审查中发现党员严重违纪涉嫌违法犯罪的，原则上先作出党纪处分决定，并按照规定由监察机关给予政务处分或者由任免机关（单位）给予处分后，再移送有关国家机关依法处理。

第三十二条　【对被留置、逮捕党员的处理】党员被依法留置、逮捕的，党组织应当按照管理权限中止其表决权、选举权和被选举权等党员权利。根据监察机关、司法机关处理结果，可以恢复其党员权利的，应当及时予以恢复。

第三十三条　【对犯罪情节轻微的党员的处理】党员犯罪情节轻微，人民检察院依法作出不起诉决定的，或者人民法院依法作出有罪判决并免予刑事处罚的，应当给予撤销党内职务、留党察看或者开除党籍处分。

党员犯罪，被单处罚金的，依照前款规定处理。

第三十四条　【因犯罪开除党籍的情形】党员犯罪，有下列情形之一的，应当给予开除党籍处分：

（一）因故意犯罪被依法判处刑法规定的主刑（含宣告缓刑）；

（二）被单处或者附加剥夺政治权利；

（三）因过失犯罪，被依法判处三年以上（不含三年）有期徒刑。

因过失犯罪被判处三年以下有期徒刑或者被判处管制、拘役的，一般应当开除党籍。对于个别可以不开除党籍的，应当对照处分违纪党员批准权限的规定，报请再上一级党组织批准。

第三十五条　【对受到刑事、行政或党纪处分的党员的处理】党员依法受到刑事责任追究的，党组织应当根据司法机关的生效判决、裁定、决定及其认定的事实、性质和情节，依照本条例规定给予党纪处分，是公职人员的由监察机关给予相应政务处分或者由任免机关（单位）给予相应处分。

党员依法受到政务处分、任免机关（单位）给予的处分、行政处罚，应当追究党纪责任的，党组织可以根据生效的处分、行政处罚决定认定的事实、性质和情节，经核实后依照规定给予相应党纪处分或者组织处理。其中，党员依法受到撤职以上处分的，应当依照本条例规定给予撤销党内职务以上处分。

党员违反国家法律法规、企事业单位或者其他社会组织的规章制度受到其他处分，应当追究党纪责任的，党组织在对有关方面认定的事实、性质和情节进行核实后，依照规定给予相应党纪处分或者组织处理。

党组织作出党纪处分或者组织处理决定后，监察机关、司法机关、行政机关等依法改变原生效判决、裁定、决定等，对原党纪处分或者组织处理决定产生影响的，党组织应当根据改变后的生效判决、裁定、决定等重新作出相应处理。

第五章　其他规定

第三十六条　【对预备党员违纪的处理】预备党员违犯党纪，情节较轻，可以保留预备党员资格的，党组织应当对其批评教育或者延长预备期；情节较重的，应当取消其预备党员资格。

第三十七条 　【对违纪后下落不明党员的处理】对违纪后下落不明的党员，应当区别情况作出处理：

（一）对有严重违纪行为，应当给予开除党籍处分的，党组织应当作出决定，开除其党籍；

（二）除前项规定的情况外，下落不明时间超过六个月的，党组织应当按照党章规定对其予以除名。

第三十八条 　【对受处分前死亡的违纪党员的处理】违纪党员在党组织作出处分决定前死亡，或者在死亡之后发现其曾有严重违纪行为，对于应当给予开除党籍处分的，开除其党籍；对于应当给予留党察看以下处分的，作出违犯党纪的书面结论和相应处理。

第三十九条 　【违纪行为有关责任人员的区分】违纪行为有关责任人员的区分：

（一）直接责任者，是指在其职责范围内，不履行或者不正确履行自己的职责，对造成的损失或者后果起决定性作用的党员或者党员领导干部；

（二）主要领导责任者，是指在其职责范围内，对主管的工作不履行或者不正确履行职责，对造成的损失或者后果负直接领导责任的党员领导干部；

（三）重要领导责任者，是指在其职责范围内，对应管的工作或者参与决定的工作不履行或者不正确履行职责，对造成的损失或者后果负次要领导责任的党员领导干部。

本条例所称领导责任者，包括主要领导责任者和重要领导责任者。

第四十条 　【主动交代的含义】本条例所称主动交代，是指涉嫌违纪的党员在组织谈话函询、初步核实前向有关组织交代自己的问题，或者在谈话函询、初步核实和立案审查期间交代组织未掌握的问题。

第四十一条　【对违纪党员干部职级、单独职务序列等级的调整】担任职级、单独职务序列等级的党员干部违犯党纪受到处分，需要对其职级、单独职务序列等级进行调整的，参照本条例关于党外职务的规定执行。

第四十二条　【经济损失的计算】计算经济损失应当计算立案时已经实际造成的全部财产损失，包括为挽回违纪行为所造成损失而支付的各种开支、费用。立案后至处理前持续发生的经济损失，应当一并计算在内。

第四十三条　【对违纪所获利益的处理】对于违纪行为所获得的经济利益，应当收缴或者责令退赔。对于主动上交的违纪所得和经济损失赔偿，应当予以接收，并按照规定收缴或者返还有关单位、个人。

对于违纪行为所获得的职务、职级、职称、学历、学位、奖励、资格等其他利益，应当由承办案件的纪检机关或者由其上级纪检机关建议有关组织、部门、单位按照规定予以纠正。

对于依照本条例第三十七条、第三十八条规定处理的党员，经调查确属其实施违纪行为获得的利益，依照本条规定处理。

第四十四条　【党纪处分决定的宣布与执行】党纪处分决定作出后，应当在一个月内向受处分党员所在党的基层组织中的全体党员及其本人宣布，是领导班子成员的还应当向所在党组织领导班子宣布，并按照干部管理权限和组织关系将处分决定材料归入受处分者档案；对于受到撤销党内职务以上处分的，还应当在一个月内办理职务、工资、工作及其他有关待遇等相应变更手续；涉及撤销或者调整其党外职务的，应当建议党外组织及时撤销或者调整其党外职务。特殊情况下，经作出或者批准作出处分决定的组织批准，可以适当延长办理期限。办理期限最长不得超过六个月。

第四十五条 【党纪处分决定执行情况报告与党员申诉】执行党纪处分决定的机关或者受处分党员所在单位，应当在六个月内将处分决定的执行情况向作出或者批准处分决定的机关报告。

党员对所受党纪处分不服的，可以依照党章及有关规定提出申诉。

第四十六条 【党纪处分影响期满后无需取消】党员因违犯党纪受到处分，影响期满后，党组织无需取消对其的处分。

第四十七条 【对"以上""以下"的说明】本条例所称以上、以下，除有特别标明外均含本级、本数。

第四十八条 【本条例总则与其他党内法规的关系】本条例总则适用于有党纪处分规定的其他党内法规，但是中共中央发布或者批准发布的其他党内法规有特别规定的除外。

第二编 分 则

第六章 对违反政治纪律行为的处分

第四十九条 【对在重大原则问题上不同党中央保持一致行为的处分】在重大原则问题上不同党中央保持一致且有实际言论、行为或者造成不良后果的，给予警告或者严重警告处分；情节较重的，给予撤销党内职务或者留党察看处分；情节严重的，给予开除党籍处分。

第五十条 【对公开发表反党言论行为的处分】通过网络、广播、电视、报刊、传单、书籍等，或者利用讲座、论坛、报告会、座谈会等方式，公开发表坚持资产阶级自由化立场、反对四项基本原则，反对党的改革开放决策的文章、演说、宣言、声明等的，给予开除党籍处分。

发布、播出、刊登、出版前款所列文章、演说、宣言、声明等或者为上述行为提供方便条件的，对直接责任者和领导责任者，给予严重警告或者撤销党内职务处分；情节严重的，给予留党察看或者开除党籍处分。

第五十一条　**【对公开发表歪曲言论、妄议大政方针、丑化党和国家形象等行为的处分】**通过网络、广播、电视、报刊、传单、书籍等，或者利用讲座、论坛、报告会、座谈会等方式，有下列行为之一，情节较轻的，给予警告或者严重警告处分；情节较重的，给予撤销党内职务或者留党察看处分；情节严重的，给予开除党籍处分：

（一）公开发表违背四项基本原则，违背、歪曲党的改革开放决策，或者其他有严重政治问题的文章、演说、宣言、声明等；

（二）妄议党中央大政方针，破坏党的集中统一；

（三）丑化党和国家形象，或者诋毁、诬蔑党和国家领导人、英雄模范，或者歪曲党的历史、中华人民共和国历史、人民军队历史。

发布、播出、刊登、出版前款所列内容或者为上述行为提供方便条件的，对直接责任者和领导责任者，给予严重警告或者撤销党内职务处分；情节严重的，给予留党察看或者开除党籍处分。

第五十二条　**【对制作、贩卖、传播反党读物和视听资料，私自携带、寄递以上物品入出境，私自阅看、浏览、收听以上物品行为的处分】**制作、贩卖、传播第五十条、第五十一条所列内容之一的报刊、书籍、音像制品、电子读物，以及网络文本、图片、音频、视频资料等，情节较轻的，给予警告或者严重警告处分；情节较重的，给予撤销党内职务或者留党察看处分；情节严重的，给予开除党籍处分。

私自携带、寄递第五十条、第五十一条所列内容之一的报刊、书籍、音像制品、电子读物等入出境，情节较重的，给予警告或者严重警告处分；情节严重的，给予撤销党内职务、留党察看或者开除党籍处分。

私自阅看、浏览、收听第五十条、第五十一条所列内容之一的报刊、书籍、音像制品、电子读物，以及网络文本、图片、音频、视频资料等，情节严重的，给予警告、严重警告或者撤销党内职务处分。

第五十三条　【对组织、参加秘密集团或其他分裂党的活动行为的处分】 在党内组织秘密集团或者组织其他分裂党的活动的，给予开除党籍处分。

参加秘密集团或者参加其他分裂党的活动的，给予留党察看或者开除党籍处分。

第五十四条　【对搞非组织活动、捞取政治资本行为，导致政治生态恶化行为的处分】 在党内搞团团伙伙、结党营私、拉帮结派、政治攀附、培植个人势力等非组织活动，或者通过搞利益交换、为自己营造声势等活动捞取政治资本的，给予严重警告或者撤销党内职务处分；导致本地区、本部门、本单位政治生态恶化的，给予留党察看或者开除党籍处分。

第五十五条　【对搞投机钻营、结交政治骗子或被政治骗子利用、充当政治骗子行为的处分】 搞投机钻营，结交政治骗子或者被政治骗子利用的，给予严重警告或者撤销党内职务处分；情节严重的，给予留党察看或者开除党籍处分。

充当政治骗子的，给予撤销党内职务、留党察看或者开除党籍处分。

第五十六条　【对搞山头主义、对抗党和国家政策、搞部门或地方保护主义行为的处分】党员领导干部在本人主政的地方或者分管的部门自行其是，搞山头主义，拒不执行党中央确定的大政方针，甚至背着党中央另搞一套的，给予撤销党内职务、留党察看或者开除党籍处分。

贯彻党中央决策部署只表态不落实，或者落实党中央决策部署不坚决，打折扣、搞变通，在政治上造成不良影响或者严重后果的，给予警告或者严重警告处分；情节严重的，给予撤销党内职务、留党察看或者开除党籍处分。

不顾党和国家大局，搞部门或者地方保护主义的，依照前款规定处理。

第五十七条　【对违背新发展理念、背离高质量发展要求行为的处分】党员领导干部政绩观错位，违背新发展理念、背离高质量发展要求，给党、国家和人民利益造成较大损失的，给予警告或者严重警告处分；情节较重的，给予撤销党内职务或者留党察看处分；情节严重的，给予开除党籍处分。

搞劳民伤财的"形象工程"、"政绩工程"的，从重或者加重处分。

第五十八条　【对党不忠诚不老实、做两面人等行为的处分】对党不忠诚不老实，表里不一，阳奉阴违，欺上瞒下，搞两面派，做两面人，在政治上造成不良影响的，给予警告或者严重警告处分；情节较重的，给予撤销党内职务或者留党察看处分；情节严重的，给予开除党籍处分。

第五十九条　【对制造、散布、传播政治谣言行为的处分】制造、散布、传播政治谣言，破坏党的团结统一的，给予警告或者严重警告处分；情节较重的，给予撤销党内职务或者留党察看处分；

情节严重的，给予开除党籍处分。

政治品行恶劣，匿名诬告，有意陷害或者制造其他谣言，造成损害或者不良影响的，依照前款规定处理。

第六十条　【对擅自对重大政策问题作出决定、对外发表主张行为的处分】擅自对应当由党中央决定的重大政策问题作出决定、对外发表主张的，对直接责任者和领导责任者，给予严重警告或者撤销党内职务处分；情节严重的，给予留党察看或者开除党籍处分。

第六十一条　【对不按规定请示、报告行为的处分】不按照有关规定向组织请示、报告重大事项，对直接责任者和领导责任者，情节较重的，给予警告或者严重警告处分；情节严重的，给予撤销党内职务或者留党察看处分。

第六十二条　【对干扰巡视巡察工作或不落实巡视巡察整改要求行为的处分】干扰巡视巡察工作或者不落实巡视巡察整改要求，对直接责任者和领导责任者，情节较轻的，给予警告或者严重警告处分；情节较重的，给予撤销党内职务或者留党察看处分；情节严重的，给予开除党籍处分。

第六十三条　【对对抗组织审查行为的处分】对抗组织审查，有下列行为之一的，给予警告或者严重警告处分；情节较重的，给予撤销党内职务或者留党察看处分；情节严重的，给予开除党籍处分：

（一）串供或者伪造、销毁、转移、隐匿证据；

（二）阻止他人揭发检举、提供证据材料；

（三）包庇同案人员；

（四）向组织提供虚假情况，掩盖事实；

（五）其他对抗组织审查行为。

第六十四条　【对组织、参加反党活动行为的处分】组织、参加反对党的基本理论、基本路线、基本方略或者重大方针政策的集会、游行、示威等活动的，或者以组织讲座、论坛、报告会、座谈会等方式，反对党的基本理论、基本路线、基本方略或者重大方针政策，造成严重不良影响的，对策划者、组织者和骨干分子，给予开除党籍处分。

对其他参加人员或者以提供信息、资料、财物、场地等方式支持上述活动者，情节较轻的，给予警告或者严重警告处分；情节较重的，给予撤销党内职务或者留党察看处分；情节严重的，给予开除党籍处分。

对不明真相被裹挟参加，经批评教育后确有悔改表现的，可以免予处分或者不予处分。

未经组织批准参加其他集会、游行、示威等活动，情节较轻的，给予警告或者严重警告处分；情节较重的，给予撤销党内职务或者留党察看处分；情节严重的，给予开除党籍处分。

第六十五条　【对组织、参加反党组织行为的处分】组织、参加旨在反对党的领导、反对社会主义制度或者敌视政府等组织的，对策划者、组织者和骨干分子，给予开除党籍处分。

对其他参加人员，情节较轻的，给予警告或者严重警告处分；情节较重的，给予撤销党内职务或者留党察看处分；情节严重的，给予开除党籍处分。

第六十六条　【对组织、参加邪教组织行为的处分】组织、参加会道门或者邪教组织的，对策划者、组织者和骨干分子，给予开除党籍处分。

对其他参加人员，情节较轻的，给予警告或者严重警告处分；情节较重的，给予撤销党内职务或者留党察看处分；情节严重的，给予开除党籍处分。

对不明真相的参加人员，经批评教育后确有悔改表现的，可以免予处分或者不予处分。

第六十七条　【对挑拨、破坏民族关系或参加民族分裂活动行为的处分】从事、参与挑拨破坏民族关系制造事端或者参加民族分裂活动的，对策划者、组织者和骨干分子，给予开除党籍处分。

对其他参加人员，情节较轻的，给予警告或者严重警告处分；情节较重的，给予撤销党内职务或者留党察看处分；情节严重的，给予开除党籍处分。

对不明真相被裹挟参加，经批评教育后确有悔改表现的，可以免予处分或者不予处分。

有其他违反党和国家民族政策的行为，情节较轻的，给予警告或者严重警告处分；情节较重的，给予撤销党内职务或者留党察看处分；情节严重的，给予开除党籍处分。

第六十八条　【对组织、利用宗教活动反党行为的处分】组织、利用宗教活动反对党的理论、路线、方针、政策和决议，破坏民族团结的，对策划者、组织者和骨干分子，给予开除党籍处分。

对其他参加人员，给予撤销党内职务或者留党察看处分；情节严重的，给予开除党籍处分。

对不明真相被裹挟参加，经批评教育后确有悔改表现的，可以免予处分或者不予处分。

有其他违反党和国家宗教政策的行为，情节较轻的，给予警告或者严重警告处分；情节较重的，给予撤销党内职务或者留党察看处分；情节严重的，给予开除党籍处分。

第六十九条　【对信仰宗教党员的教育及处分】对信仰宗教的党员，应当加强思想教育，要求其限期改正；经党组织帮助教育仍没有转变的，应当劝其退党；劝而不退的，予以除名；参与利用宗教搞煽动活动的，给予开除党籍处分。

第七十条　【对组织、参加迷信活动行为的处分】组织迷信活动的，给予撤销党内职务或者留党察看处分；情节严重的，给予开除党籍处分。

参加迷信活动或者个人搞迷信活动，造成不良影响的，给予警告或者严重警告处分；情节较重的，给予撤销党内职务或者留党察看处分；情节严重的，给予开除党籍处分。

对不明真相的参加人员，经批评教育后确有悔改表现的，可以免予处分或者不予处分。

第七十一条　【对组织、利用宗教势力对抗党和政府行为的处分】组织、利用宗族势力对抗党和政府，妨碍党和国家的方针政策以及决策部署的实施，或者破坏党的基层组织建设的，对策划者、组织者和骨干分子，给予开除党籍处分。

对其他参加人员，给予撤销党内职务或者留党察看处分；情节严重的，给予开除党籍处分。

对不明真相被裹挟参加，经批评教育后确有悔改表现的，可以免予处分或者不予处分。

第七十二条　【对在国（境）外叛逃或公开发表反对党和政府言论行为的处分】在国（境）外、外国驻华使（领）馆申请政治避难，或者违纪后逃往国（境）外、外国驻华使（领）馆的，给予开除党籍处分。

在国（境）外公开发表反对党和政府的文章、演说、宣言、声明等的，依照前款规定处理。

故意为上述行为提供方便条件的，给予留党察看或者开除党籍处分。

第七十三条 【对在涉外活动中损害党和国家尊严、利益行为的处分】在涉外活动中，其言行在政治上造成恶劣影响，损害党和国家尊严、利益的，给予撤销党内职务或者留党察看处分；情节严重的，给予开除党籍处分。

第七十四条 【对不履行全面从严治党责任或履行不力行为的处分】不履行全面从严治党主体责任、监督责任或者履行全面从严治党主体责任、监督责任不力，给党组织造成严重损害或者严重不良影响的，对直接责任者和领导责任者，给予警告或者严重警告处分；情节严重的，给予撤销党内职务或者留党察看处分。

第七十五条 【对党员领导干部搞无原则一团和气行为的处分】党员领导干部对违反政治纪律和政治规矩等错误思想和行为不报告、不抵制、不斗争，放任不管，搞无原则一团和气，造成不良影响的，给予警告或者严重警告处分；情节严重的，给予撤销党内职务或者留党察看处分。

第七十六条 【对违反党的优良传统和工作惯例等行为的处分】违反党的优良传统和工作惯例等党的规矩，在政治上造成不良影响或者严重后果的，给予警告或者严重警告处分；情节较重的，给予撤销党内职务或者留党察看处分；情节严重的，给予开除党籍处分。

第七章 对违反组织纪律行为的处分

第七十七条 【对违反民主集中制原则行为的处分】违反民主集中制原则，有下列行为之一的，给予警告或者严重警告处分；情节严重的，给予撤销党内职务或者留党察看处分：

（一）拒不执行或者擅自改变党组织作出的重大决定；

（二）违反议事规则，个人或者少数人决定重大问题；

（三）故意规避集体决策，决定重大事项、重要干部任免、重要项目安排和大额资金使用；

（四）借集体决策名义集体违规。

第七十八条　【对下级党组织拒不执行或擅自改变上级决定行为的处分】下级党组织拒不执行或者擅自改变上级党组织决定的，对直接责任者和领导责任者，给予警告或者严重警告处分；情节严重的，给予撤销党内职务或者留党察看处分。

第七十九条　【对拒不执行党组织人事安排决定行为的处分】拒不执行党组织的分配、调动、交流等决定的，给予警告、严重警告或者撤销党内职务处分。

在特殊时期或者紧急状况下，拒不执行党组织上述决定的，给予留党察看或者开除党籍处分。

第八十条　【对拒绝作证或故意提供虚假情况行为的处分】在党组织纪律审查中，依法依规负有作证义务的党员拒绝作证或者故意提供虚假情况，情节较重的，给予警告或者严重警告处分；情节严重的，给予撤销党内职务、留党察看或者开除党籍处分。

第八十一条　【对隐瞒不报、不如实报告、弄虚作假和隐瞒入党前严重错误行为的处分】有下列行为之一，情节较重的，给予警告或者严重警告处分：

（一）违反个人有关事项报告规定，隐瞒不报；

（二）在组织进行谈话函询时，不如实向组织说明问题；

（三）不按要求报告或者不如实报告个人去向；

（四）不如实填报个人档案资料。

有前款第二项规定的行为，同时向组织提供虚假情况、掩盖事实的，依照本条例第六十三条规定处理。

篡改、伪造个人档案资料的，给予严重警告处分；情节严重的，给予撤销党内职务或者留党察看处分。

隐瞒入党前严重错误的，一般应当予以除名；对入党多年且一贯表现好，或者在工作中作出突出贡献的，给予严重警告、撤销党内职务或者留党察看处分。

第八十二条　【对违规组织、参加自发成立的老乡会、校友会、战友会等行为的处分】党员领导干部违反有关规定组织、参加自发成立的老乡会、校友会、战友会等，情节严重的，给予警告、严重警告或者撤销党内职务处分。

第八十三条　【对破坏选举行为的处分】有下列行为之一的，给予警告或者严重警告处分；情节较重的，给予撤销党内职务或者留党察看处分；情节严重的，给予开除党籍处分：

（一）在民主推荐、民主测评、组织考察和党内选举中搞拉票、助选等非组织活动；

（二）在法律规定的投票、选举活动中违背组织原则搞非组织活动，组织、怂恿、诱使他人投票、表决；

（三）在选举中进行其他违反党章、其他党内法规和有关章程活动。

搞有组织的拉票贿选，或者用公款拉票贿选的，从重或者加重处分。

第八十四条　【对违反干部选拔任用规定行为的处分】在干部选拔任用工作中，有任人唯亲、排斥异己、封官许愿、说情干预、跑官要官、突击提拔或者调整干部等违反干部选拔任用规定行为，对直接责任者和领导责任者，情节较轻的，给予警告或者严重警告处分；情节较重的，给予撤销党内职务或者留党察看处分；情节严重的，给予开除党籍处分。

用人失察失误造成严重后果的，对直接责任者和领导责任者，依照前款规定处理。

第八十五条　**【对违反推进领导干部能上能下规定行为的处分】**在推进领导干部能上能下工作中，搞好人主义，有下列行为之一，对直接责任者和领导责任者，情节较重的，给予警告或者严重警告处分；情节严重的，给予撤销党内职务或者留党察看处分：

（一）以党纪政务等处分规避组织调整；

（二）以组织调整代替党纪政务等处分；

（三）其他避重就轻作出处理行为。

第八十六条　**【对借人事工作谋利或靠弄虚作假骗取职务、荣誉等利益行为的处分】**在干部、职工的录用、考核、职务职级晋升、职称评聘、荣誉表彰，授予学术称号和征兵、安置退役军人等工作中，隐瞒、歪曲事实真相，或者利用职权或者职务上的影响违反有关规定为本人或者其他人谋取利益的，给予警告或者严重警告处分；情节较重的，给予撤销党内职务或者留党察看处分；情节严重的，给予开除党籍处分。

弄虚作假，骗取职务、职级、职称、待遇、资格、学历、学位、荣誉、称号或者其他利益的，依照前款规定处理。

第八十七条　**【对侵害党员表决权、选举权和被选举权行为的处分】**侵犯党员的表决权、选举权和被选举权，情节较重的，给予警告或者严重警告处分；情节严重的，给予撤销党内职务处分。

以强迫、威胁、欺骗、拉拢等手段，妨害党员自主行使表决权、选举权和被选举权的，给予撤销党内职务、留党察看或者开除党籍处分。

第八十八条　**【对侵害党员批评、检举、控告、申辩、辩护、作证、申诉等权利行为的处分】**有下列行为之一的，对直接责任者和领导责任者，给予警告或者严重警告处分；情节较重的，给予撤销党内职务或者留党察看处分；情节严重的，给予开除党籍处分：

（一）对批评、检举、控告进行阻挠、压制，或者将批评、检举、控告材料私自扣压、销毁，或者故意将其泄露给他人；

（二）对党员的申辩、辩护、作证等进行压制，造成不良后果；

（三）压制党员申诉，造成不良后果，或者不按照有关规定处理党员申诉；

（四）其他侵犯党员权利行为，造成不良后果。

对批评人、检举人、控告人、证人及其他人员打击报复的，从重或者加重处分。

第八十九条　【对违规发展党员行为的处分】违反党章和其他党内法规的规定，采取弄虚作假或者其他手段把不符合党员条件的人发展为党员，或者为非党员出具党员身份证明的，对直接责任者和领导责任者，给予警告或者严重警告处分；情节严重的，给予撤销党内职务处分。

违反有关规定程序发展党员的，对直接责任者和领导责任者，依照前款规定处理。

第九十条　【对违规获取外国身份行为的处分】违反有关规定取得外国国籍或者获取国（境）外永久居留资格、长期居留许可的，给予撤销党内职务、留党察看或者开除党籍处分。

第九十一条　【对违规办理因私出国（境）证件或未经批准、超出批准范围出入国（边）境行为的处分】违反有关规定办理因私出国（境）证件、前往港澳通行证，或者未经批准出入国（边）境，情节较轻的，给予警告或者严重警告处分；情节较重的，给予撤销党内职务或者留党察看处分；情节严重的，给予开除党籍处分。

虽经批准因私出国（境）但存在擅自变更路线、无正当理由超期未归等超出批准范围出国（境）行为，情节较重的，给予警告或者严重警告处分；情节严重的，给予撤销党内职务处分。

第九十二条　【对在国（境）外擅自脱离组织或违规与外交往行为的处分】驻外机构或者临时出国（境）团（组）中的党员擅自脱离组织，或者从事外事、机要、军事等工作的党员违反有关规定同国（境）外机构、人员联系和交往的，给予警告、严重警告或者撤销党内职务处分。

第九十三条　【对脱离或协助他人脱离组织行为的处分】驻外机构或者临时出国（境）团（组）中的党员，脱离组织出走时间不满六个月又自动回归的，给予撤销党内职务或者留党察看处分；脱离组织出走时间超过六个月的，按照自行脱党处理，党内予以除名。

故意为他人脱离组织出走提供方便条件的，给予警告、严重警告或者撤销党内职务处分。

第八章　对违反廉洁纪律行为的处分

第九十四条　【对利用职权为他人谋利及亲属等相关人员借影响力收受财物行为的处分】党员干部必须正确行使人民赋予的权力，清正廉洁，反对特权思想和特权现象，反对任何滥用职权、谋求私利的行为。

利用职权或者职务上的影响为他人谋取利益，本人的配偶、子女及其配偶等亲属和其他特定关系人收受对方财物，情节较重的，给予警告或者严重警告处分；情节严重的，给予撤销党内职务、留党察看或者开除党籍处分。

第九十五条　【对权权交易行为的处分】相互利用职权或者职务上的影响为对方及其配偶、子女及其配偶等亲属、身边工作人员

和其他特定关系人谋取利益搞权权交易的，给予警告或者严重警告
处分；情节较重的，给予撤销党内职务或者留党察看处分；情节严
重的，给予开除党籍处分。

第九十六条 **【对纵容、默许亲属、身边工作人员和其他特定
关系人利用本人职权谋利行为的处分】**纵容、默许配偶、子女及其
配偶等亲属、身边工作人员和其他特定关系人利用党员干部本人职
权或者职务上的影响谋取私利，情节较轻的，给予警告或者严重警
告处分；情节较重的，给予撤销党内职务或者留党察看处分；情节
严重的，给予开除党籍处分。

党员干部的配偶、子女及其配偶等亲属和其他特定关系人不实
际工作而获取薪酬或者虽实际工作但领取明显超出同职级标准薪
酬，党员干部知情未予纠正的，依照前款规定处理。

第九十七条 **【对违规收受财物行为的处分】**收受可能影响公
正执行公务的礼品、礼金、消费卡（券）和有价证券、股权、其他
金融产品等财物，情节较轻的，给予警告或者严重警告处分；情节
较重的，给予撤销党内职务或者留党察看处分；情节严重的，给予
开除党籍处分。

收受其他明显超出正常礼尚往来的财物的，依照前款规定
处理。

第九十八条 **【对违规赠送财物或变相送礼行为的处分】**向从
事公务的人员及其配偶、子女及其配偶等亲属和其他特定关系人赠
送明显超出正常礼尚往来的礼品、礼金、消费卡（券）和有价证
券、股权、其他金融产品等财物，情节较重的，给予警告或者严重
警告处分；情节严重的，给予撤销党内职务或者留党察看处分。

以讲课费、课题费、咨询费等名义变相送礼的，依照前款规定
处理。

第九十九条　【对可能影响公正执行公务行为的处分】借用管理和服务对象的钱款、住房、车辆等，可能影响公正执行公务，情节较重的，给予警告或者严重警告处分；情节严重的，给予撤销党内职务、留党察看或者开除党籍处分。

通过民间借贷等金融活动获取大额回报，可能影响公正执行公务的，依照前款规定处理。

第一百条　【对利用职权或职务上的影响操办婚丧喜庆事宜行为的处分】利用职权或者职务上的影响操办婚丧喜庆事宜，造成不良影响的，给予警告或者严重警告处分；情节严重的，给予撤销党内职务处分；借机敛财或者有其他侵犯国家、集体和人民利益行为的，从重或者加重处分，直至开除党籍。

第一百零一条　【对违规接受、提供宴请或旅游、健身、娱乐等活动安排行为的处分】接受、提供可能影响公正执行公务的宴请或者旅游、健身、娱乐等活动安排，情节较重的，给予警告或者严重警告处分；情节严重的，给予撤销党内职务或者留党察看处分。

第一百零二条　【对违规取得、持有、实际使用消费卡（券）或出入私人会所行为的处分】违反有关规定取得、持有、实际使用运动健身卡、会所和俱乐部会员卡、高尔夫球卡等各种消费卡（券），或者违反有关规定出入私人会所，情节较重的，给予警告或者严重警告处分；情节严重的，给予撤销党内职务或者留党察看处分。

第一百零三条　【对违规从事营利活动、利用职权非正常获利及违规兼职行为的处分】违反有关规定从事营利活动，有下列行为之一，情节较轻的，给予警告或者严重警告处分；情节较重的，给予撤销党内职务或者留党察看处分；情节严重的，给予开除党籍处分：

（一）经商办企业；

（二）拥有非上市公司（企业）的股份或者证券；

（三）买卖股票或者进行其他证券投资；

（四）从事有偿中介活动；

（五）在国（境）外注册公司或者投资入股；

（六）其他违反有关规定从事营利活动的行为。

利用参与企业重组改制、定向增发、兼并投资、土地使用权出让等工作中掌握的信息买卖股票，利用职权或者职务上的影响通过购买信托产品、基金等方式非正常获利的，依照前款规定处理。

违反有关规定在经济组织、社会组织等单位中兼职，或者经批准兼职但获取薪酬、奖金、津贴等额外利益的，依照第一款规定处理。

第一百零四条　【对违规为亲属和特定关系人谋利的处分】利用职权或者职务上的影响，为配偶、子女及其配偶等亲属和其他特定关系人在审批监管、资源开发、金融信贷、大宗采购、土地使用权出让、房地产开发、工程招投标以及公共财政收支等方面谋取利益，情节较轻的，给予警告或者严重警告处分；情节较重的，给予撤销党内职务或者留党察看处分；情节严重的，给予开除党籍处分。

利用职权或者职务上的影响，为配偶、子女及其配偶等亲属和其他特定关系人吸收存款、推销金融产品、经营名贵特产类特殊资源等提供帮助谋取利益的，依照前款规定处理。

第一百零五条　【对离退休干部违规任职或从事营利活动行为的处分】离职或者退（离）休后违反有关规定接受原任职务管辖的地区和业务范围内或者与原工作业务直接相关的企业和中介机构等单位的聘用，或者个人从事与原任职务管辖业务或者与原工作业务直接相关的营利活动，情节较轻的，给予警告或者严重警告处分；情节较重的，给予撤销党内职务处分；情节严重的，给予留党察看处分。

党员领导干部离职或者退（离）休后违反有关规定担任上市公司、基金管理公司独立董事、独立监事等职务，情节较轻的，给予警告或者严重警告处分；情节较重的，给予撤销党内职务处分；情节严重的，给予留党察看处分。

第一百零六条　【对离退休干部利用原职权为亲属和其他特定关系人谋利及亲属等相关人员借影响力收受财物行为的处分】 离职或者退（离）休后利用原职权或者职务上的影响，为配偶、子女及其配偶等亲属和其他特定关系人从事经营活动谋取利益，情节较轻的，给予警告或者严重警告处分；情节较重的，给予撤销党内职务或者留党察看处分；情节严重的，给予开除党籍处分。

离职或者退（离）休后利用原职权或者职务上的影响为他人谋取利益，本人的配偶、子女及其配偶等亲属和其他特定关系人收受对方财物，情节较重的，给予警告或者严重警告处分；情节严重的，给予撤销党内职务、留党察看或者开除党籍处分。

第一百零七条　【对党员领导干部的配偶、子女及其配偶违规经营或任职行为的处分】 党员领导干部的配偶、子女及其配偶，违反有关规定在该党员领导干部管辖的地区和业务范围内从事可能影响其公正执行公务的经营活动，或者有其他违反经商办企业禁业规定行为的，该党员领导干部应当按照规定予以纠正；拒不纠正的，其本人应当辞去现任职务或者由组织予以调整职务；不辞去现任职务或者不服从组织调整职务的，给予撤销党内职务处分。

第一百零八条　【对党和国家机关违规经商办企业行为的处分】 党和国家机关违反有关规定经商办企业的，对直接责任者和领导责任者，给予警告或者严重警告处分；情节严重的，给予撤销党内职务处分。

第一百零九条 【**对党员领导干部违规为本人、亲属、身边工作人员和其他特定关系人谋求特殊待遇行为的处分**】党员领导干部违反工作、生活保障制度，在交通、医疗、警卫等方面为本人、配偶、子女及其配偶等亲属、身边工作人员和其他特定关系人谋求特殊待遇，情节较重的，给予警告或者严重警告处分；情节严重的，给予撤销党内职务或者留党察看处分。

第一百一十条 【**对在分配、购买住房中侵犯国家、集体利益行为的处分**】在分配、购买住房中侵犯国家、集体利益，情节较轻的，给予警告或者严重警告处分；情节较重的，给予撤销党内职务或者留党察看处分；情节严重的，给予开除党籍处分。

第一百一十一条 【**对侵占公私财物、违规报销行为的处分**】利用职权或者职务上的影响，侵占非本人经管的公私财物，或者以象征性地支付钱款等方式侵占公私财物，或者无偿、象征性地支付报酬接受服务、使用劳务，情节较轻的，给予警告或者严重警告处分；情节较重的，给予撤销党内职务或者留党察看处分；情节严重的，给予开除党籍处分。

利用职权或者职务上的影响，将应当由本人、配偶、子女及其配偶等亲属、身边工作人员和其他特定关系人个人支付的费用，由下属单位、其他单位或者他人支付、报销的，依照前款规定处理。

第一百一十二条 【**对违规占用公物归个人使用、进行营利活动行为的处分**】利用职权或者职务上的影响，违反有关规定占用公物归个人使用，时间超过六个月，情节较重的，给予警告或者严重警告处分；情节严重的，给予撤销党内职务处分。

占用公物进行营利活动的，给予警告或者严重警告处分；情节较重的，给予撤销党内职务或者留党察看处分；情节严重的，给予开除党籍处分。

将公物借给他人进行营利活动的，依照前款规定处理。

第一百一十三条　【对组织、参加公款宴请、娱乐、健身活动，用公款购买赠送或者发放礼品、消费卡（券）等行为的处分】违反有关规定组织、参加用公款支付的宴请、娱乐、健身活动，或者用公款购买赠送或者发放礼品、消费卡（券）等，对直接责任者和领导责任者，情节较轻的，给予警告或者严重警告处分；情节较重的，给予撤销党内职务或者留党察看处分；情节严重的，给予开除党籍处分。

第一百一十四条　【对违规发放薪酬、津补贴、奖金、福利等行为的处分】违反有关规定自定薪酬或者滥发津贴、补贴、奖金、福利等，对直接责任者和领导责任者，情节较轻的，给予警告或者严重警告处分；情节较重的，给予撤销党内职务或者留党察看处分；情节严重的，给予开除党籍处分。

第一百一十五条　【对公款旅游等行为的处分】有下列行为之一，对直接责任者和领导责任者，情节较轻的，给予警告或者严重警告处分；情节较重的，给予撤销党内职务或者留党察看处分；情节严重的，给予开除党籍处分：

（一）公款旅游或者以学习培训、考察调研、职工疗养等为名变相公款旅游；

（二）改变公务行程，借机旅游；

（三）参加所管理企业、下属单位组织的考察活动，借机旅游。

以考察、学习、培训、研讨、招商、参展等名义变相用公款出国（境）旅游的，对直接责任者和领导责任者，依照前款规定处理。

第一百一十六条 【对违规接待或者借机大吃大喝行为的处分】违反接待管理规定，超标准、超范围接待或者借机大吃大喝，对直接责任者和领导责任者，情节较重的，给予警告或者严重警告处分；情节严重的，给予撤销党内职务处分。

第一百一十七条 【对违规配备、购买、更换、装饰、使用公车等行为的处分】违反有关规定配备、购买、更换、装饰、使用公务交通工具或者有其他违反公务交通工具管理规定的行为，对直接责任者和领导责任者，情节较重的，给予警告或者严重警告处分；情节严重的，给予撤销党内职务或者留党察看处分。

第一百一十八条 【对违反会议活动管理规定行为的处分】违反会议活动管理规定，有下列行为之一，对直接责任者和领导责任者，情节较重的，给予警告或者严重警告处分；情节严重的，给予撤销党内职务处分：

（一）到禁止召开会议的风景名胜区开会；

（二）决定或者批准举办各类节会、庆典活动；

（三）其他违反会议活动管理规定行为。

擅自举办评比达标表彰、创建示范活动或者借评比达标表彰、创建示范活动收取费用的，对直接责任者和领导责任者，依照前款规定处理。

第一百一十九条 【对违反办公用房管理规定行为的处分】违反办公用房管理等规定，有下列行为之一，对直接责任者和领导责任者，情节较重的，给予警告或者严重警告处分；情节严重的，给予撤销党内职务处分：

（一）决定或者批准兴建、装修办公楼、培训中心等楼堂馆所；

（二）超标准配备、使用办公用房；

（三）未经批准租用、借用办公用房；

（四）用公款包租、占用客房或者其他场所供个人使用；

（五）其他违反办公用房管理等规定行为。

第一百二十条 【对搞权色交易、钱色交易行为的处分】搞权色交易或者给予财物搞钱色交易的，给予警告或者严重警告处分；情节较重的，给予撤销党内职务或者留党察看处分；情节严重的，给予开除党籍处分。

第一百二十一条 【对其他违反廉洁纪律规定行为的处分】有其他违反廉洁纪律规定行为的，应当视具体情节给予警告直至开除党籍处分。

第九章　对违反群众纪律行为的处分

第一百二十二条 【对侵害群众利益行为的处分】有下列行为之一，对直接责任者和领导责任者，情节较轻的，给予警告或者严重警告处分；情节较重的，给予撤销党内职务或者留党察看处分；情节严重的，给予开除党籍处分：

（一）超标准、超范围向群众筹资筹劳、摊派费用，加重群众负担；

（二）违反有关规定扣留、收缴群众款物或者处罚群众；

（三）克扣群众财物，或者违反有关规定拖欠群众钱款；

（四）在管理、服务活动中违反有关规定收取费用；

（五）在办理涉及群众事务时刁难群众、吃拿卡要；

（六）其他侵害群众利益行为。

在乡村振兴领域有上述行为的，从重或者加重处分。

第一百二十三条 【对干涉生产经营自主权，致使群众财产遭受较大损失行为的处分】干涉生产经营自主权，致使群众财产遭受较大损失的，对直接责任者和领导责任者，给予警告或者严重警告处分；情节严重的，给予撤销党内职务或者留党察看处分。

第一百二十四条　【对在社会保障、救助、扶持及救灾事项中优亲厚友行为的处分】在社会保障、社会救助、政策扶持、救灾救济款物分配等事项中优亲厚友、明显有失公平的，给予警告或者严重警告处分；情节较重的，给予撤销党内职务或者留党察看处分；情节严重的，给予开除党籍处分。

第一百二十五条　【对涉及黑恶势力行为的处分】利用宗族或者黑恶势力等欺压群众，或者纵容涉黑涉恶活动、为黑恶势力充当"保护伞"的，给予撤销党内职务或者留党察看处分；情节严重的，给予开除党籍处分。

第一百二十六条　【对损害群众利益行为的处分】有下列行为之一，对直接责任者和领导责任者，情节较重的，给予警告或者严重警告处分；情节严重的，给予撤销党内职务或者留党察看处分：

（一）对涉及群众生产、生活等切身利益的问题依照政策或者有关规定能解决而不及时解决，庸懒无为、效率低下，造成不良影响；

（二）对符合政策的群众诉求消极应付、推诿扯皮，损害党群、干群关系；

（三）对待群众态度恶劣、简单粗暴，造成不良影响；

（四）弄虚作假，欺上瞒下，损害群众利益；

（五）其他不作为、乱作为、慢作为、假作为等损害群众利益行为。

第一百二十七条　【对国家财产和群众生命财产见危不救行为的处分】遇到国家财产和群众生命财产受到严重威胁时，能救而不救，情节较重的，给予警告、严重警告或者撤销党内职务处分；情节严重的，给予留党察看或者开除党籍处分。

第一百二十八条　**【对侵犯群众知情权行为的处分】**不按照规定公开党务、政务、厂务、村（居）务等，侵犯群众知情权，对直接责任者和领导责任者，情节较重的，给予警告或者严重警告处分；情节严重的，给予撤销党内职务或者留党察看处分。

第一百二十九条　**【对其他违反群众纪律规定行为的处分】**有其他违反群众纪律规定行为的，应当视具体情节给予警告直至开除党籍处分。

第十章　对违反工作纪律行为的处分

第一百三十条　**【对工作中不负责任或疏于管理，贯彻上级决策部署不力行为的处分】**工作中不负责任或者疏于管理，贯彻执行、检查督促落实上级决策部署不力，给党、国家和人民利益以及公共财产造成较大损失的，对直接责任者和领导责任者，给予警告或者严重警告处分；造成重大损失的，给予撤销党内职务、留党察看或者开除党籍处分。

党员领导干部对于到任前已经存在且属于其职责范围内的问题，消极回避、推卸责任，造成严重损害或者严重不良影响的，依照前款规定处理。

第一百三十一条　**【对工作中不敢斗争、不愿担当、临阵退缩行为的处分】**工作中不敢斗争、不愿担当，面对重大矛盾冲突、危机困难临阵退缩，造成不良影响或者严重后果的，给予警告或者严重警告处分；情节严重的，给予撤销党内职务、留党察看或者开除党籍处分。

第一百三十二条　**【对工作中形式主义、官僚主义行为的处分】**有下列行为之一，造成严重损害或者严重不良影响的，对直接责任者和领导责任者，给予警告或者严重警告处分；情节较重的，给予撤销党内职务或者留党察看处分；情节严重的，给予开除党籍处分：

（一）热衷于搞舆论造势、浮在表面；

（二）单纯以会议贯彻会议、以文件落实文件，在实际工作中不见诸行动；

（三）脱离实际，不作深入调查研究，搞随意决策、机械执行；

（四）违反精文减会有关规定搞文山会海；

（五）在督查检查考核等工作中搞层层加码、过度留痕，增加基层工作负担；

（六）工作中其他形式主义、官僚主义行为。

第一百三十三条　【对餐饮浪费行为的处分】 在公务活动用餐、单位食堂用餐管理工作中不履行或者不正确履行宣传教育、监督管理职责，导致餐饮浪费，造成严重不良影响的，对直接责任者和领导责任者，给予警告或者严重警告处分；情节严重的，给予撤销党内职务处分。

第一百三十四条　【对机构编制工作违规行为的处分】 在机构编制工作中，有下列行为之一，造成不良影响或者严重后果的，对直接责任者和领导责任者，给予警告或者严重警告处分；情节较重的，给予撤销党内职务或者留党察看处分；情节严重的，给予开除党籍处分：

（一）擅自超出"三定"规定范围调整职责、设置机构、核定领导职数和配备人员；

（二）违规干预地方机构设置；

（三）其他违反机构编制管理规定行为。

第一百三十五条　【对信访工作违规行为的处分】 在信访工作中，有下列行为之一，造成不良影响或者严重后果的，对直接责任者和领导责任者，给予警告或者严重警告处分；情节较重的，给予撤销党内职务或者留党察看处分；情节严重的，给予开除党籍处分：

（一）不按照规定受理、办理信访事项；

（二）对规模性集体访等处置不力，导致事态扩大；

（三）对党委和政府信访部门提出的改进工作、完善政策等建议重视不够、落实不力，导致问题长期得不到解决；

（四）其他不履行或者不正确履行信访工作职责行为。

不履行或者不正确履行职责，导致信访事项发生，造成不良影响或者严重后果的，对直接责任者和领导责任者，依照前款规定处理。

第一百三十六条　【对党组织违规处理党员违法、违纪情况等行为的处分】党组织有下列行为之一，对直接责任者和领导责任者，情节较重的，给予警告或者严重警告处分；情节严重的，给予撤销党内职务或者留党察看处分：

（一）党员被立案审查期间，擅自批准其出差、出国（境）、辞职，或者对其交流、提拔职务、晋升职级、进一步使用、奖励，或者办理退休手续；

（二）党员被依法追究刑事责任后，不按照规定给予党纪处分，或者对党员违反国家法律法规的行为，应当给予党纪处分而不处分；

（三）党纪处分决定或者申诉复查决定作出后，不按照规定落实决定中关于被处分人党籍、职务、职级、待遇等事项；

（四）党员受到党纪处分后，不按照干部管理权限和组织关系对受处分党员开展日常教育、管理和监督工作。

第一百三十七条　【对滥用问责或在问责工作中严重不负责任

行为的处分】滥用问责，或者在问责工作中严重不负责任，造成不良影响的，对直接责任者和领导责任者，给予警告或者严重警告处分；情节严重的，给予撤销党内职务处分。

第一百三十八条 　**【对因渎职致使所管理人员叛逃或出逃、出走行为的处分】**因工作不负责任致使所管理的人员叛逃的，对直接责任者和领导责任者，给予警告或者严重警告处分；情节严重的，给予撤销党内职务处分。

因工作不负责任致使所管理的人员出逃、出走，对直接责任者和领导责任者，情节较重的，给予警告或者严重警告处分；情节严重的，给予撤销党内职务处分。

第一百三十九条 　**【对统计造假、统计造假失察行为的处分】**进行统计造假，对直接责任者和领导责任者，情节较轻的，给予警告或者严重警告处分；情节较重的，给予撤销党内职务或者留党察看处分；情节严重的，给予开除党籍处分。

对统计造假失察，造成严重后果的，对直接责任者和领导责任者，给予警告或者严重警告处分；情节严重的，给予撤销党内职务、留党察看或者开除党籍处分。

第一百四十条 　**【对瞒报或不如实报告工作行为的处分】**在上级检查、视察工作或者向上级汇报、报告工作时对应当报告的事项不报告或者不如实报告，造成严重损害或者严重不良影响的，对直接责任者和领导责任者，给予警告或者严重警告处分；情节严重的，给予撤销党内职务或者留党察看处分。

在上级检查、视察工作或者向上级汇报、报告工作时纵容、唆使、暗示、强迫下级说假话、报假情的，从重或者加重处分。

第一百四十一条 　**【对违规干预和插手市场经济活动行为的处分】**违反有关规定干预和插手市场经济活动，有下列行为之一，情节较轻的，给予警告或者严重警告处分；情节较重的，给予撤销党内职务或者留党察看处分；情节严重的，给予开除党籍处分：

（一）干预和插手建设工程项目承发包、土地使用权出让、政府采购、房地产开发与经营、矿产资源开发利用、中介机构服务等活动；

（二）干预和插手国有企业重组改制、兼并、破产、产权交易、清产核资、资产评估、资产转让、重大项目投资以及其他重大经营活动等事项；

（三）干预和插手批办各类行政许可和资金借贷等事项；

（四）干预和插手经济纠纷；

（五）干预和插手集体资金、资产和资源的使用、分配、承包、租赁等事项。

第一百四十二条　【对违规干预和插手司法活动、执纪执法活动，资金分配、立项评审、表彰奖励等行为的处分】违反有关规定干预和插手司法活动、执纪执法活动，向有关地方或者部门打听案情、打招呼、说情，或者以其他方式对司法活动、执纪执法活动施加影响，情节较轻的，给予严重警告处分；情节较重的，给予撤销党内职务或者留党察看处分；情节严重的，给予开除党籍处分。

违反有关规定干预和插手公共财政资金分配、项目立项评审、功勋荣誉表彰奖励等活动，造成重大损失或者不良影响的，依照前款规定处理。

第一百四十三条　【对违规不报告或登记干预和插手行为的处分】按照有关规定对干预和插手行为负有报告和登记义务的受请托人，不按照规定报告或者登记，情节较重的，给予警告或者严重警告处分；情节严重的，给予撤销党内职务处分。

**第一百四十四条　【对泄露、扩散或者打探、窃取党组织秘

密，私自留存党组织资料行为的处分】泄露、扩散或者打探、窃取党组织关于干部选拔任用、纪律审查、巡视巡察等尚未公开事项或者其他应当保密的内容的，给予警告或者严重警告处分；情节较重的，给予撤销党内职务或者留党察看处分；情节严重的，给予开除党籍处分。

私自留存涉及党组织关于干部选拔任用、纪律审查、巡视巡察等方面资料，情节较重的，给予警告或者严重警告处分；情节严重的，给予撤销党内职务处分。

第一百四十五条　【对违反考试、录取工作规定行为的处分】在考试、录取工作中，有泄露试题、考场舞弊、涂改考卷、违规录取等违反有关规定行为的，给予警告或者严重警告处分；情节较重的，给予撤销党内职务或者留党察看处分；情节严重的，给予开除党籍处分。

第一百四十六条　【对不当谋求本人或他人用公款出国（境）行为的处分】以不正当方式谋求本人或者其他人用公款出国（境），情节较轻的，给予警告处分；情节较重的，给予严重警告处分；情节严重的，给予撤销党内职务处分。

第一百四十七条　【对擅自延长在国（境）外期限或变更路线行为的处分】临时出国（境）团（组）或者人员中的党员，擅自延长在国（境）外期限，或者擅自变更路线的，对直接责任者和领导责任者，给予警告或者严重警告处分；情节严重的，给予撤销党内职务处分。

第一百四十八条　【对驻外机构或党员触犯当地法律或者不尊重当地宗教习俗行为的处分】驻外机构或者临时出国（境）团（组）中的党员，触犯驻在国家、地区的法律、法令或者不尊重驻在国家、地区的宗教习俗，情节较重的，给予警告或者严重警告处分；情节严重的，给予撤销党内职务、留党察看或者开除党籍处分。

第一百四十九条　【对在纪律检查、组织、宣传、统一战线等工作中不履职或不正确履职行为的处分】在党的纪律检查、组织、宣传、统一战线工作以及机关工作等其他工作中，不履行或者不正确履行职责，造成损失或者不良影响的，应当视具体情节给予警告直至开除党籍处分。

第十一章　对违反生活纪律行为的处分

第一百五十条　【对生活奢靡、铺张浪费、贪图享乐、追求低级趣味行为的处分】生活奢靡、铺张浪费、贪图享乐、追求低级趣味，造成不良影响的，给予警告或者严重警告处分；情节严重的，给予撤销党内职务处分。

第一百五十一条　【对与他人发生不正当性关系行为的处分】与他人发生不正当性关系，造成不良影响的，给予警告或者严重警告处分；情节较重的，给予撤销党内职务或者留党察看处分；情节严重的，给予开除党籍处分。

利用职权、教养关系、从属关系或者其他相类似关系与他人发生性关系的，从重处分。

第一百五十二条　【对党员领导干部不重视家风建设行为的处分】党员领导干部不重视家风建设，对配偶、子女及其配偶失管失教，造成不良影响或者严重后果的，给予警告或者严重警告处分；情节严重的，给予撤销党内职务处分。

第一百五十三条　【对违背公序良俗，在公共场所、网络空间有不当言行的处分】违背社会公序良俗，在公共场所、网络空间有不当言行，造成不良影响的，给予警告或者严重警告处分；情节较重的，给予撤销党内职务或者留党察看处分；情节严重的，给予开除党籍处分。

第一百五十四条 【对其他违反社会公德、家庭美德行为的处分】有其他严重违反社会公德、家庭美德行为的，应当视具体情节给予警告直至开除党籍处分。

第三编　附　　则

第一百五十五条 【各省、自治区、直辖市可据此制定单项实施规定】各省、自治区、直辖市党委可以根据本条例，结合各自工作的实际情况，制定单项实施规定。

第一百五十六条 【中央军委可据此制定补充规定或者单项规定】中央军事委员会可以根据本条例，结合中国人民解放军和中国人民武装警察部队的实际情况，制定补充规定或者单项规定。

第一百五十七条 【解释机关】本条例由中央纪委负责解释。

第一百五十八条 【生效时间及溯及力】本条例自 2024 年 1 月 1 日起施行。

本条例施行前，已结案的案件如需进行复查复议，适用当时的规定或者政策。尚未结案的案件，如果行为发生时的规定或者政策不认为是违纪，而本条例认为是违纪的，依照当时的规定或者政策处理；如果行为发生时的规定或者政策认为是违纪的，依照当时的规定或者政策处理，但是如果本条例不认为是违纪或者处理较轻的，依照本条例规定处理。

国有企业领导人员廉洁从业若干规定

（中共中央办公厅、国务院办公厅 2009 年 7 月 1 日印发）

第一章　总　　则

第一条　为规范国有企业领导人员廉洁从业行为，加强国有企业反腐倡廉建设，维护国家和出资人利益，促进国有企业科学发展，依据国家有关法律法规和党内法规，制定本规定。

第二条　本规定适用于国有独资企业、国有控股企业（含国有独资金融企业和国有控股金融企业）及其分支机构的领导班子成员。

第三条　国有企业领导人员应当遵守国家法律法规和企业规章制度，依法经营、开拓创新、廉洁从业、诚实守信，切实维护国家利益、企业利益和职工合法权益，努力实现国有企业又好又快发展。

第二章　廉洁从业行为规范

第四条　国有企业领导人员应当切实维护国家和出资人利益。不得有滥用职权、损害国有资产权益的下列行为：

（一）违反决策原则和程序决定企业生产经营的重大决策、重要人事任免、重大项目安排及大额度资金运作事项；

（二）违反规定办理企业改制、兼并、重组、破产、资产评估、产权交易等事项；

（三）违反规定投资、融资、担保、拆借资金、委托理财、为他人代开信用证、购销商品和服务、招标投标等；

（四）未经批准或者经批准后未办理保全国有资产的法律手续，以个人或者其他名义用企业资产在国（境）外注册公司、投资入股、购买金融产品、购置不动产或者进行其他经营活动；

（五）授意、指使、强令财会人员进行违反国家财经纪律、企业财务制度的活动；

（六）未经履行国有资产出资人职责的机构和人事主管部门批准，决定本级领导人员的薪酬和住房补贴等福利待遇；

（七）未经企业领导班子集体研究，决定捐赠、赞助事项，或者虽经企业领导班子集体研究但未经履行国有资产出资人职责的机构批准，决定大额捐赠、赞助事项；

（八）其他滥用职权、损害国有资产权益的行为。

第五条 国有企业领导人员应当忠实履行职责。不得有利用职权谋取私利以及损害本企业利益的下列行为：

（一）个人从事营利性经营活动和有偿中介活动，或者在本企业的同类经营企业、关联企业和与本企业有业务关系的企业投资入股；

（二）在职或者离职后接受、索取本企业的关联企业、与本企业有业务关系的企业，以及管理和服务对象提供的物质性利益；

（三）以明显低于市场的价格向请托人购买或者以明显高于市场的价格向请托人出售房屋、汽车等物品，以及以其他交易形式非法收受请托人财物；

（四）委托他人投资证券、期货或者以其他委托理财名义，未实际出资而获取收益，或者虽然实际出资，但获取收益明显高于出资应得收益；

（五）利用企业上市或者上市公司并购、重组、定向增发等过程中的内幕消息、商业秘密以及企业的知识产权、业务渠道等无形资产或者资源，为本人或者配偶、子女及其他特定关系人谋取利益；

（六）未经批准兼任本企业所出资企业或者其他企业、事业单位、社会团体、中介机构的领导职务，或者经批准兼职的，擅自领取薪酬及其他收入；

（七）将企业经济往来中的折扣费、中介费、佣金、礼金，以及因企业行为受到有关部门和单位奖励的财物等据为己有或者私分；

（八）其他利用职权谋取私利以及损害本企业利益的行为。

第六条　国有企业领导人员应当正确行使经营管理权，防止可能侵害公共利益、企业利益行为的发生。不得有下列行为：

（一）本人的配偶、子女及其他特定关系人，在本企业的关联企业、与本企业有业务关系的企业投资入股；

（二）将国有资产委托、租赁、承包给配偶、子女及其他特定关系人经营；

（三）利用职权为配偶、子女及其他特定关系人从事营利性经营活动提供便利条件；

（四）利用职权相互为对方及其配偶、子女和其他特定关系人从事营利性经营活动提供便利条件；

（五）本人的配偶、子女及其他特定关系人投资或者经营的企业与本企业或者有出资关系的企业发生可能侵害公共利益、企业利益的经济业务往来；

（六）按照规定应当实行任职回避和公务回避而没有回避；

（七）离职或者退休后三年内，在与原任职企业有业务关系的私营企业、外资企业和中介机构担任职务、投资入股，或者在上述企业或者机构从事、代理与原任职企业经营业务相关的经营活动；

（八）其他可能侵害公共利益、企业利益的行为。

第七条 国有企业领导人员应当勤俭节约，依据有关规定进行职务消费。不得有下列行为：

（一）超出报履行国有资产出资人职责的机构备案的预算进行职务消费；

（二）将履行工作职责以外的费用列入职务消费；

（三）在特定关系人经营的场所进行职务消费；

（四）不按照规定公开职务消费情况；

（五）用公款旅游或者变相旅游；

（六）在企业发生非政策性亏损或者拖欠职工工资期间，购买或者更换小汽车、公务包机、装修办公室、添置高档办公设备等；

（七）使用信用卡、签单等形式进行职务消费，不提供原始凭证和相应的情况说明；

（八）其他违反规定的职务消费以及奢侈浪费行为。

第八条 国有企业领导人员应当加强作风建设，注重自身修养，增强社会责任意识，树立良好的公众形象。不得有下列行为：

（一）弄虚作假，骗取荣誉、职务、职称、待遇或者其他利益；

（二）大办婚丧喜庆事宜，造成不良影响，或者借机敛财；

（三）默许、纵容配偶、子女和身边工作人员利用本人的职权和地位从事可能造成不良影响的活动；

（四）用公款支付与公务无关的娱乐活动费用；

（五）在有正常办公和居住场所的情况下用公款长期包租宾馆；

（六）漠视职工正当要求，侵害职工合法权益；

（七）从事有悖社会公德的活动。

第三章　实施与监督

第九条 国有企业应当依据本规定制定规章制度或者将本规定

的要求纳入公司章程，建立健全监督制约机制，保证本规定的贯彻执行。

国有企业党委（党组）书记、董事长、总经理为本企业实施本规定的主要责任人。

第十条　国有企业领导人员应当将贯彻落实本规定的情况作为民主生活会对照检查、年度述职述廉和职工代表大会民主评议的重要内容，接受监督和民主评议。

第十一条　国有企业应当明确决策原则和程序，在规定期限内将生产经营的重大决策、重要人事任免、重大项目安排及大额度资金运作事项的决策情况报告履行国有资产出资人职责的机构，将涉及职工切身利益的事项向职工代表大会报告。

需经职工代表大会讨论通过的事项，应当经职工代表大会讨论通过后实施。

第十二条　国有企业应当完善以职工代表大会为基本形式的企业民主管理制度，实行厂务公开制度，并报履行国有资产出资人职责的机构备案。

第十三条　国有企业应当按照有关规定建立健全职务消费制度，报履行国有资产出资人职责的机构备案，并将职务消费情况作为厂务公开的内容向职工公开。

第十四条　国有企业领导人员应当按年度向履行国有资产出资人职责的机构报告兼职、投资入股、国（境）外存款和购置不动产情况，配偶、子女从业和出国（境）定居及有关情况，以及本人认为应当报告的其他事项，并以适当方式在一定范围内公开。

第十五条　国有企业应当结合本规定建立领导人员从业承诺制度，规范领导人员从业行为以及离职和退休后的相关行为。

第十六条　履行国有资产出资人职责的机构和人事主管部门应

当结合实际，完善国有企业领导人员的薪酬管理制度，规范和完善激励和约束机制。

第十七条 纪检监察机关、组织人事部门和履行国有资产出资人职责的机构，应当对国有企业领导人员进行经常性的教育和监督。

第十八条 履行国有资产出资人职责的机构和审计部门应当依法开展各项审计监督，严格执行国有企业领导人员任期和离任经济责任审计制度，建立健全纪检监察和审计监督工作的协调运行机制。

第十九条 各级纪检监察机关、组织人事部门和履行国有资产出资人职责机构的纪检监察机构，应当对所管辖的国有企业领导人员执行本规定的情况进行监督检查。

国有企业的纪检监察机构应当结合年度考核，每年对所管辖的国有企业领导人员执行本规定的情况进行监督检查，并作出评估，向企业党组织和上级纪检监察机构报告。

对违反本规定行为的检举和控告，有关机构应当及时受理，并作出处理决定或者提出处理建议。

对违反本规定行为的检举和控告符合函询条件的，应当按规定进行函询。

对检举、控告违反本规定行为的职工进行打击报复的，应当追究相关责任人的责任。

第二十条 各级组织人事部门和履行国有资产出资人职责的机构，应当将廉洁从业情况作为对国有企业领导人员考察、考核的重要内容和任免的重要依据。

第二十一条 国有企业的监事会应当依照有关规定加强对国有企业领导人员廉洁从业情况的监督。

按照本规定第十一条至第十四条向履行国有资产出资人职责的机构报告、备案的事项，应当同时抄报本企业监事会。

第四章　违反规定行为的处理

第二十二条　国有企业领导人员违反本规定第二章所列行为规范的，视情节轻重，由有关机构按照管理权限分别给予警示谈话、调离岗位、降职、免职处理。

应当追究纪律责任的，除适用前款规定外，视情节轻重，依照国家有关法律法规给予相应的处分。

对于其中的共产党员，视情节轻重，依照《中国共产党纪律处分条例》给予相应的党纪处分。

涉嫌犯罪的，依法移送司法机关处理。

第二十三条　国有企业领导人员受到警示谈话、调离岗位、降职、免职处理的，应当减发或者全部扣发当年的绩效薪金、奖金。

第二十四条　国有企业领导人员违反本规定获取的不正当经济利益，应当责令清退；给国有企业造成经济损失的，应当依据国家或者企业的有关规定承担经济赔偿责任。

第二十五条　国有企业领导人员违反本规定受到降职处理的，两年内不得担任与其原任职务相当或者高于其原任职务的职务。

受到免职处理的，两年内不得担任国有企业的领导职务；因违反国家法律，造成国有资产重大损失被免职的，五年内不得担任国有企业的领导职务。

构成犯罪被判处刑罚的，终身不得担任国有企业的领导职务。

第五章　附　　则

第二十六条　国有企业领导班子成员以外的对国有资产负有经

营管理责任的其他人员、国有企业所属事业单位的领导人员参照本规定执行。

国有参股企业（含国有参股金融企业）中对国有资产负有经营管理责任的人员参照本规定执行。

第二十七条 本规定所称履行国有资产出资人职责的机构，包括作为国有资产出资人代表的各级国有资产监督管理机构、尚未实行政资分开代行出资人职责的政府主管部门和其他机构以及授权经营的母公司。

本规定所称特定关系人，是指与国有企业领导人员有近亲属以及其他共同利益关系的人。

第二十八条 国务院国资委，各省、自治区、直辖市，可以根据本规定制定实施办法，并报中央纪委国家监委备案。

中国银保监会、中国证监会，中央管理的国有独资金融企业和国有控股金融企业，可以结合金融行业的实际，制定本规定的补充规定，并报中央纪委国家监委备案。

第二十九条 本规定由中央纪委国家监委商中央组织部解释。

第三十条 本规定自发布之日起施行。2004 年发布的《国有企业领导人员廉洁从业若干规定（试行）》同时废止。

现行的其他有关规定，凡与本规定不一致的，依照本规定执行。

中央企业贯彻落实《国有企业领导人员廉洁从业若干规定》实施办法

（2011 年 10 月 14 日　国资党委纪检〔2011〕197 号）

第一章　总　　则

第一条　为贯彻落实《国有企业领导人员廉洁从业若干规定》（以下简称《若干规定》），根据有关法律法规，结合中央企业实际，制定本办法。

第二条　本办法适用于：

（一）中央企业及其独资或者控股子企业的领导班子成员；

（二）中央企业及其独资或者控股子企业的分支机构领导班子成员。

上述所列人员统称为中央企业各级领导人员。

第二章　廉洁从业行为规范

第三条　中央企业各级领导人员决定或办理关系出资人权益的重大事项，应当遵守法律法规、规章、国家有关政策、国有资产监管的有关规定及本企业章程规定，按照《若干规定》要求，严格执行"三重一大"决策制度。不得有滥用职权、损害国有资产权益的下列行为：

（一）违规办理企业改制、兼并、重组、破产、清产核资、资产评估、产权交易等事项；

（二）违规进行投资；

（三）违规使用银行信贷资金；

（四）违规融资、担保、拆借资金、委托理财、金融衍生品交易、为他人代开信用证、购销商品和服务、招标投标等；

（五）未经批准或者经批准后未办理保全国有资产的法律手续，以个人或者其他名义用企业资产在国（境）外注册公司、购买金融产品、购置不动产或者进行其他经营活动。

第四条 中央企业各级领导人员应当忠实履行职责。不得有利用职权谋取私利以及损害本企业利益的下列行为：

（一）利用职权收受财物或者获取其他非法收入和不当利益；

（二）在职或者离职后接受、索取本企业的关联企业、与本企业有业务关系的企业，以及管理和服务对象提供的物质性利益；

（三）从事同类经营和其他营利性经营活动，违反规定投资入股；

（四）侵犯本企业知识产权，泄露或非法使用本企业商业秘密。

第五条 中央企业各级领导人员应当正确行使经营管理权。不得有下列行为：

（一）默许、纵容、授意配偶、子女及其配偶、其他亲属以及身边工作人员以本人名义或利用本人影响谋取私利；

（二）为配偶、子女及其配偶以及其他特定关系人经商、办企业提供便利条件，或者领导人员之间利用职权相互为对方配偶、子女及其配偶以及其他特定关系人经商、办企业提供便利条件；

（三）违规办理向本人、特定关系人所有或实际控制的企业转让国有资产事项；

（四）利用职务之便，为他人谋取利益，其配偶、子女及其他特定关系人收受对方财物。

第六条 中央企业各级领导人员决定重要人事任免事项，应当坚持集体决策原则，严格执行党中央、国务院及国资委有关选拔任用干部的规定。不得有下列行为：

（一）违反规定程序推荐、考察、酝酿、讨论决定任免干部；

（二）私自泄露民主推荐、民主测评、考察、酝酿、讨论决定干部等有关情况；

（三）利用职务便利私自干预下级或者原任职单位干部选拔任用工作；

（四）违反规定突击提拔、调整干部；

（五）其他违反干部选拔任用规定的行为。

第七条　中央企业各级领导人员兼职应当执行审批程序。兼职应按照干部管理权限，经主管部门、上级企业批准。未经批准，不得在本企业所出资企业或者其他企业、事业单位、社会团体、中介机构兼职。

中央企业各级领导人员经批准兼职的，不得擅自领取薪酬及其他收入。

第八条　中央企业各级领导人员应当严格执行国资委和本企业的薪酬管理规定，严格履行薪酬管理的批准、备案程序。不得有下列行为：

（一）自定薪酬、奖励、津贴、补贴和其他福利性货币收入等，超出出资人或董事会核定的薪酬项目和标准发放薪酬、支付福利保障待遇；

（二）除国家另有规定或经出资人或董事会同意外，领取年度薪酬方案所列收入以外的其他货币性收入；

（三）擅自分配各级地方政府或有关部门给予中央企业的各种奖励。

第九条　中央企业各级领导人员应按照国资委和本企业关于职

务消费管理的规定，严格执行公务用车、通信、业务招待、差旅、出国（境）外考察、培训等制度，不得超标准职务消费，不得以职务消费的名义支付或者报销应当由个人负担的费用。

第十条 中央企业各级领导人员应当严格遵守财经纪律。不得有下列行为：

（一）授意、指使、强令财务人员进行违反国家财经纪律、企业财务制度的活动；

（二）违规借用公款、公物或者将公款、公物借与他人；

（三）将账内资产（资金）违规转移到账外，设立"小金库"。

第三章　实施与监督

第十一条 中央企业各级党委（党组）书记、董事长、总经理为本企业实施《若干规定》和本办法的主要责任人。纪检监察机构负责协调组织人事部门以及相关业务部门，组织实施《若干规定》和本办法。

中央企业应当将贯彻执行《若干规定》和本办法的情况，作为企业民主生活会、领导人员述职述廉、巡视工作和职工代表大会民主评议的重要内容。

中央企业各级纪检监察机构、组织人事部门，负责对所管辖的领导人员执行《若干规定》和本办法的情况进行监督检查。

第十二条 中央企业应将本企业制订的"三重一大"实施办法报国资委批准后实施。

第十三条 中央企业应当建立健全职工代表大会制度，认真落实职工代表大会各项职权，大力推进厂务公开。关系职工切身利益的重大事项，应经过职工代表大会审议，由职工代表大会投票表决，形成决议。

第十四条 中央企业应当建立健全薪酬管理、职务消费制度，报国资委备案。

第十五条 中央企业应当建立健全兼职制度，纠正违规兼职和违规兼职取酬行为。未经批准兼职取酬的，兼职所得应当上交本企业。

第十六条 中央企业各级领导人员作为国有股东权益代表，参加其控股子企业、参股子企业召开的股东会、股东大会等会议，应当按照委派机构的指示提出议案、发表意见、行使权利，并将其履行职责的情况和结果及时报告委派机构。

第十七条 中央企业各级领导人员应当遵守《关于领导干部报告个人有关事项的规定》和《关于对配偶子女均已移居国（境）外的国家工作人员加强管理的暂行规定》和国资委的相关规定，按照干部管理权限，按年度向中央、国资委或企业组织人事部门报告个人有关事项。

第十八条 中央企业应当将廉洁从业情况作为对领导人员考察、考核的重要内容和任免的重要依据。

第四章 责任追究

第十九条 中央企业各级领导人员违反《若干规定》第二章和本办法第二章所列行为规范的，由有关部门和机构按照干部管理权限，视情节轻重，分别给予警示谈话、调离岗位、降职、免职处理。

应当追究纪律责任的，除适用前款规定外，视情节轻重，依照国家有关法律法规给予相应的处分。

对于其中的共产党员，视情节轻重，依照《中国共产党纪律处分条例》给予相应的党纪处分。

涉嫌犯罪的，依法移送司法机关处理。

以上处理方式，可以单独使用，也可以合并使用。

第二十条 中央企业各级领导人员违反《若干规定》和本办法所列廉洁从业行为规范的，按照干部管理权限，由主管部门研究认定。对构成违纪、应当追究责任的，由纪检监察机构调查处理。

第二十一条 中央企业各级领导人员受到警示谈话、调离岗位、降职、免职处理的，根据有关规定，应当减发或者全部扣发当年的绩效薪金或奖金。

第二十二条 中央企业各级领导人员直接管辖范围内发生违反《若干规定》和本办法所列行为规范的，应当依据党风廉政建设责任制的规定追究其责任。

第二十三条 中央企业各级领导人员违规自定薪酬、奖励、津贴、补贴和其他福利性货币收入等的，除依照本办法第十九条的规定进行处理外，还应当责令清退违规获取的薪酬及其他各类货币性收入，停止其违规享受的福利保障待遇。

第二十四条 中央企业各级领导人员违规兼职的，除依照本办法第十九条的规定进行处理外，还应当责令其辞去本职或者兼任的职务。

第二十五条 中央企业各级领导人员违规进行职务消费的，除依照本办法第十九条的规定进行处理外，还应当责令其清退超标准、超范围部分的费用。

第二十六条 中央企业各级领导人员决定或办理关系职工切身利益的重大事项，应当听取企业工会、职代会意见而没有听取的，应当依照本办法第十九条的规定处理。

第二十七条 中央企业各级领导人员违反《若干规定》和本办法获取的不正当经济利益，应当责令清退。

第二十八条　中央企业各级领导人员违反《若干规定》和本办法造成企业资产损失的，除依照本办法第十九条的规定进行处理外，还应当根据《中央企业资产损失责任追究暂行办法》和企业有关规定等进行责任追究，承担经济赔偿责任。

第二十九条　中央企业各级领导人员违反《若干规定》和本办法所列廉洁行为规范的，实行禁入限制。

（一）受到降职处理的，两年内不得担任与其原任职务相当或者高于其原任职务的职务；

（二）受到免职处理的，两年内不得担任中央企业领导职务；违反国家法律，造成国有资产重大损失被免职的，或对企业国有资产损失负有责任受到撤职以上纪律处分的，五年内不得担任中央企业领导职务。

（三）造成国有资产特别重大损失，或者因贪污、贿赂、侵占财产、挪用财产或者破坏社会主义市场经济秩序被判处刑罚的，终身不得担任中央企业领导职务。

第五章　附　　则

第三十条　中央企业及其独资或者控股子企业任命的中高层管理人员、重要岗位人员；中央企业及其独资或者控股子企业派出的在参股企业中担任领导职务的人员；中央企业所属事业单位领导班子成员参照本办法执行。

第三十一条　本办法下列用语的含义：

（一）关系出资人权益的重大事项，是指企业合并、分立、改制、上市，增加或减少注册资本，发行债券，进行重大投资，为他人提供大额担保，转让重大财产，进行大额捐赠，分配利润，解散、申请破产以及其他重大事项。

（二）重要人事任免事项，是指企业直接管理的领导人员以及其他经营管理人员的职务调整事项。主要包括企业中层以上经营管理人员和所属企业、单位领导班子成员的任免、聘用、解除聘用和后备人选的确定，向控股和参股企业委派股东代表，推荐董事会、监事会成员和经理、财务负责人，以及其他重要人事任免事项。

（三）中央企业各级领导人员兼职所得包括基本年薪（或基本工资）、绩效薪金（或奖金）、中长期激励、董事报酬、监事报酬、交通费、各项津贴和补贴、福利费等任何形式的收入和福利。

（四）关系职工切身利益的重大事项，是指企业改制中的职工安置方案，工资奖金分配与福利，职工社会保障基金缴纳，职工奖惩办法，经企业和工会协商提出的集体合同草案、企业年金方案、住房制度改革方案及其他重大事项。

第三十二条 本办法中未列举的廉洁从业行为规范以及实施和监督的条款，依照《若干规定》执行。

第三十三条 中央企业可以根据《若干规定》和本办法制定具体规定，并报国资委备案。

第三十四条 本办法由国资委党委解释。

第三十五条 本办法自公布之日起施行。

关于实行党风廉政建设责任制的规定

(中共中央、国务院 2010 年 11 月 10 日印发)

第一章 总 则

第一条 为了加强党风廉政建设，明确领导班子、领导干部在党风廉政建设中的责任，推动科学发展，促进社会和谐，提高党的执政能力，保持和发展党的先进性，根据《中华人民共和国宪法》和《中国共产党章程》，制定本规定。

第二条 本规定适用于各级党的机关、人大机关、行政机关、政协机关、审判机关、检察机关的领导班子、领导干部。

人民团体、国有和国有控股企业（含国有和国有控股金融企业）、事业单位的领导班子、领导干部参照执行本规定。

第三条 实行党风廉政建设责任制，要以邓小平理论和"三个代表"重要思想为指导，深入贯彻落实科学发展观，坚持党要管党、从严治党，坚持标本兼治、综合治理、惩防并举、注重预防，扎实推进惩治和预防腐败体系建设，保证党中央、国务院关于党风廉政建设的决策和部署的贯彻落实。

第四条 实行党风廉政建设责任制，要坚持党委统一领导，党政齐抓共管，纪委组织协调，部门各负其责，依靠群众的支持和参与。要把党风廉政建设作为党的建设和政权建设的重要内容，纳入领导班子、领导干部目标管理，与经济建设、政治建设、文化建设、社会建设以及生态文明建设和业务工作紧密结合，一起部署，一起落实，一起检查，一起考核。

第五条 实行党风廉政建设责任制，要坚持集体领导与个人分工负责相结合，谁主管、谁负责，一级抓一级、层层抓落实。

第二章　责任内容

第六条　领导班子对职责范围内的党风廉政建设负全面领导责任。

领导班子主要负责人是职责范围内的党风廉政建设第一责任人，应当重要工作亲自部署、重大问题亲自过问、重点环节亲自协调、重要案件亲自督办。

领导班子其他成员根据工作分工，对职责范围内的党风廉政建设负主要领导责任。

第七条　领导班子、领导干部在党风廉政建设中承担以下领导责任：

（一）贯彻落实党中央、国务院以及上级党委（党组）、政府和纪检监察机关关于党风廉政建设的部署和要求，结合实际研究制定党风廉政建设工作计划、目标要求和具体措施，每年召开专题研究党风廉政建设的党委常委会议（党组会议）和政府廉政建设工作会议，对党风廉政建设工作任务进行责任分解，明确领导班子、领导干部在党风廉政建设中的职责和任务分工，并按照计划推动落实；

（二）开展党性党风党纪和廉洁从政教育，组织党员、干部学习党风廉政建设理论和法规制度，加强廉政文化建设；

（三）贯彻落实党风廉政法规制度，推进制度创新，深化体制机制改革，从源头上预防和治理腐败；

（四）强化权力制约和监督，建立健全决策权、执行权、监督权既相互制约又相互协调的权力结构和运行机制，推进权力运行程序化和公开透明；

（五）监督检查本地区、本部门、本系统的党风廉政建设情况和下级领导班子、领导干部廉洁从政情况；

（六）严格按照规定选拔任用干部，防止和纠正选人用人上的不正之风；

（七）加强作风建设，纠正损害群众利益的不正之风，切实解决党风政风方面存在的突出问题；

（八）领导、组织并支持执纪执法机关依纪依法履行职责，及时听取工作汇报，切实解决重大问题。

第三章　检查考核与监督

第八条　党委（党组）应当建立党风廉政建设责任制的检查考核制度，建立健全检查考核机制，制定检查考核的评价标准、指标体系，明确检查考核的内容、方法、程序。

第九条　党委（党组）应当建立健全党风廉政建设责任制领导小组，负责对下一级领导班子、领导干部党风廉政建设责任制执行情况的检查考核。

第十条　检查考核工作每年进行一次。检查考核可以与领导班子、领导干部工作目标考核、年度考核、惩治和预防腐败体系建设检查工作等结合进行，也可以组织专门检查考核。

检查考核情况应当及时向同级党委（党组）报告。

第十一条　党委（党组）应当将检查考核情况在适当范围内通报。对检查考核中发现的问题，要及时研究解决，督促整改落实。

第十二条　党委（党组）应当建立和完善检查考核结果运用制度。检查考核结果作为对领导班子总体评价和领导干部业绩评定、奖励惩处、选拔任用的重要依据。

第十三条　纪检监察机关（机构）、组织人事部门协助同级党委（党组）开展对党风廉政建设责任制执行情况的检查考核，或者根据职责开展检查工作。

第十四条　党委常委会应当将执行党风廉政建设责任制的情况，作为向同级党的委员会全体会议报告工作的一项重要内容。

第十五条　领导干部执行党风廉政建设责任制的情况，应当列为民主生活会和述职述廉的重要内容，并在本单位、本部门进行评议。

第十六条　党委（党组）应当将贯彻落实党风廉政建设责任制的情况，每年专题报告上一级党委（党组）和纪委。

第十七条　中央和省、自治区、直辖市党委巡视组应当依照巡视工作的有关规定，加强对有关党组织领导班子及其成员执行党风廉政建设责任制情况的巡视监督。

第十八条　党委（党组）应当结合本地区、本部门、本系统实际，建立走访座谈、社会问卷调查等党风廉政建设社会评价机制，动员和组织党员、群众有序参与，广泛接受监督。

第四章　责任追究

第十九条　领导班子、领导干部违反或者未能正确履行本规定第七条规定的职责，有下列情形之一的，应当追究责任：

（一）对党风廉政建设工作领导不力，以致职责范围内明令禁止的不正之风得不到有效治理，造成不良影响的；

（二）对上级领导机关交办的党风廉政建设责任范围内的事项不传达贯彻、不安排部署、不督促落实，或者拒不办理的；

（三）对本地区、本部门、本系统发现的严重违纪违法行为隐瞒不报、压案不查的；

（四）疏于监督管理，致使领导班子成员或者直接管辖的下属发生严重违纪违法问题的；

（五）违反规定选拔任用干部，或者用人失察、失误造成恶劣影响的；

（六）放任、包庇、纵容下属人员违反财政、金融、税务、审计、统计等法律法规，弄虚作假的；

（七）有其他违反党风廉政建设责任制行为的。

第二十条　领导班子有本规定第十九条所列情形，情节较轻的，责令作出书面检查；情节较重的，给予通报批评；情节严重的，进行调整处理。

第二十一条　领导干部有本规定第十九条所列情形，情节较轻的，给予批评教育、诫勉谈话、责令作出书面检查；情节较重的，给予通报批评；情节严重的，给予党纪处分、政务处分，或者给予调整职务、责令辞职、免职和降职等组织处理。涉嫌犯罪的，移送司法机关依法处理。

以上责任追究方式可以单独使用，也可以合并使用。

第二十二条　领导班子、领导干部具有本规定第十九条所列情形，并具有下列情节之一的，应当从重追究责任：

（一）对职责范围内发生的问题进行掩盖、袒护的；

（二）干扰、阻碍责任追究调查处理的。

第二十三条　领导班子、领导干部具有本规定第十九条所列情形，并具有下列情节之一的，可以从轻或者减轻追究责任：

（一）对职责范围内发生的问题及时如实报告并主动查处和纠正，有效避免损失或者挽回影响的；

（二）认真整改，成效明显的。

第二十四条　领导班子、领导干部违反本规定，需要查明事实、追究责任的，由有关机关或者部门按照职责和权限调查处理。

其中需要追究党纪责任、给予政务处分的，由纪检监察机关按照有关规定程序办理；需要给予组织处理的，由组织人事部门或者由负责调查的纪检监察机关会同组织人事部门，按照有关权限和程序办理。

第二十五条　实施责任追究，要实事求是，分清集体责任和个人责任、主要领导责任和重要领导责任。

追究集体责任时，领导班子主要负责人和直接主管的领导班子成员承担主要领导责任，参与决策的班子其他成员承担重要领导责任。对错误决策提出明确反对意见而没有被采纳的，不承担领导责任。

错误决策由领导干部个人决定或者批准的，追究该领导干部个人的责任。

第二十六条　实施责任追究不因领导干部工作岗位或者职务的变动而免予追究。已退休但按照本规定应当追究责任的，仍须进行相应的责任追究。

第二十七条　受到责任追究的领导班子、领导干部，取消当年年度考核评优和评选各类先进的资格。

单独受到责令辞职、免职处理的领导干部，一年内不得重新担任与其原任职务相当的领导职务；受到降职处理的，两年内不得提升职务。同时受到党纪处分、政务处分和组织处理的，按影响期较长的执行。

第二十八条　各级纪检监察机关应当加强对下级党委（党组）、政府实施责任追究情况的监督检查，发现有应当追究而未追究或者责任追究处理决定不落实等问题的，应当及时督促下级党委（党组）、政府予以纠正。

第五章　附　　则

第二十九条　各省、自治区、直辖市，中央和国家机关各部委可以根据本规定制定实施办法。

第三十条　中央军委可以根据本规定，结合中国人民解放军和中国人民武装警察部队的实际情况，制定具体规定。

第三十一条　本规定由中央纪委国家监委负责解释。

第三十二条　本规定自发布之日起施行。1998 年 11 月发布的《关于实行党风廉政建设责任制的规定》同时废止。

党政主要领导干部和国有企事业单位
主要领导人员经济责任审计规定

(2019 年 5 月 23 日中共中央政治局常委会会议审议批
准 2019 年 7 月 7 日中共中央办公厅、国务院办公厅发布)

第一章 总 则

第一条 为了坚持和加强党对审计工作的集中统一领导，强化对党政主要领导干部和国有企事业单位主要领导人员（以下统称领导干部）的管理监督，促进领导干部履职尽责、担当作为，确保党中央令行禁止，根据《中华人民共和国审计法》和有关党内法规，制定本规定。

第二条 经济责任审计工作以马克思列宁主义、毛泽东思想、邓小平理论、"三个代表"重要思想、科学发展观、习近平新时代中国特色社会主义思想为指导，增强"四个意识"、坚定"四个自信"、做到"两个维护"，认真落实党中央、国务院决策部署，紧紧围绕统筹推进"五位一体"总体布局和协调推进"四个全面"战略布局，贯彻新发展理念，聚焦经济责任，客观评价，揭示问题，促进经济高质量发展，促进全面深化改革，促进权力规范运行，促进反腐倡廉，推进国家治理体系和治理能力现代化。

第三条 本规定所称经济责任，是指领导干部在任职期间，对其管辖范围内贯彻执行党和国家经济方针政策、决策部署，推动经济和社会事业发展，管理公共资金、国有资产、国有资源，防控重大经济风险等有关经济活动应当履行的职责。

第四条　领导干部经济责任审计对象包括：

（一）地方各级党委、政府、纪检监察机关、法院、检察院的正职领导干部或者主持工作 1 年以上的副职领导干部；

（二）中央和地方各级党政工作部门、事业单位和人民团体等单位的正职领导干部或者主持工作 1 年以上的副职领导干部；

（三）国有和国有资本占控股地位或者主导地位的企业（含金融机构，以下统称国有企业）的法定代表人或者不担任法定代表人但实际行使相应职权的主要领导人员；

（四）上级领导干部兼任下级单位正职领导职务且不实际履行经济责任时，实际分管日常工作的副职领导干部；

（五）党中央和县级以上地方党委要求进行经济责任审计的其他主要领导干部。

第五条　领导干部履行经济责任的情况，应当依规依法接受审计监督。

经济责任审计可以在领导干部任职期间进行，也可以在领导干部离任后进行，以任职期间审计为主。

第六条　领导干部的经济责任审计按照干部管理权限确定。遇有干部管理权限与财政财务隶属关系等不一致时，由对领导干部具有干部管理权限的部门与同级审计机关共同确定实施审计的审计机关。

审计署审计长的经济责任审计，按照中央审计委员会的决定组织实施。地方审计机关主要领导干部的经济责任审计，由地方党委与上一级审计机关协商后，由上一级审计机关组织实施。

第七条　审计委员会办公室、审计机关依规依法独立实施经济责任审计，任何组织和个人不得拒绝、阻碍、干涉，不得打击报复审计人员。

对有意设置障碍、推诿拖延的，应当进行批评和通报；造成恶劣影响的，应当严肃问责追责。

第八条 审计委员会办公室、审计机关和审计人员对经济责任审计工作中知悉的国家秘密、商业秘密和个人隐私，负有保密义务。

第九条 各级党委和政府应当保证履行经济责任审计职责所必需的机构、人员和经费。

第二章 组织协调

第十条 各级党委和政府应当加强对经济责任审计工作的领导，建立健全经济责任审计工作联席会议（以下简称联席会议）制度。联席会议由纪检监察机关和组织、机构编制、审计、财政、人力资源社会保障、国有资产监督管理、金融监督管理等部门组成，召集人由审计委员会办公室主任担任。联席会议在同级审计委员会的领导下开展工作。

联席会议下设办公室，与同级审计机关内设的经济责任审计机构合署办公。办公室主任由同级审计机关的副职领导或者相当职务层次领导担任。

第十一条 联席会议主要负责研究拟订有关经济责任审计的制度文件，监督检查经济责任审计工作情况，协调解决经济责任审计工作中出现的问题，推进经济责任审计结果运用，指导下级联席会议的工作，指导和监督部门、单位内部管理领导干部经济责任审计工作，完成审计委员会交办的其他工作。

联席会议办公室负责联席会议的日常工作。

第十二条 经济责任审计应当有计划地进行，根据干部管理监督需要和审计资源等实际情况，对审计对象实行分类管理，科学制定经济责任审计中长期规划和年度审计项目计划，推进领导干部履行经济责任情况审计全覆盖。

第十三条 年度经济责任审计项目计划按照下列程序制定：

（一）审计委员会办公室商同级组织部门提出审计计划安排，组织部门提出领导干部年度审计建议名单；

（二）审计委员会办公室征求同级纪检监察机关等有关单位意见后，纳入审计机关年度审计项目计划；

（三）审计委员会办公室提交同级审计委员会审议决定。

对属于有关主管部门管理的领导干部进行审计的，审计委员会办公室商有关主管部门提出年度审计建议名单，纳入审计机关年度审计项目计划，提交审计委员会审议决定。

第十四条 年度经济责任审计项目计划一经确定不得随意变更。确需调减或者追加的，应当按照原制定程序，报审计委员会批准后实施。

第十五条 被审计领导干部遇有被有关部门采取强制措施、纪律审查、监察调查或者死亡等特殊情况，以及存在其他不宜继续进行经济责任审计情形的，审计委员会办公室商同级纪检监察机关、组织部门等有关单位提出意见，报审计委员会批准后终止审计。

第三章　审计内容

第十六条 经济责任审计应当以领导干部任职期间公共资金、国有资产、国有资源的管理、分配和使用为基础，以领导干部权力运行和责任落实情况为重点，充分考虑领导干部管理监督需要、履职特点和审计资源等因素，依规依法确定审计内容。

第十七条 地方各级党委和政府主要领导干部经济责任审计的内容包括：

（一）贯彻执行党和国家经济方针政策、决策部署情况；

（二）本地区经济社会发展规划和政策措施的制定、执行和效果情况；

（三）重大经济事项的决策、执行和效果情况；

（四）财政财务管理和经济风险防范情况，民生保障和改善情况，生态文明建设项目、资金等管理使用和效益情况，以及在预算管理中执行机构编制管理规定情况；

（五）在经济活动中落实有关党风廉政建设责任和遵守廉洁从政规定情况；

（六）以往审计发现问题的整改情况；

（七）其他需要审计的内容。

第十八条 党政工作部门、纪检监察机关、法院、检察院、事业单位和人民团体等单位主要领导干部经济责任审计的内容包括：

（一）贯彻执行党和国家经济方针政策、决策部署情况；

（二）本部门本单位重要发展规划和政策措施的制定、执行和效果情况；

（三）重大经济事项的决策、执行和效果情况；

（四）财政财务管理和经济风险防范情况，生态文明建设项目、资金等管理使用和效益情况，以及在预算管理中执行机构编制管理规定情况；

（五）在经济活动中落实有关党风廉政建设责任和遵守廉洁从政规定情况；

（六）以往审计发现问题的整改情况；

（七）其他需要审计的内容。

第十九条 国有企业主要领导人员经济责任审计的内容包括：

（一）贯彻执行党和国家经济方针政策、决策部署情况；

（二）企业发展战略规划的制定、执行和效果情况；

（三）重大经济事项的决策、执行和效果情况；

（四）企业法人治理结构的建立、健全和运行情况，内部控制制度的制定和执行情况；

（五）企业财务的真实合法效益情况，风险管控情况，境外资产管理情况，生态环境保护情况；

（六）在经济活动中落实有关党风廉政建设责任和遵守廉洁从业规定情况；

（七）以往审计发现问题的整改情况；

（八）其他需要审计的内容。

第二十条　有关部门和单位、地方党委和政府的主要领导干部由上级领导干部兼任，且实际履行经济责任的，对其进行经济责任审计时，审计内容仅限于该领导干部所兼任职务应当履行的经济责任。

第四章　审计实施

第二十一条　审计委员会办公室、审计机关应当根据年度经济责任审计项目计划，组成审计组并实施审计。

第二十二条　对同一地方党委和政府主要领导干部，以及同一部门、单位2名以上主要领导干部的经济责任审计，可以同步组织实施，分别认定责任。

第二十三条　审计委员会办公室、审计机关应当按照规定，向被审计领导干部及其所在单位或者原任职单位（以下统称所在单位）送达审计通知书，抄送同级纪检监察机关、组织部门等有关单位。

地方审计机关主要领导干部的经济责任审计通知书，由上一级审计机关送达。

第二十四条 实施经济责任审计时，应当召开由审计组主要成员、被审计领导干部及其所在单位有关人员参加的会议，安排审计工作有关事项。联席会议有关成员单位根据工作需要可以派人参加。

审计组应当在被审计单位公示审计项目名称、审计纪律要求和举报电话等内容。

第二十五条 经济责任审计过程中，应当听取被审计领导干部所在单位领导班子成员的意见。

对地方党委和政府主要领导干部的审计，还应当听取同级人大常委会、政协主要负责同志的意见。

审计委员会办公室、审计机关应当听取联席会议有关成员单位的意见，及时了解与被审计领导干部履行经济责任有关的考察考核、群众反映、巡视巡察反馈、组织约谈、函询调查、案件查处结果等情况。

第二十六条 被审计领导干部及其所在单位，以及其他有关单位应当及时、准确、完整地提供与被审计领导干部履行经济责任有关的下列资料：

（一）被审计领导干部经济责任履行情况报告；

（二）工作计划、工作总结、工作报告、会议记录、会议纪要、决议决定、请示、批示、目标责任书、经济合同、考核检查结果、业务档案、机构编制、规章制度、以往审计发现问题整改情况等资料；

（三）财政收支、财务收支相关资料；

（四）与履行职责相关的电子数据和必要的技术文档；

（五）审计所需的其他资料。

第二十七条　被审计领导干部及其所在单位应当对所提供资料的真实性、完整性负责，并作出书面承诺。

第二十八条　经济责任审计应当加强与领导干部自然资源资产离任审计等其他审计的统筹协调，科学配置审计资源，创新审计组织管理，推动大数据等新技术应用，建立健全审计工作信息和结果共享机制，提高审计监督整体效能。

第二十九条　经济责任审计过程中，可以依规依法提请有关部门、单位予以协助。有关部门、单位应当予以支持，并及时提供有关资料和信息。

第三十条　审计组实施审计后，应当向派出审计组的审计委员会办公室、审计机关提交审计报告。

审计报告一般包括被审计领导干部任职期间履行经济责任情况的总体评价、主要业绩、审计发现的主要问题和责任认定、审计建议等内容。

第三十一条　审计委员会办公室、审计机关应当书面征求被审计领导干部及其所在单位对审计组审计报告的意见。

第三十二条　被审计领导干部及其所在单位应当自收到审计组审计报告之日起 10 个工作日内提出书面意见；10 个工作日内未提出书面意见的，视同无异议。

审计组应当针对被审计领导干部及其所在单位提出的书面意见，进一步研究和核实，对审计报告作出必要的修改，连同被审计领导干部及其所在单位的书面意见一并报送审计委员会办公室、审计机关。

第三十三条　审计委员会办公室、审计机关按照规定程序对审计组审计报告进行审定，出具经济责任审计报告；同时出具经济责任审计结果报告，在经济责任审计报告的基础上，简要反映审结果。

经济责任审计报告和经济责任审计结果报告应当事实清楚、评价客观、责任明确、用词恰当、文字精炼、通俗易懂。

第三十四条 经济责任审计报告、经济责任审计结果报告等审计结论性文书按照规定程序报同级审计委员会，按照干部管理权限送组织部门。根据工作需要，送纪检监察机关等联席会议其他成员单位、有关主管部门。

地方审计机关主要领导干部的经济责任审计结论性文书，由上一级审计机关送有关组织部门。根据工作需要，送有关纪检监察机关。

经济责任审计报告应当送达被审计领导干部及其所在单位。

第三十五条 经济责任审计中发现的重大问题线索，由审计委员会办公室按照规定向审计委员会报告。

应当由纪检监察机关或者有关主管部门处理的问题线索，由审计机关依规依纪依法移送处理。

被审计领导干部所在单位存在的违反国家规定的财政收支、财务收支行为，依法应当给予处理处罚的，由审计机关在法定职权范围内作出审计决定。

第三十六条 经济责任审计项目结束后，审计委员会办公室、审计机关应当组织召开会议，向被审计领导干部及其所在单位领导班子成员等有关人员反馈审计结果和相关情况。联席会议有关成员单位根据工作需要可以派人参加。

第三十七条 被审计领导干部对审计委员会办公室、审计机关出具的经济责任审计报告有异议的，可以自收到审计报告之日起30日内向同级审计委员会办公室申诉。审计委员会办公室应当组成复查工作小组，并要求原审计组人员等回避，自收到申诉之日起90

日内提出复查意见，报审计委员会批准后作出复查决定。复查决定
为最终决定。

地方审计机关主要领导干部对上一级审计机关出具的经济责任
审计报告有异议的，可以自收到审计报告之日起 30 日内向上一级
审计机关申诉。上一级审计机关应当组成复查工作小组，并要求原
审计组人员等回避，自收到申诉之日起 90 日内作出复查决定。复
查决定为最终决定。

本条规定的期间的最后一日是法定节假日的，以节假日后的第
一个工作日为期间届满日。

第五章　审计评价

第三十八条　审计委员会办公室、审计机关应当根据不同领导
职务的职责要求，在审计查证或者认定事实的基础上，综合运用多
种方法，坚持定性评价与定量评价相结合，依照有关党内法规、法
律法规、政策规定、责任制考核目标等，在审计范围内，对被审计
领导干部履行经济责任情况，包括公共资金、国有资产、国有资源
的管理、分配和使用中个人遵守廉洁从政（从业）规定等情况，作
出客观公正、实事求是的评价。

审计评价应当有充分的审计证据支持，对审计中未涉及的事项
不作评价。

第三十九条　对领导干部履行经济责任过程中存在的问题，审
计委员会办公室、审计机关应当按照权责一致原则，根据领导干部
职责分工，综合考虑相关问题的历史背景、决策过程、性质、后果
和领导干部实际所起的作用等情况，界定其应当承担的直接责任或
者领导责任。

第四十条　领导干部对履行经济责任过程中的下列行为应当承

担直接责任：

（一）直接违反有关党内法规、法律法规、政策规定的；

（二）授意、指使、强令、纵容、包庇下属人员违反有关党内法规、法律法规、政策规定的；

（三）贯彻党和国家经济方针政策、决策部署不坚决不全面不到位，造成公共资金、国有资产、国有资源损失浪费，生态环境破坏，公共利益损害等后果的；

（四）未完成有关法律法规规章、政策措施、目标责任书等规定的领导干部作为第一责任人（负总责）事项，造成公共资金、国有资产、国有资源损失浪费，生态环境破坏，公共利益损害等后果的；

（五）未经民主决策程序或者民主决策时在多数人不同意的情况下，直接决定、批准、组织实施重大经济事项，造成公共资金、国有资产、国有资源损失浪费，生态环境破坏，公共利益损害等后果的；

（六）不履行或者不正确履行职责，对造成的后果起决定性作用的其他行为。

第四十一条 领导干部对履行经济责任过程中的下列行为应当承担领导责任：

（一）民主决策时，在多数人同意的情况下，决定、批准、组织实施重大经济事项，由于决策不当或者决策失误造成公共资金、国有资产、国有资源损失浪费，生态环境破坏，公共利益损害等后果的；

（二）违反部门、单位内部管理规定造成公共资金、国有资产、国有资源损失浪费，生态环境破坏，公共利益损害等后果的；

（三）参与相关决策和工作时，没有发表明确的反对意见，相关决策和工作违反有关党内法规、法律法规、政策规定，或者造成公共资金、国有资产、国有资源损失浪费，生态环境破坏，公共利益损害等后果的；

（四）疏于监管，未及时发现和处理所管辖范围内本级或者下一级地区（部门、单位）违反有关党内法规、法律法规、政策规定的问题，造成公共资金、国有资产、国有资源损失浪费，生态环境破坏，公共利益损害等后果的；

（五）除直接责任外，不履行或者不正确履行职责，对造成的后果应当承担责任的其他行为。

第四十二条　对被审计领导干部以外的其他责任人员，审计委员会办公室、审计机关可以适当方式向有关部门、单位提供相关情况。

第四十三条　审计评价时，应当把领导干部在推进改革中因缺乏经验、先行先试出现的失误和错误，同明知故犯的违纪违法行为区分开来；把上级尚无明确限制的探索性试验中的失误和错误，同上级明令禁止后依然我行我素的违纪违法行为区分开来；把为推动发展的无意过失，同为谋取私利的违纪违法行为区分开来。对领导干部在改革创新中的失误和错误，正确把握事业为上、实事求是、依纪依法、容纠并举等原则，经综合分析研判，可以免责或者从轻定责，鼓励探索创新，支持担当作为，保护领导干部干事创业的积极性、主动性、创造性。

第六章　审计结果运用

第四十四条　各级党委和政府应当建立健全经济责任审计情况通报、责任追究、整改落实、结果公告等结果运用制度，将经济责任审计结果以及整改情况作为考核、任免、奖惩被审计领导干部的重要参考。

经济责任审计结果报告以及审计整改报告应当归入被审计领导干部本人档案。

第四十五条 审计委员会办公室、审计机关应当按照规定以适当方式通报或者公告经济责任审计结果，对审计发现问题的整改情况进行监督检查。

第四十六条 联席会议其他成员单位应当在各自职责范围内运用审计结果：

（一）根据干部管理权限，将审计结果以及整改情况作为考核、任免、奖惩被审计领导干部的重要参考；

（二）对审计发现的问题作出进一步处理；

（三）加强审计发现问题整改落实情况的监督检查；

（四）对审计发现的典型性、普遍性、倾向性问题和提出的审计建议及时进行研究，将其作为采取有关措施、完善有关制度规定的重要参考。

联席会议其他成员单位应当以适当方式及时将审计结果运用情况反馈审计委员会办公室、审计机关。党中央另有规定的，按照有关规定办理。

第四十七条 有关主管部门应当在各自职责范围内运用审计结果：

（一）根据干部管理权限，将审计结果以及整改情况作为考核、任免、奖惩被审计领导干部的重要参考；

（二）对审计移送事项依规依纪依法作出处理处罚；

（三）督促有关部门、单位落实审计决定和整改要求，在对相关行业、单位管理和监督中有效运用审计结果；

（四）对审计发现的典型性、普遍性、倾向性问题和提出的审计建议及时进行研究，并将其作为采取有关措施、完善有关制度规定的重要参考。

有关主管部门应当以适当方式及时将审计结果运用情况反馈审计委员会办公室、审计机关。

第四十八条　被审计领导干部及其所在单位根据审计结果，应当采取以下整改措施：

（一）对审计发现的问题，在规定期限内进行整改，将整改结果书面报告审计委员会办公室、审计机关，以及组织部门或者主管部门；

（二）对审计决定，在规定期限内执行完毕，将执行情况书面报告审计委员会办公室、审计机关；

（三）根据审计发现的问题，落实有关责任人员的责任，采取相应的处理措施；

（四）根据审计建议，采取措施，健全制度，加强管理；

（五）将审计结果以及整改情况纳入所在单位领导班子党风廉政建设责任制检查考核的内容，作为领导班子民主生活会以及领导班子成员述责述廉的重要内容。

第七章　附　　则

第四十九条　审计委员会办公室、审计机关和审计人员，被审计领导干部及其所在单位，以及其他有关单位和个人在经济责任审计中的职责、权限、法律责任等，本规定未作规定的，依照党中央有关规定、《中华人民共和国审计法》、《中华人民共和国审计法实施条例》和其他法律法规执行。

第五十条　有关部门、单位对内部管理领导干部开展经济责任审计参照本规定执行，或者根据本规定制定具体办法。

第五十一条　本规定由中央审计委员会办公室、审计署负责解释。

第五十二条　本规定自 2019 年 7 月 7 日起施行。2010 年 10 月 12 日中共中央办公厅、国务院办公厅印发的《党政主要领导干部和国有企业领导人员经济责任审计规定》同时废止。

企业国有资产监督管理暂行条例

（2003 年 5 月 27 日中华人民共和国国务院令第 378 号公布　根据 2011 年 1 月 8 日《国务院关于废止和修改部分行政法规的决定》第一次修订　根据 2019 年 3 月 2 日《国务院关于修改部分行政法规的决定》第二次修订）

第一章　总　　则

第一条　为建立适应社会主义市场经济需要的国有资产监督管理体制，进一步搞好国有企业，推动国有经济布局和结构的战略性调整，发展和壮大国有经济，实现国有资产保值增值，制定本条例。

第二条　国有及国有控股企业、国有参股企业中的国有资产的监督管理，适用本条例。

金融机构中的国有资产的监督管理，不适用本条例。

第三条　本条例所称企业国有资产，是指国家对企业各种形式的投资和投资所形成的权益，以及依法认定为国家所有的其他权益。

第四条　企业国有资产属于国家所有。国家实行由国务院和地方人民政府分别代表国家履行出资人职责，享有所有者权益，权利、义务和责任相统一，管资产和管人、管事相结合的国有资产管理体制。

第五条　国务院代表国家对关系国民经济命脉和国家安全的大型国有及国有控股、国有参股企业，重要基础设施和重要自然资源等领域的国有及国有控股、国有参股企业，履行出资人职责。国务院履行出资人职责的企业，由国务院确定、公布。

省、自治区、直辖市人民政府和设区的市、自治州级人民政府分别代表国家对由国务院履行出资人职责以外的国有及国有控股、国有参股企业，履行出资人职责。其中，省、自治区、直辖市人民政府履行出资人职责的国有及国有控股、国有参股企业，由省、自治区、直辖市人民政府确定、公布，并报国务院国有资产监督管理机构备案；其他由设区的市、自治州级人民政府履行出资人职责的国有及国有控股、国有参股企业，由设区的市、自治州级人民政府确定、公布，并报省、自治区、直辖市人民政府国有资产监督管理机构备案。

国务院，省、自治区、直辖市人民政府，设区的市、自治州级人民政府履行出资人职责的企业，以下统称所出资企业。

第六条 国务院，省、自治区、直辖市人民政府，设区的市、自治州级人民政府，分别设立国有资产监督管理机构。国有资产监督管理机构根据授权，依法履行出资人职责，依法对企业国有资产进行监督管理。

企业国有资产较少的设区的市、自治州，经省、自治区、直辖市人民政府批准，可以不单独设立国有资产监督管理机构。

第七条 各级人民政府应当严格执行国有资产管理法律、法规，坚持政府的社会公共管理职能与国有资产出资人职能分开，坚持政企分开，实行所有权与经营权分离。

国有资产监督管理机构不行使政府的社会公共管理职能，政府其他机构、部门不履行企业国有资产出资人职责。

第八条 国有资产监督管理机构应当依照本条例和其他有关法律、行政法规的规定，建立健全内部监督制度，严格执行法律、行政法规。

第九条　发生战争、严重自然灾害或者其他重大、紧急情况时，国家可以依法统一调用、处置企业国有资产。

第十条　所出资企业及其投资设立的企业，享有有关法律、行政法规规定的企业经营自主权。

国有资产监督管理机构应当支持企业依法自主经营，除履行出资人职责以外，不得干预企业的生产经营活动。

第十一条　所出资企业应当努力提高经济效益，对其经营管理的企业国有资产承担保值增值责任。

所出资企业应当接受国有资产监督管理机构依法实施的监督管理，不得损害企业国有资产所有者和其他出资人的合法权益。

第二章　国有资产监督管理机构

第十二条　国务院国有资产监督管理机构是代表国务院履行出资人职责、负责监督管理企业国有资产的直属特设机构。

省、自治区、直辖市人民政府国有资产监督管理机构，设区的市、自治州级人民政府国有资产监督管理机构是代表本级政府履行出资人职责、负责监督管理企业国有资产的直属特设机构。

上级政府国有资产监督管理机构依法对下级政府的国有资产监督管理工作进行指导和监督。

第十三条　国有资产监督管理机构的主要职责是：

（一）依照《中华人民共和国公司法》等法律、法规，对所出资企业履行出资人职责，维护所有者权益；

（二）指导推进国有及国有控股企业的改革和重组；

（三）依照规定向所出资企业委派监事；

（四）依照法定程序对所出资企业的企业负责人进行任免、考核，并根据考核结果对其进行奖惩；

（五）通过统计、稽核等方式对企业国有资产的保值增值情况进行监管；

（六）履行出资人的其他职责和承办本级政府交办的其他事项。

国务院国有资产监督管理机构除前款规定职责外，可以制定企业国有资产监督管理的规章、制度。

第十四条　国有资产监督管理机构的主要义务是：

（一）推进国有资产合理流动和优化配置，推动国有经济布局和结构的调整；

（二）保持和提高关系国民经济命脉和国家安全领域国有经济的控制力和竞争力，提高国有经济的整体素质；

（三）探索有效的企业国有资产经营体制和方式，加强企业国有资产监督管理工作，促进企业国有资产保值增值，防止企业国有资产流失；

（四）指导和促进国有及国有控股企业建立现代企业制度，完善法人治理结构，推进管理现代化；

（五）尊重、维护国有及国有控股企业经营自主权，依法维护企业合法权益，促进企业依法经营管理，增强企业竞争力；

（六）指导和协调解决国有及国有控股企业改革与发展中的困难和问题。

第十五条　国有资产监督管理机构应当向本级政府报告企业国有资产监督管理工作、国有资产保值增值状况和其他重大事项。

第三章　企业负责人管理

第十六条　国有资产监督管理机构应当建立健全适应现代企业制度要求的企业负责人的选用机制和激励约束机制。

第十七条　国有资产监督管理机构依照有关规定，任免或者建议任免所出资企业的企业负责人：

（一）任免国有独资企业的总经理、副总经理、总会计师及其他企业负责人；

（二）任免国有独资公司的董事长、副董事长、董事，并向其提出总经理、副总经理、总会计师等的任免建议；

（三）依照公司章程，提出向国有控股的公司派出的董事、监事人选，推荐国有控股的公司的董事长、副董事长和监事会主席人选，并向其提出总经理、副总经理、总会计师人选的建议；

（四）依照公司章程，提出向国有参股的公司派出的董事、监事人选。

国务院，省、自治区、直辖市人民政府，设区的市、自治州级人民政府，对所出资企业的企业负责人的任免另有规定的，按照有关规定执行。

第十八条 国有资产监督管理机构应当建立企业负责人经营业绩考核制度，与其任命的企业负责人签订业绩合同，根据业绩合同对企业负责人进行年度考核和任期考核。

第十九条 国有资产监督管理机构应当依照有关规定，确定所出资企业中的国有独资企业、国有独资公司的企业负责人的薪酬；依据考核结果，决定其向所出资企业派出的企业负责人的奖惩。

第四章　企业重大事项管理

第二十条 国有资产监督管理机构负责指导国有及国有控股企业建立现代企业制度，审核批准其所出资企业中的国有独资企业、国有独资公司的重组、股份制改造方案和所出资企业中的国有独资公司的章程。

第二十一条 国有资产监督管理机构依照法定程序决定其所出

资企业中的国有独资企业、国有独资公司的分立、合并、破产、解散、增减资本、发行公司债券等重大事项。其中，重要的国有独资企业、国有独资公司分立、合并、破产、解散的，应当由国有资产监督管理机构审核后，报本级人民政府批准。

国有资产监督管理机构依照法定程序审核、决定国防科技工业领域其所出资企业中的国有独资企业、国有独资公司的有关重大事项时，按照国家有关法律、规定执行。

第二十二条 国有资产监督管理机构依照公司法的规定，派出股东代表、董事，参加国有控股的公司、国有参股的公司的股东会、董事会。

国有控股的公司、国有参股的公司的股东会、董事会决定公司的分立、合并、破产、解散、增减资本、发行公司债券、任免企业负责人等重大事项时，国有资产监督管理机构派出的股东代表、董事，应当按照国有资产监督管理机构的指示发表意见、行使表决权。

国有资产监督管理机构派出的股东代表、董事，应当将其履行职责的有关情况及时向国有资产监督管理机构报告。

第二十三条 国有资产监督管理机构决定其所出资企业的国有股权转让。其中，转让全部国有股权或者转让部分国有股权致使国家不再拥有控股地位的，报本级人民政府批准。

第二十四条 所出资企业投资设立的重要子企业的重大事项，需由所出资企业报国有资产监督管理机构批准的，管理办法由国务院国有资产监督管理机构另行制定，报国务院批准。

第二十五条 国有资产监督管理机构依照国家有关规定组织协调所出资企业中的国有独资企业、国有独资公司的兼并破产工作，并配合有关部门做好企业下岗职工安置等工作。

第二十六条　国有资产监督管理机构依照国家有关规定拟订所出资企业收入分配制度改革的指导意见，调控所出资企业工资分配的总体水平。

第二十七条　国有资产监督管理机构可以对所出资企业中具备条件的国有独资企业、国有独资公司进行国有资产授权经营。

被授权的国有独资企业、国有独资公司对其全资、控股、参股企业中国家投资形成的国有资产依法进行经营、管理和监督。

第二十八条　被授权的国有独资企业、国有独资公司应当建立和完善规范的现代企业制度，并承担企业国有资产的保值增值责任。

第五章　企业国有资产管理

第二十九条　国有资产监督管理机构依照国家有关规定，负责企业国有资产的产权界定、产权登记、资产评估监管、清产核资、资产统计、综合评价等基础管理工作。

国有资产监督管理机构协调其所出资企业之间的企业国有资产产权纠纷。

第三十条　国有资产监督管理机构应当建立企业国有资产产权交易监督管理制度，加强企业国有资产产权交易的监督管理，促进企业国有资产的合理流动，防止企业国有资产流失。

第三十一条　国有资产监督管理机构对其所出资企业的企业国有资产收益依法履行出资人职责；对其所出资企业的重大投融资规划、发展战略和规划，依照国家发展规划和产业政策履行出资人职责。

第三十二条　所出资企业中的国有独资企业、国有独资公司的重大资产处置，需由国有资产监督管理机构批准的，依照有关规定执行。

第六章　企业国有资产监督

第三十三条　国有资产监督管理机构依法对所出资企业财务进行监督，建立和完善国有资产保值增值指标体系，维护国有资产出资人的权益。

第三十四条　国有及国有控股企业应当加强内部监督和风险控制，依照国家有关规定建立健全财务、审计、企业法律顾问和职工民主监督等制度。

第三十五条　所出资企业中的国有独资企业、国有独资公司应当按照规定定期向国有资产监督管理机构报告财务状况、生产经营状况和国有资产保值增值状况。

第七章　法律责任

第三十六条　国有资产监督管理机构不按规定任免或者建议任免所出资企业的企业负责人，或者违法干预所出资企业的生产经营活动，侵犯其合法权益，造成企业国有资产损失或者其他严重后果的，对直接负责的主管人员和其他直接责任人员依法给予行政处分；构成犯罪的，依法追究刑事责任。

第三十七条　所出资企业中的国有独资企业、国有独资公司未按照规定向国有资产监督管理机构报告财务状况、生产经营状况和国有资产保值增值状况的，予以警告；情节严重的，对直接负责的主管人员和其他直接责任人员依法给予纪律处分。

第三十八条　国有及国有控股企业的企业负责人滥用职权、玩忽职守，造成企业国有资产损失的，应负赔偿责任，并对其依法给予纪律处分；构成犯罪的，依法追究刑事责任。

第三十九条　对企业国有资产损失负有责任受到撤职以上纪律

处分的国有及国有控股企业的企业负责人，5 年内不得担任任何国有及国有控股企业的企业负责人；造成企业国有资产重大损失或者被判处刑罚的，终身不得担任任何国有及国有控股企业的企业负责人。

第八章 附 则

第四十条 国有及国有控股企业、国有参股企业的组织形式、组织机构、权利和义务等，依照《中华人民共和国公司法》等法律、行政法规和本条例的规定执行。

第四十一条 国有及国有控股企业、国有参股企业中中国共产党基层组织建设、社会主义精神文明建设和党风廉政建设，依照《中国共产党章程》和有关规定执行。

国有及国有控股企业、国有参股企业中工会组织依照《中华人民共和国工会法》和《中国工会章程》的有关规定执行。

第四十二条 国务院国有资产监督管理机构，省、自治区、直辖市人民政府可以依据本条例制定实施办法。

第四十三条 本条例施行前制定的有关企业国有资产监督管理的行政法规与本条例不一致的，依照本条例的规定执行。

第四十四条 政企尚未分开的单位，应当按照国务院的规定，加快改革，实现政企分开。政企分开后的企业，由国有资产监督管理机构依法履行出资人职责，依法对企业国有资产进行监督管理。

第四十五条 本条例自公布之日起施行。

中央企业合规管理办法

（2022 年 8 月 23 日国务院国有资产监督管理委员会令第 42 号公布　自 2022 年 10 月 1 日起施行）

第一章　总　　则

第一条　为深入贯彻习近平法治思想，落实全面依法治国战略部署，深化法治央企建设，推动中央企业加强合规管理，切实防控风险，有力保障深化改革与高质量发展，根据《中华人民共和国公司法》、《中华人民共和国企业国有资产法》等有关法律法规，制定本办法。

第二条　本办法适用于国务院国有资产监督管理委员会（以下简称国资委）根据国务院授权履行出资人职责的中央企业。

第三条　本办法所称合规，是指企业经营管理行为和员工履职行为符合国家法律法规、监管规定、行业准则和国际条约、规则，以及公司章程、相关规章制度等要求。

本办法所称合规风险，是指企业及其员工在经营管理过程中因违规行为引发法律责任、造成经济或者声誉损失以及其他负面影响的可能性。

本办法所称合规管理，是指企业以有效防控合规风险为目的，以提升依法合规经营管理水平为导向，以企业经营管理行为和员工履职行为为对象，开展的包括建立合规制度、完善运行机制、培育合规文化、强化监督问责等有组织、有计划的管理活动。

第四条　国资委负责指导、监督中央企业合规管理工作，对合规管理体系建设情况及其有效性进行考核评价，依据相关规定对违规行为开展责任追究。

第五条　中央企业合规管理工作应当遵循以下原则：

（一）坚持党的领导。充分发挥企业党委（党组）领导作用，落实全面依法治国战略部署有关要求，把党的领导贯穿合规管理全过程。

（二）坚持全面覆盖。将合规要求嵌入经营管理各领域各环节，贯穿决策、执行、监督全过程，落实到各部门、各单位和全体员工，实现多方联动、上下贯通。

（三）坚持权责清晰。按照"管业务必须管合规"要求，明确业务及职能部门、合规管理部门和监督部门职责，严格落实员工合规责任，对违规行为严肃问责。

（四）坚持务实高效。建立健全符合企业实际的合规管理体系，突出对重点领域、关键环节和重要人员的管理，充分利用大数据等信息化手段，切实提高管理效能。

第六条　中央企业应当在机构、人员、经费、技术等方面为合规管理工作提供必要条件，保障相关工作有序开展。

第二章　组织和职责

第七条　中央企业党委（党组）发挥把方向、管大局、促落实的领导作用，推动合规要求在本企业得到严格遵循和落实，不断提升依法合规经营管理水平。

中央企业应当严格遵守党内法规制度，企业党建工作机构在党委（党组）领导下，按照有关规定履行相应职责，推动相关党内法规制度有效贯彻落实。

第八条　中央企业董事会发挥定战略、作决策、防风险作用，主要履行以下职责：

（一）审议批准合规管理基本制度、体系建设方案和年度报告等。

（二）研究决定合规管理重大事项。

（三）推动完善合规管理体系并对其有效性进行评价。

（四）决定合规管理部门设置及职责。

第九条 中央企业经理层发挥谋经营、抓落实、强管理作用，主要履行以下职责：

（一）拟订合规管理体系建设方案，经董事会批准后组织实施。

（二）拟订合规管理基本制度，批准年度计划等，组织制定合规管理具体制度。

（三）组织应对重大合规风险事件。

（四）指导监督各部门和所属单位合规管理工作。

第十条 中央企业主要负责人作为推进法治建设第一责任人，应当切实履行依法合规经营管理重要组织者、推动者和实践者的职责，积极推进合规管理各项工作。

第十一条 中央企业设立合规委员会，可以与法治建设领导机构等合署办公，统筹协调合规管理工作，定期召开会议，研究解决重点难点问题。

第十二条 中央企业应当结合实际设立首席合规官，不新增领导岗位和职数，由总法律顾问兼任，对企业主要负责人负责，领导合规管理部门组织开展相关工作，指导所属单位加强合规管理。

第十三条 中央企业业务及职能部门承担合规管理主体责任，主要履行以下职责：

（一）建立健全本部门业务合规管理制度和流程，开展合规风险识别评估，编制风险清单和应对预案。

（二）定期梳理重点岗位合规风险，将合规要求纳入岗位职责。

（三）负责本部门经营管理行为的合规审查。

（四）及时报告合规风险，组织或者配合开展应对处置。

（五）组织或者配合开展违规问题调查和整改。

中央企业应当在业务及职能部门设置合规管理员，由业务骨干担任，接受合规管理部门业务指导和培训。

第十四条　中央企业合规管理部门牵头负责本企业合规管理工作，主要履行以下职责：

（一）组织起草合规管理基本制度、具体制度、年度计划和工作报告等。

（二）负责规章制度、经济合同、重大决策合规审查。

（三）组织开展合规风险识别、预警和应对处置，根据董事会授权开展合规管理体系有效性评价。

（四）受理职责范围内的违规举报，提出分类处置意见，组织或者参与对违规行为的调查。

（五）组织或者协助业务及职能部门开展合规培训，受理合规咨询，推进合规管理信息化建设。

中央企业应当配备与经营规模、业务范围、风险水平相适应的专职合规管理人员，加强业务培训，提升专业化水平。

第十五条　中央企业纪检监察机构和审计、巡视巡察、监督追责等部门依据有关规定，在职权范围内对合规要求落实情况进行监督，对违规行为进行调查，按照规定开展责任追究。

第三章　制度建设

第十六条　中央企业应当建立健全合规管理制度，根据适用范围、效力层级等，构建分级分类的合规管理制度体系。

第十七条　中央企业应当制定合规管理基本制度，明确总体目标、机构职责、运行机制、考核评价、监督问责等内容。

第十八条 中央企业应当针对反垄断、反商业贿赂、生态环保、安全生产、劳动用工、税务管理、数据保护等重点领域，以及合规风险较高的业务，制定合规管理具体制度或者专项指南。

中央企业应当针对涉外业务重要领域，根据所在国家（地区）法律法规等，结合实际制定专项合规管理制度。

第十九条 中央企业应当根据法律法规、监管政策等变化情况，及时对规章制度进行修订完善，对执行落实情况进行检查。

第四章 运行机制

第二十条 中央企业应当建立合规风险识别评估预警机制，全面梳理经营管理活动中的合规风险，建立并定期更新合规风险数据库，对风险发生的可能性、影响程度、潜在后果等进行分析，对典型性、普遍性或者可能产生严重后果的风险及时预警。

第二十一条 中央企业应当将合规审查作为必经程序嵌入经营管理流程，重大决策事项的合规审查意见应当由首席合规官签字，对决策事项的合规性提出明确意见。业务及职能部门、合规管理部门依据职责权限完善审查标准、流程、重点等，定期对审查情况开展后评估。

第二十二条 中央企业发生合规风险，相关业务及职能部门应当及时采取应对措施，并按照规定向合规管理部门报告。

中央企业因违规行为引发重大法律纠纷案件、重大行政处罚、刑事案件，或者被国际组织制裁等重大合规风险事件，造成或者可能造成企业重大资产损失或者严重不良影响的，应当由首席合规官牵头，合规管理部门统筹协调，相关部门协同配合，及时采取措施妥善应对。

中央企业发生重大合规风险事件，应当按照相关规定及时向国资委报告。

第二十三条 中央企业应当建立违规问题整改机制，通过健全规章制度、优化业务流程等，堵塞管理漏洞，提升依法合规经营管理水平。

第二十四条 中央企业应当设立违规举报平台，公布举报电话、邮箱或者信箱，相关部门按照职责权限受理违规举报，并就举报问题进行调查和处理，对造成资产损失或者严重不良后果的，移交责任追究部门；对涉嫌违纪违法的，按照规定移交纪检监察等相关部门或者机构。

中央企业应当对举报人的身份和举报事项严格保密，对举报属实的举报人可以给予适当奖励。任何单位和个人不得以任何形式对举报人进行打击报复。

第二十五条 中央企业应当完善违规行为追责问责机制，明确责任范围，细化问责标准，针对问题和线索及时开展调查，按照有关规定严肃追究违规人员责任。

中央企业应当建立所属单位经营管理和员工履职违规行为记录制度，将违规行为性质、发生次数、危害程度等作为考核评价、职级评定等工作的重要依据。

第二十六条 中央企业应当结合实际建立健全合规管理与法务管理、内部控制、风险管理等协同运作机制，加强统筹协调，避免交叉重复，提高管理效能。

第二十七条 中央企业应当定期开展合规管理体系有效性评价，针对重点业务合规管理情况适时开展专项评价，强化评价结果运用。

第二十八条 中央企业应当将合规管理作为法治建设重要内容，纳入对所属单位的考核评价。

第五章　合规文化

第二十九条　中央企业应当将合规管理纳入党委（党组）法治专题学习，推动企业领导人员强化合规意识，带头依法依规开展经营管理活动。

第三十条　中央企业应当建立常态化合规培训机制，制定年度培训计划，将合规管理作为管理人员、重点岗位人员和新入职人员培训必修内容。

第三十一条　中央企业应当加强合规宣传教育，及时发布合规手册，组织签订合规承诺，强化全员守法诚信、合规经营意识。

第三十二条　中央企业应当引导全体员工自觉践行合规理念，遵守合规要求，接受合规培训，对自身行为合规性负责，培育具有企业特色的合规文化。

第六章　信息化建设

第三十三条　中央企业应当加强合规管理信息化建设，结合实际将合规制度、典型案例、合规培训、违规行为记录等纳入信息系统。

第三十四条　中央企业应当定期梳理业务流程，查找合规风险点，运用信息化手段将合规要求和防控措施嵌入流程，针对关键节点加强合规审查，强化过程管控。

第三十五条　中央企业应当加强合规管理信息系统与财务、投资、采购等其他信息系统的互联互通，实现数据共用共享。

第三十六条　中央企业应当利用大数据等技术，加强对重点领域、关键节点的实时动态监测，实现合规风险即时预警、快速处置。

第七章　监督问责

第三十七条　中央企业违反本办法规定，因合规管理不到位引发违规行为的，国资委可以约谈相关企业并责成整改；造成损失或者不良影响的，国资委根据相关规定开展责任追究。

第三十八条　中央企业应当对在履职过程中因故意或者重大过失应当发现而未发现违规问题，或者发现违规问题存在失职渎职行为，给企业造成损失或者不良影响的单位和人员开展责任追究。

第八章　附　　则

第三十九条　中央企业应当根据本办法，结合实际制定完善合规管理制度，推动所属单位建立健全合规管理体系。

第四十条　地方国有资产监督管理机构参照本办法，指导所出资企业加强合规管理工作。

第四十一条　本办法由国资委负责解释。

第四十二条　本办法自 2022 年 10 月 1 日起施行。

中央企业工资总额管理办法

（2018 年 12 月 27 日国务院国有资产监督管理委员会
令第 39 号公布　自 2019 年 1 月 1 日起施行）

第一章　总　　则

第一条　为建立健全与劳动力市场基本适应、与企业经济效益和劳动生产率挂钩的工资决定和正常增长机制，增强企业活力和竞争力，促进企业实现高质量发展，推动国有资本做强做优做大，根据《中华人民共和国企业国有资产法》、《企业国有资产监督管理暂行条例》、《中共中央 国务院关于深化国有企业改革的指导意见》、《国务院关于改革国有企业工资决定机制的意见》和国家有关收入分配政策规定，制定本办法。

第二条　本办法所称中央企业是指国务院国有资产监督管理委员会（以下简称国资委）履行出资人职责的企业。

第三条　本办法所称工资总额，是指由企业在一个会计年度内直接支付给与本企业建立劳动关系的全部职工的劳动报酬总额，包括工资、奖金、津贴、补贴、加班加点工资、特殊情况下支付的工资等。

第四条　中央企业工资总额实行预算管理。企业每年度围绕发展战略，按照国家工资收入分配宏观政策要求，依据生产经营目标、经济效益情况和人力资源管理要求，对工资总额的确定、发放和职工工资水平的调整，作出预算安排，并且进行有效控制和监督。

第五条　工资总额管理应当遵循以下原则：

（一）坚持市场化改革方向。实行与社会主义市场经济相适应的企业工资分配制度，发挥市场在资源配置中的决定性作用，逐步实现中央企业职工工资水平与劳动力市场价位相适应。

（二）坚持效益导向原则。按照质量第一、效益优先的要求，职工工资水平的确定以及增长应当与企业经济效益和劳动生产率的提高相联系，切实实现职工工资能增能减，充分调动职工创效主动性和积极性，不断优化人工成本投入产出效率，持续增强企业活力。

（三）坚持分级管理。完善出资人依法调控与企业自主分配相结合的中央企业工资总额分级管理体制，国资委以管资本为主调控中央企业工资分配总体水平，企业依法依规自主决定内部薪酬分配。

（四）坚持分类管理。根据中央企业功能定位、行业特点，分类实行差异化的工资总额管理方式和决定机制，引导中央企业落实国有资产保值增值责任，发挥在国民经济和社会发展中的骨干作用。

第二章　工资总额分级管理

第六条　国资委依据有关法律法规履行出资人职责，制定中央企业工资总额管理制度，根据企业功能定位、公司治理、人力资源管理市场化程度等情况，对企业工资总额预算实行备案制或者核准制管理。

第七条　实行工资总额预算备案制管理的中央企业，根据国资委管理制度和调控要求，结合实际制定本企业工资总额管理办法，报经国资委同意后，依照办法科学编制职工年度工资总额预算方案并组织实施，国资委对其年度工资总额预算进行备案管理。

第八条 实行工资总额预算核准制管理的中央企业，根据国资委有关制度要求，科学编制职工年度工资总额预算方案，报国资委核准后实施。

第九条 工资总额预算经国资委备案或者核准后，由中央企业根据所属企业功能定位、行业特点和经营性质，按照内部绩效考核和薪酬分配制度要求，完善本企业工资总额预算管理体系，并且组织开展预算编制、执行以及内部监督、评价工作。

第十条 中央企业工资总额预算一般按照单一会计年度进行管理。对行业周期性特征明显、经济效益年度间波动较大或者存在其他特殊情况的企业，工资总额预算可以探索按周期进行管理，周期最长不超过三年，周期内的工资总额增长应当符合工资与效益联动的要求。

第三章　工资总额分类管理

第十一条 主业处于充分竞争行业和领域的商业类中央企业原则上实行工资总额预算备案制管理。职工工资总额主要与企业利润总额、净利润、经济增加值、净资产增长率、净资产收益率等反映经济效益、国有资本保值增值和市场竞争能力的指标挂钩。职工工资水平根据企业经济效益和市场竞争力，结合市场或者行业对标科学合理确定。

第十二条 主业处于关系国家安全、国民经济命脉的重要行业和关键领域、主要承担重大专项任务的商业类中央企业原则上实行工资总额预算核准制管理。职工工资总额在主要与反映经济效益和国有资本保值增值指标挂钩的同时，可以根据实际增加营业收入、任务完成率等体现服务国家战略、保障国家安全和国民经济运行、发展前瞻性战略性产业以及完成特殊任务等情况的指标。职工工资水平根据企业在国民经济中的作用、贡献和经济效益，结合所处行业职工平均工资水平等因素合理确定。

上述企业中，法人治理结构健全、三项制度改革到位、收入分配管理规范的，经国资委同意后，工资总额预算可以探索实行备案制管理。

第十三条　公益类中央企业实行工资总额预算核准制管理。职工工资总额主要与反映成本控制、产品服务质量、营运效率和保障能力等情况的指标挂钩，兼顾体现经济效益和国有资本保值增值情况的指标。职工工资水平根据公益性业务的质量和企业经济效益状况，结合收入分配现状、所处行业平均工资等因素合理确定。

第十四条　开展国有资本投资、运营公司或者混合所有制改革等试点的中央企业，按照国家收入分配政策要求，根据改革推进情况，经国资委同意，可以探索实行更加灵活高效的工资总额管理方式。

第四章　工资总额决定机制

第十五条　中央企业以上年度工资总额清算额为基础，根据企业功能定位以及当年经济效益和劳动生产率的预算情况，参考劳动力市场价位，分类确定决定机制，合理编制年度工资总额预算。

第十六条　工资总额预算与利润总额等经济效益指标的业绩考核目标值挂钩，并且根据目标值的先进程度（一般设置为三档）确定不同的预算水平。

（一）企业经济效益增长，目标值为第一档的，工资总额增长可以与经济效益增幅保持同步；目标值为第二档的，工资总额增长应当低于经济效益增幅。

（二）企业经济效益下降，目标值为第二档的，工资总额可以适度少降；目标值为第三档的，工资总额应当下降。

（三）企业受政策调整、不可抗力等非经营性因素影响的，可以合理调整工资总额预算。

（四）企业未实现国有资产保值增值的，工资总额不得增长或者适度下降。

第十七条　工资总额预算在按照经济效益决定的基础上，还应当根据劳动生产率、人工成本投入产出效率的对标情况合理调整。企业当年经济效益增长但劳动生产率未提高的，工资总额应当适当少增。企业劳动生产率以及其他人工成本投入产出指标与同行业水平对标差距较大的，应当合理控制工资总额预算。

第十八条　主业处于关系国家安全、国民经济命脉的重要行业和关键领域、主要承担重大专项任务的商业类中央企业和公益类中央企业可以探索将工资总额划分为保障性和效益性工资总额两部分，国资委根据企业功能定位、行业特点等情况，合理确定其保障性和效益性工资总额比重，比重原则上三年内保持不变。

（一）保障性工资总额的增长主要根据企业所承担的重大专项任务、公益性业务、营业收入等指标完成情况，结合居民消费价格指数以及企业职工工资水平对标情况综合确定，原则上不超过挂钩指标增长幅度。

（二）效益性工资总额增长原则上参照本办法第十六、十七条确定。

第十九条　工资总额在预算范围不发生变化的情况下，原则上增人不增工资总额、减人不减工资总额，但发生兼并重组、新设企业或者机构等情况的，可以合理增加或者减少工资总额。

第二十条　国资委按照国家有关部门发布的工资指导线、非竞争类国有企业职工平均工资调控水平和工资增长调控目标，根据中央企业职工工资分配现状，适度调控部分企业工资总额增幅。

对中央企业承担重大专项任务、重大科技创新项目等特殊事项的，国资委合理认定后，予以适度支持。

第二十一条　中央企业应当制定完善集团总部职工工资总额管理制度，根据人员结构及工资水平的对标情况，总部职工平均工资增幅原则上在低于当年集团职工平均工资增幅的范围内合理确定。

第五章　工资总额管理程序

第二十二条　中央企业应当按照国家收入分配政策规定和国资委有关要求编制工资总额预算。工资总额预算方案履行企业内部决策程序后，于每年一季度报国资委备案或者核准。

第二十三条　国资委建立中央企业工资总额预算动态监控制度，对中央企业工资总额发放情况、人工成本投入产出等主要指标执行情况进行跟踪监测，定期发布监测结果，督促中央企业加强预算执行情况的监督和控制。

第二十四条　中央企业应当严格执行经国资委备案或者核准的工资总额预算方案，在执行过程中出现以下情形之一，导致预算编制基础发生重大变化的，可以申请对工资总额预算进行调整：

（一）国家宏观经济政策发生重大调整。

（二）市场环境发生重大变化。

（三）企业发生分立、合并等重大资产重组行为。

（四）其他特殊情况。

第二十五条　中央企业工资总额预算调整情况经履行企业内部决策程序后，于每年 10 月报国资委复核或者重新备案。

第二十六条　中央企业应当于每年 4 月向国资委提交上年工资总额预算执行情况报告，国资委依据经审计的财务决算数据，参考企业经营业绩考核目标完成情况，对中央企业工资总额预算执行情况、执行国家有关收入分配政策等情况进行清算评价，并且出具清算评价意见。

第六章　企业内部分配管理

第二十七条　中央企业应当按照国家有关政策要求以及本办法规定，持续深化企业内部收入分配制度改革，不断完善职工工资能增能减机制。

第二十八条　中央企业应当建立健全职工薪酬市场对标体系，构建以岗位价值为基础、以绩效贡献为依据的薪酬管理制度，坚持按岗定薪、岗变薪变，强化全员业绩考核，合理确定各类人员薪酬水平，逐步提高关键岗位的薪酬市场竞争力，调整不合理收入分配差距。

第二十九条　坚持短期与中长期激励相结合，按照国家有关政策，对符合条件的核心骨干人才实行股权激励和分红激励等中长期激励措施。

第三十条　严格清理规范工资外收入，企业所有工资性支出应当按照有关财务会计制度规定，全部纳入工资总额核算，不得在工资总额之外列支任何工资性支出。

第三十一条　规范职工福利保障管理，严格执行国家关于社会保险、住房公积金、企业年金、福利费等政策规定，不得超标准、超范围列支。企业效益下降的，应当严格控制职工福利费支出。

第三十二条　加强企业人工成本监测预警，建立全口径人工成本预算管理制度，严格控制人工成本不合理增长，不断提高人工成本投入产出效率。

第三十三条　健全完善企业内部监督机制，企业内部收入分配制度、中长期激励计划以及实施方案等关系职工切身利益的重大分配事项应当履行必要的决策程序和民主程序。中央企业集团总部要将所属企业薪酬福利管理作为财务管理和年度审计的重要内容。

第七章　工资总额监督检查

第三十四条　中央企业不得违反规定超提、超发工资总额。出现超提、超发行为的企业，应当清退并且进行相关账务处理，国资委相应核减企业下一年度工资总额基数，并且根据有关规定对相关责任人进行处理。

第三十五条　国资委对中央企业工资总额管理情况进行监督检查，对于履行主体责任不到位、工资增长与经济效益严重不匹配、内部收入分配管理不规范、收入分配关系明显不合理的企业，国资委将对其工资总额预算从严调控。

第三十六条　实行工资总额预算备案制管理的中央企业，出现违反国家工资总额管理有关规定的，国资委将责成企业进行整改，情节严重的，除按规定进行处理外，将其工资总额预算由备案制管理调整为核准制管理。

第三十七条　国资委将中央企业工资总额管理情况纳入出资人监管以及纪检监察、巡视等监督检查工作范围，必要时委托专门机构进行检查。对工资总额管理过程中弄虚作假以及其他严重违反收入分配政策规定的企业，国资委将视情况对企业采取相应处罚措施，并且根据有关规定对相关责任人进行处理。

第三十八条　中央企业应当依照法定程序决定工资分配事项，加强对工资分配决议执行情况的监督。职工工资收入分配情况应当作为厂务公开的重要内容，定期向职工公开，接受职工监督。

第三十九条　国资委、中央企业每年定期将企业工资总额和职工平均工资水平等相关信息向社会披露，接受社会公众监督。

第八章 附　则

第四十条　本办法由国资委负责解释，具体实施方案另行制定。

第四十一条　本办法自 2019 年 1 月 1 日起施行。《关于印发〈中央企业工资总额预算管理暂行办法〉的通知》（国资发分配〔2010〕72 号）、《关于印发〈中央企业工资总额预算管理暂行办法实施细则〉的通知》（国资发分配〔2012〕146 号）同时废止。

中央企业违规经营投资责任
追究实施办法（试行）

（2018 年 7 月 13 日国务院国有资产监督管理委员会令
第 37 号公布 自 2018 年 8 月 30 日起施行）

第一章 总 则

第一条 为加强和规范中央企业违规经营投资责任追究工作，进一步完善国有资产监督管理制度，落实国有资产保值增值责任，有效防止国有资产流失，根据《中华人民共和国公司法》、《中华人民共和国企业国有资产法》、《企业国有资产监督管理暂行条例》和《国务院办公厅关于建立国有企业违规经营投资责任追究制度的意见》等法律法规和文件，制定本办法。

第二条 本办法所称中央企业是指国务院国有资产监督管理委员会（以下简称国资委）代表国务院履行出资人职责的国家出资企业。

第三条 本办法所称违规经营投资责任追究（以下简称责任追究）是指中央企业经营管理有关人员违反规定，未履行或未正确履行职责，在经营投资中造成国有资产损失或其他严重不良后果，经调查核实和责任认定，对相关责任人进行处理的工作。

前款所称规定，包括国家法律法规、国有资产监管规章制度和企业内部管理规定等。前款所称未履行职责，是指未在规定期限内或正当合理期限内行使职权、承担责任，一般包括不作为、拒绝履行职责、拖延履行职责等；未正确履行职责，是指未按规定以及岗位职责要求，不适当或不完全行使职权、承担责任，一般包括未按程序行使职权、超越职权、滥用职权等。

第四条 责任追究工作应当遵循以下原则：

（一）坚持依法依规问责。以国家法律法规为准绳，按照国有资产监管规章制度和企业内部管理规定等，对违反规定、未履行或未正确履行职责造成国有资产损失或其他严重不良后果的企业经营管理有关人员，严肃追究责任，实行重大决策终身问责。

（二）坚持客观公正定责。贯彻落实"三个区分开来"重要要求，结合企业实际情况，调查核实违规行为的事实、性质及其造成的损失和影响，既考虑量的标准也考虑质的不同，认定相关人员责任，保护企业经营管理有关人员干事创业的积极性，恰当公正地处理相关责任人。

（三）坚持分级分层追责。国资委和中央企业原则上按照国有资本出资关系和干部管理权限，界定责任追究工作职责，分级组织开展责任追究工作，分别对企业不同层级经营管理人员进行追究处理，形成分级分层、有效衔接、上下贯通的责任追究工作体系。

（四）坚持惩治教育和制度建设相结合。在对违规经营投资相关责任人严肃问责的同时，加大典型案例总结和通报力度，加强警示教育，发挥震慑作用，推动中央企业不断完善规章制度，堵塞经营管理漏洞，提高经营管理水平，实现国有资产保值增值。

第五条 在责任追究工作过程中，发现企业经营管理有关人员违纪或职务违法的问题和线索，应当移送相应的纪检监察机构查处；涉嫌犯罪的，应当移送国家监察机关或司法机关查处。

第二章　责任追究范围

第六条 中央企业经营管理有关人员违反规定，未履行或未正确履行职责致使发生本办法第七条至第十七条所列情形，造成国有资产损失或其他严重不良后果的，应当追究相应责任。

第七条 集团管控方面的责任追究情形：

（一）违反规定程序或超越权限决定、批准和组织实施重大经营投资事项，或决定、批准和组织实施的重大经营投资事项违反党和国家方针政策、决策部署以及国家有关规定。

（二）对国家有关集团管控的规定未执行或执行不力，致使发生重大资产损失对生产经营、财务状况产生重大影响。

（三）对集团重大风险隐患、内控缺陷等问题失察，或虽发现但没有及时报告、处理，造成重大资产损失或其他严重不良后果。

（四）所属子企业发生重大违规违纪违法问题，造成重大资产损失且对集团生产经营、财务状况产生重大影响，或造成其他严重不良后果。

（五）对国家有关监管机构就经营投资有关重大问题提出的整改工作要求，拒绝整改、拖延整改等。

第八条 风险管理方面的责任追究情形：

（一）未按规定履行内控及风险管理制度建设职责，导致内控及风险管理制度缺失，内控流程存在重大缺陷。

（二）内控及风险管理制度未执行或执行不力，对经营投资重大风险未能及时分析、识别、评估、预警、应对和报告。

（三）未按规定对企业规章制度、经济合同和重要决策等进行法律审核。

（四）未执行国有资产监管有关规定，过度负债导致债务危机，危及企业持续经营。

（五）恶意逃废金融债务。

（六）瞒报、漏报、谎报或迟报重大风险及风险损失事件，指使编制虚假财务报告，企业账实严重不符。

第九条 购销管理方面的责任追究情形：

（一）未按规定订立、履行合同，未履行或未正确履行职责致使合同标的价格明显不公允。

（二）未正确履行合同，或无正当理由放弃应得合同权益。

（三）违反规定开展融资性贸易业务或"空转"、"走单"等虚假贸易业务。

（四）违反规定利用关联交易输送利益。

（五）未按规定进行招标或未执行招标结果。

（六）违反规定提供赊销信用、资质、担保或预付款项，利用业务预付或物资交易等方式变相融资或投资。

（七）违反规定开展商品期货、期权等衍生业务。

（八）未按规定对应收款项及时追索或采取有效保全措施。

第十条 工程承包建设方面的责任追究情形：

（一）未按规定对合同标的进行调查论证或风险分析。

（二）未按规定履行决策和审批程序，或未经授权和超越授权投标。

（三）违反规定，无合理商业理由以低于成本的报价中标。

（四）未按规定履行决策和审批程序，擅自签订或变更合同。

（五）未按规定程序对合同约定进行严格审查，存在重大疏漏。

（六）工程以及与工程建设有关的货物、服务未按规定招标或规避招标。

（七）违反规定分包等。

（八）违反合同约定超计价、超进度付款。

第十一条 资金管理方面的责任追究情形：

（一）违反决策和审批程序或超越权限筹集和使用资金。

（二）违反规定以个人名义留存资金、收支结算、开立银行账户等。

（三）设立"小金库"。

（四）违反规定集资、发行股票或债券、捐赠、担保、委托理财、拆借资金或开立信用证、办理银行票据等。

（五）虚列支出套取资金。

（六）违反规定超发、滥发职工薪酬福利。

（七）因财务内控缺失或未按照财务内控制度执行，发生资金挪用、侵占、盗取、欺诈等。

第十二条　转让产权、上市公司股权、资产等方面的责任追究情形：

（一）未按规定履行决策和审批程序或超越授权范围转让。

（二）财务审计和资产评估违反相关规定。

（三）隐匿应当纳入审计、评估范围的资产，组织提供和披露虚假信息，授意、指使中介机构出具虚假财务审计、资产评估鉴证结果及法律意见书等。

（四）未按相关规定执行回避制度。

（五）违反相关规定和公开公平交易原则，低价转让企业产权、上市公司股权和资产等。

（六）未按规定进场交易。

第十三条　固定资产投资方面的责任追究情形：

（一）未按规定进行可行性研究或风险分析。

（二）项目概算未按规定进行审查，严重偏离实际。

（三）未按规定履行决策和审批程序擅自投资。

（四）购建项目未按规定招标，干预、规避或操纵招标。

（五）外部环境和项目本身情况发生重大变化，未按规定及时调整投资方案并采取止损措施。

（六）擅自变更工程设计、建设内容和追加投资等。

（七）项目管理混乱，致使建设严重拖期、成本明显高于同类项目。

（八）违反规定开展列入负面清单的投资项目。

第十四条 投资并购方面的责任追究情形：

（一）未按规定开展尽职调查，或尽职调查未进行风险分析等，存在重大疏漏。

（二）财务审计、资产评估或估值违反相关规定。

（三）投资并购过程中授意、指使中介机构或有关单位出具虚假报告。

（四）未按规定履行决策和审批程序，决策未充分考虑重大风险因素，未制定风险防范预案。

（五）违反规定以各种形式为其他合资合作方提供垫资，或通过高溢价并购等手段向关联方输送利益。

（六）投资合同、协议及标的企业公司章程等法律文件中存在有损国有权益的条款，致使对标的企业管理失控。

（七）违反合同约定提前支付并购价款。

（八）投资并购后未按有关工作方案开展整合，致使对标的企业管理失控。

（九）投资参股后未行使相应股东权利，发生重大变化未及时采取止损措施。

（十）违反规定开展列入负面清单的投资项目。

第十五条 改组改制方面的责任追究情形：

（一）未按规定履行决策和审批程序。

（二）未按规定组织开展清产核资、财务审计和资产评估。

（三）故意转移、隐匿国有资产或向中介机构提供虚假信息，授意、指使中介机构出具虚假清产核资、财务审计与资产评估等鉴证结果。

（四）将国有资产以明显不公允低价折股、出售或无偿分给其他单位或个人。

（五）在发展混合所有制经济、实施员工持股计划、破产重整或清算等改组改制过程中，违反规定，导致发生变相套取、私分国有资产。

（六）未按规定收取国有资产转让价款。

（七）改制后的公司章程等法律文件中存在有损国有权益的条款。

第十六条　境外经营投资方面的责任追究情形：

（一）未按规定建立企业境外投资管理相关制度，导致境外投资管控缺失。

（二）开展列入负面清单禁止类的境外投资项目。

（三）违反规定从事非主业投资或开展列入负面清单特别监管类的境外投资项目。

（四）未按规定进行风险评估并采取有效风险防控措施对外投资或承揽境外项目。

（五）违反规定采取不当经营行为，以及不顾成本和代价进行恶性竞争。

（六）违反本章其他有关规定或存在国家明令禁止的其他境外经营投资行为的。

第十七条　其他违反规定，未履行或未正确履行职责造成国有资产损失或其他严重不良后果的责任追究情形。

第三章　资产损失认定

第十八条　对中央企业违规经营投资造成的资产损失，在调查核实的基础上，依据有关规定认定资产损失金额，以及对企业、国家和社会等造成的影响。

第十九条　资产损失包括直接损失和间接损失。直接损失是与相关人员行为有直接因果关系的损失金额及影响；间接损失是由相关人员行为引发或导致的，除直接损失外、能够确认计量的其他损失金额及影响。

第二十条　中央企业违规经营投资资产损失 500 万元以下为一般资产损失，500 万元以上 5000 万元以下为较大资产损失，5000 万元以上为重大资产损失。涉及违纪违法和犯罪行为查处的损失标准，遵照相关党内法规和国家法律法规的规定执行。

前款所称的"以上"包括本数，所称的"以下"不包括本数。

第二十一条　资产损失金额及影响，可根据司法、行政机关等依法出具的书面文件，具有相应资质的会计师事务所、资产评估机构、律师事务所、专业技术鉴定机构等专业机构出具的专项审计、评估或鉴证报告，以及企业内部证明材料等，进行综合研判认定。

第二十二条　相关违规经营投资虽尚未形成事实资产损失，但确有证据证明资产损失在可预见未来将发生，且能可靠计量资产损失金额的，经中介机构评估可以认定为或有损失，计入资产损失。

第四章　责任认定

第二十三条　中央企业经营管理有关人员任职期间违反规定，未履行或未正确履行职责造成国有资产损失或其他严重不良后果的，应当追究其相应责任。违规经营投资责任根据工作职责划分为直接责任、主管责任和领导责任。

第二十四条　直接责任是指相关人员在其工作职责范围内，违反规定，未履行或未正确履行职责，对造成的资产损失或其他严重不良后果起决定性直接作用时应当承担的责任。

企业负责人存在以下情形的，应当承担直接责任：

（一）本人或与他人共同违反国家法律法规、国有资产监管规章制度和企业内部管理规定。

（二）授意、指使、强令、纵容、包庇下属人员违反国家法律法规、国有资产监管规章制度和企业内部管理规定。

（三）未经规定程序或超越权限，直接决定、批准、组织实施重大经济事项。

（四）主持相关会议讨论或以其他方式研究时，在多数人不同意的情况下，直接决定、批准、组织实施重大经济事项。

（五）将按有关法律法规制度应作为第一责任人（总负责）的事项、签订的有关目标责任事项或应当履行的其他重要职责，授权（委托）其他领导人员决策且决策不当或决策失误等。

（六）其他应当承担直接责任的行为。

第二十五条　主管责任是指相关人员在其直接主管（分管）工作职责范围内，违反规定，未履行或未正确履行职责，对造成的资产损失或其他严重不良后果应当承担的责任。

第二十六条　领导责任是指企业主要负责人在其工作职责范围内，违反规定，未履行或未正确履行职责，对造成的资产损失或其他严重不良后果应当承担的责任。

第二十七条　中央企业所属子企业违规经营投资致使发生本条第二款、第三款所列情形的，上级企业经营管理有关人员应当承担相应的责任。

上一级企业有关人员应当承担相应责任的情形包括：

（一）发生重大资产损失且对企业生产经营、财务状况产生重大影响的。

（二）多次发生较大、重大资产损失，或造成其他严重不良后果的。

除上一级企业有关人员外，更高层级企业有关人员也应当承担相应责任的情形包括：

（一）发生违规违纪违法问题，造成资产损失金额巨大且危及企业生存发展的。

（二）在一定时期内多家所属子企业连续集中发生重大资产损失，或造成其他严重不良后果的。

第二十八条　中央企业违反规定瞒报、漏报或谎报重大资产损失的，对企业主要负责人和分管负责人比照领导责任和主管责任进行责任认定。

第二十九条　中央企业未按规定和有关工作职责要求组织开展责任追究工作的，对企业负责人及有关人员比照领导责任、主管责任和直接责任进行责任认定。

第三十条　中央企业有关经营决策机构以集体决策形式作出违规经营投资的决策或实施其他违规经营投资的行为，造成资产损失或其他严重不良后果的，应当承担集体责任，有关成员也应当承担相应责任。

第五章　责任追究处理

第三十一条　对相关责任人的处理方式包括组织处理、扣减薪酬、禁入限制、纪律处分、移送国家监察机关或司法机关等，可以单独使用，也可以合并使用：

（一）组织处理。包括批评教育、责令书面检查、通报批评、诚勉、停职、调离工作岗位、降职、改任非领导职务、责令辞职、免职等。

（二）扣减薪酬。扣减和追索绩效年薪或任期激励收入，终止或收回其他中长期激励收益，取消参加中长期激励资格等。

（三）禁入限制。5 年直至终身不得担任国有企业董事、监事、高级管理人员。

（四）纪律处分。由相应的纪检监察机构查处。

（五）移送国家监察机关或司法机关处理。依据国家有关法律规定，移送国家监察机关或司法机关查处。

第三十二条　中央企业发生资产损失，经过查证核实和责任认定后，除依据有关规定移送纪检监察机构或司法机关处理外，应当按以下方式处理：

（一）发生一般资产损失的，对直接责任人和主管责任人给予批评教育、责令书面检查、通报批评、诚勉等处理，可以扣减和追索责任认定年度 50% 以下的绩效年薪。

（二）发生较大资产损失的，对直接责任人和主管责任人给予通报批评、诚勉、停职、调离工作岗位、降职等处理，同时按照以下标准扣减薪酬：扣减和追索责任认定年度 50%-100% 的绩效年薪、扣减和追索责任认定年度（含）前 3 年 50%-100% 的任期激励收入并延期支付绩效年薪，终止尚未行使的其他中长期激励权益、上缴责任认定年度及前一年度的全部中长期激励收益、5 年内不得参加企业新的中长期激励。

对领导责任人给予通报批评、诚勉、停职、调离工作岗位等处理，同时按照以下标准扣减薪酬：扣减和追索责任认定年度 30%-70% 的绩效年薪、扣减和追索责任认定年度（含）前 3 年 30%-70% 的任期激励收入并延期支付绩效年薪、终止尚未行使的其他中长期激励权益、3 年内不得参加企业新的中长期激励。

（三）发生重大资产损失的，对直接责任人和主管责任人给予降职、改任非领导职务、责令辞职、免职和禁入限制等处理，同时按照以下标准扣减薪酬：扣减和追索责任认定年度 100% 的绩效年薪、扣减和追索责任认定年度（含）前 3 年 100% 的任期激励收入并延期支付绩效年薪，终止尚未行使的其他中长期激励权益、上缴责任认定年度（含）前 3 年的全部中长期激励收益、不得参加企业新的中长期激励。

对领导责任人给予调离工作岗位、降职、改任非领导职务、责令辞职、免职和禁入限制等处理，同时按照以下标准扣减薪酬：扣减和追索责任认定年度 70%-100% 的绩效年薪、扣减和追索责任认定年度（含）前 3 年 70%-100% 的任期激励收入并延期支付绩效年薪，终止尚未行使的其他中长期激励权益、上缴责任认定年度（含）前 3 年的全部中长期激励收益、5 年内不得参加企业新的中长期激励。

第三十三条 中央企业所属子企业发生资产损失，按照本办法应当追究中央企业有关人员责任时，对相关责任人给予通报批评、诫勉、停职、调离工作岗位、降职、改任非领导职务、责令辞职、免职和禁入限制等处理，同时按照以下标准扣减薪酬：扣减和追索责任认定年度 30%-100% 的绩效年薪、扣减和追索责任认定年度（含）前 3 年 30%-100% 的任期激励收入并延期支付绩效年薪，终止尚未行使的其他中长期激励权益、上缴责任认定年度（含）前 3 年的全部中长期激励收益、3 至 5 年内不得参加企业新的中长期激励。

第三十四条 对承担集体责任的中央企业有关经营决策机构，

给予批评教育、责令书面检查、通报批评等处理；对造成资产损失金额巨大且危及企业生存发展的，或造成其他特别严重不良后果的，按照规定程序予以改组。

第三十五条 责任认定年度是指责任追究处理年度。有关责任人在责任追究处理年度无任职或任职不满全年的，按照最近一个完整任职年度执行；若无完整任职年度的，参照处理前实际任职月度（不超过 12 个月）执行。

第三十六条 对同一事件、同一责任人的薪酬扣减和追索，按照党纪处分、政务处分、责任追究等扣减薪酬处理的最高标准执行，但不合并使用。

第三十七条 相关责任人受到诫勉处理的，6 个月内不得提拔、重用；受到调离工作岗位、改任非领导职务处理的，1 年内不得提拔；受到降职处理的，2 年内不得提拔；受到责令辞职、免职处理的，1 年内不安排职务，2 年内不得担任高于原任职务层级的职务；同时受到纪律处分的，按照影响期长的规定执行。

第三十八条 中央企业经营管理有关人员违规经营投资未造成资产损失，但造成其他严重不良后果的，经过查证核实和责任认定后，对相关责任人参照本办法予以处理。

第三十九条 有下列情形之一的，应当对相关责任人从重或加重处理：

（一）资产损失频繁发生、金额巨大、后果严重的。

（二）屡禁不止、顶风违规、影响恶劣的。

（三）强迫、唆使他人违规造成资产损失或其他严重不良后果的。

（四）未及时采取措施或措施不力导致资产损失或其他严重不良后果扩大的。

（五）瞒报、漏报或谎报资产损失的。

（六）拒不配合或干扰、抵制责任追究工作的。

（七）其他应当从重或加重处理的。

第四十条 对中央企业经营管理有关人员在企业改革发展中所出现的失误，不属于有令不行、有禁不止、不当谋利、主观故意、独断专行等的，根据有关规定和程序予以容错。有下列情形之一的，可以对违规经营投资相关责任人从轻或减轻处理：

（一）情节轻微的。

（二）以促进企业改革发展稳定或履行企业经济责任、政治责任、社会责任为目标，且个人没有谋取私利的。

（三）党和国家方针政策、党章党规党纪、国家法律法规、地方性法规和规章等没有明确限制或禁止的。

（四）处置突发事件或紧急情况下，个人或少数人决策，事后及时履行报告程序并得到追认，且不存在故意或重大过失的。

（五）及时采取有效措施减少、挽回资产损失并消除不良影响的。

（六）主动反映资产损失情况，积极配合责任追究工作的，或主动检举其他造成资产损失相关人员，查证属实的。

（七）其他可以从轻或减轻处理的。

第四十一条 对于违规经营投资有关责任人应当给予批评教育、责令书面检查、通报批评或诫勉处理，但是具有本办法第四十条规定的情形之一的，可以免除处理。

第四十二条 对违规经营投资有关责任人减轻或免除处理，须由作出处理决定的上一级企业或国资委批准。

第四十三条 相关责任人已调任、离职或退休的，应当按照本办法给予相应处理。

第四十四条　相关责任人在责任认定年度已不在本企业领取绩效年薪的，按离职前一年度全部绩效年薪及前 3 年任期激励收入总和计算，参照本办法有关规定追索扣回其薪酬。

第四十五条　对违反规定，未履行或未正确履行职责造成国有资产损失或其他严重不良后果的中央企业董事、监事以及其他有关人员，依照国家法律法规、有关规章制度和本办法等对其进行相应处理。

第六章　责任追究工作职责

第四十六条　国资委和中央企业原则上按照国有资本出资关系和干部管理权限，组织开展责任追究工作。

第四十七条　国资委在责任追究工作中的主要职责：

（一）研究制定中央企业责任追究有关制度。

（二）组织开展中央企业发生的重大资产损失或产生严重不良后果的较大资产损失，以及涉及中央企业负责人的责任追究工作。

（三）认为有必要直接组织开展的中央企业及其所属子企业责任追究工作。

（四）对中央企业存在的共性问题进行专项核查。

（五）对需要中央企业整改的问题，督促企业落实有关整改工作要求。

（六）指导、监督和检查中央企业责任追究相关工作。

（七）其他有关责任追究工作。

第四十八条　国资委内设专门责任追究机构，受理有关方面按规定程序移交的中央企业及其所属子企业违规经营投资的有关问题和线索，初步核实后进行分类处置，并采取督办、联合核查、专项核查等方式组织开展有关核查工作，认定相关人员责任，研究提出处理的意见建议，督促企业整改落实。

第四十九条 中央企业在责任追究工作中的主要职责：

（一）研究制定本企业责任追究有关制度。

（二）组织开展本级企业发生的一般或较大资产损失，二级子企业发生的重大资产损失或产生严重不良后果的较大资产损失，以及涉及二级子企业负责人的责任追究工作。

（三）认为有必要直接组织开展的所属子企业责任追究工作。

（四）指导、监督和检查所属子企业责任追究相关工作。

（五）按照国资委要求组织开展有关责任追究工作。

（六）其他有关责任追究工作。

第五十条 中央企业应当明确相应的职能部门或机构，负责组织开展责任追究工作，并做好与企业纪检监察机构的协同配合。

第五十一条 中央企业应当建立责任追究工作报告制度，对较大和重大违规经营投资的问题和线索，及时向国资委书面报告，并按照有关工作要求定期报送责任追究工作开展情况。

第五十二条 中央企业未按规定和有关工作职责要求组织开展责任追究工作的，国资委依据相关规定，对有关中央企业负责人进行责任追究。

第五十三条 国资委和中央企业有关人员，对企业违规经营投资等重大违规违纪违法问题，存在应当发现而未发现或发现后敷衍不追、隐匿不报、查处不力等失职渎职行为的，严格依纪依规追究纪律责任；涉嫌犯罪的，移送国家监察机关或司法机关查处。

第七章 责任追究工作程序

第五十四条 开展中央企业责任追究工作一般应当遵循受理、初步核实、分类处置、核查、处理和整改等程序。

第五十五条 受理有关方面按规定程序移交的违规经营投资问

题和线索，并进行有关证据、材料的收集、整理和分析工作。

第五十六条　国资委专门责任追究机构受理下列企业违规经营投资的问题和线索：

（一）国有资产监督管理工作中发现的。

（二）审计、巡视、纪检监察以及其他有关部门移交的。

（三）中央企业报告的。

（四）其他有关违规经营投资的问题和线索。

第五十七条　对受理的违规经营投资问题和线索，及相关证据、材料进行必要的初步核实工作。

第五十八条　初步核实的主要工作内容包括：

（一）资产损失及其他严重不良后果的情况。

（二）违规违纪违法的情况。

（三）是否属于责任追究范围。

（四）有关方面的处理建议和要求等。

第五十九条　初步核实的工作一般应于 30 个工作日内完成，根据工作需要可以适当延长。

第六十条　根据初步核实情况，对确有违规违纪违法事实的，按照规定的职责权限和程序进行分类处置。

第六十一条　分类处置的主要工作内容包括：

（一）属于国资委责任追究职责范围的，由国资委专门责任追究机构组织实施核查工作。

（二）属于中央企业责任追究职责范围的，移交和督促相关中央企业进行责任追究。

（三）涉及中管干部的违规经营投资问题线索，报经中央纪委国家监委同意后，按要求开展有关核查工作。

（四）属于其他有关部门责任追究职责范围的，移送有关部门。

（五）涉嫌违纪或职务违法的问题和线索，移送纪检监察机构。

（六）涉嫌犯罪的问题和线索，移送国家监察机关或司法机关。

第六十二条　国资委对违规经营投资事项及时组织开展核查工作，核实责任追究情形，确定资产损失程度，查清资产损失原因，认定相关人员责任等。

第六十三条　结合中央企业减少或挽回资产损失工作进展情况，可以适时启动责任追究工作。

第六十四条　核查工作可以采取以下工作措施核查取证：

（一）与被核查事项有关的人员谈话，形成核查谈话记录，并要求有关人员作出书面说明。

（二）查阅、复制被核查企业的有关文件、会议纪要（记录）、资料和账簿、原始凭证等相关材料。

（三）实地核查企业实物资产等。

（四）委托具有相应资质的专业机构对有关问题进行审计、评估或鉴证等。

（五）其他必要的工作措施。

第六十五条　在核查期间，对相关责任人未支付或兑现的绩效年薪、任期激励收入、中长期激励收益等均应暂停支付或兑现；对有可能影响核查工作顺利开展的相关责任人，可视情况采取停职、调离工作岗位、免职等措施。

第六十六条　在重大违规经营投资事项核查工作中，对确有工作需要的，负责核查的部门可请纪检监察机构提供必要支持。

第六十七条　核查工作一般应于 6 个月内完成，根据工作需要可以适当延长。

第六十八条　核查工作结束后，一般应当听取企业和相关责任人关于核查工作结果的意见，形成资产损失情况核查报告和责任认定报告。

第六十九条　国资委根据核查工作结果，按照干部管理权限和相关程序对相关责任人追究处理，形成处理决定，送达有关企业及被处理人，并对有关企业提出整改要求。

第七十条　被处理人对处理决定有异议的，可以在处理决定送达之日起 15 个工作日内，提出书面申诉，并提供相关证明材料。申诉期间不停止原处理决定的执行。

第七十一条　国资委或中央企业作出处理决定的，被处理人向作出该处理决定的单位申诉；中央企业所属子企业作出处理决定的，向上一级企业申诉。

第七十二条　国资委和企业应当自受理申诉之日起 30 个工作日内复核，作出维持、撤销或变更原处理决定的复核决定，并以适当形式告知申诉人及其所在企业。

第七十三条　中央企业应当按照整改要求，认真总结吸取教训，制定和落实整改措施，优化业务流程，完善内控体系，堵塞经营管理漏洞，建立健全防范经营投资风险的长效机制。

第七十四条　中央企业应在收到处理决定之日起 60 个工作日内，向国资委报送整改报告及相关材料。

第七十五条　国资委和中央企业应当按照国家有关信息公开规定，逐步向社会公开违规经营投资核查处理情况和有关整改情况等，接受社会监督。

第七十六条　积极运用信息化手段开展责任追究工作，推进相关数据信息的报送、归集、共享和综合利用，逐步建立违规经营投资损失和责任追究工作信息报送系统、中央企业禁入限制人员信息查询系统等，加大信息化手段在发现问题线索、专项核查、责任追究等方面的运用力度。

第八章 附 则

第七十七条 中央企业应根据本办法,结合本企业实际情况,细化责任追究的范围、资产损失程度划分标准等,研究制定责任追究相关制度规定,并报国资委备案。

第七十八条 各地区国有资产监督管理机构可以参照本办法,结合实际情况制定本地区责任追究相关制度规定。

第七十九条 国有参股企业责任追究工作,可参照本办法向国有参股企业股东会提请开展责任追究工作。

第八十条 对发生生产安全、环境污染责任事故和不稳定事件的,按照国家有关规定另行处理。

第八十一条 本办法由国资委负责解释。

第八十二条 本办法自 2018 年 8 月 30 日起施行。《中央企业资产损失责任追究暂行办法》(国资委令第 20 号)同时废止。

中央企业负责人履职待遇、
业务支出管理办法

（2015 年 1 月 13 日　国资发分配〔2015〕5 号）

第一章　总　　则

第一条　为贯彻落实党的十八届三中全会和四中全会精神，合理确定并严格规范中央企业负责人履职待遇、业务支出，根据《中华人民共和国企业国有资产法》、《中共中央办公厅 国务院办公厅印发〈关于合理确定并严格规范中央企业负责人履职待遇、业务支出的意见〉的通知》（中办发〔2014〕51 号，以下简称《意见》）等法律法规和相关规定，制定本办法。

第二条　本办法所称中央企业负责人是指经国务院授权由国务院国有资产监督管理委员会（以下简称国资委）履行出资人职责的国家出资企业（以下简称企业）的下列人员：

（一）设立董事会企业的董事长、副董事长、董事（不含外部董事、职工董事），总经理（总裁）、副总经理（副总裁）、总会计师。

（二）未设立董事会企业的总经理（总裁、院长、局长、主任）、副总经理（副总裁、副院长、副局长、副主任）、总会计师。

（三）企业的党委（党组）书记、副书记、党委常委（党组成员），纪委书记（纪检组组长）。

第三条　本办法所称履职待遇是指为企业负责人履行工作职责提供的工作保障和条件，主要包括公务用车、办公用房、培训等。

业务支出是指企业负责人在生产经营活动中因履行工作职责所发生的费用支出，主要包括业务招待、国内差旅、因公临时出国（境）、通信等方面的支出。

第四条 国资委对企业负责人履职待遇、业务支出实施指导监督。

企业对各级所出资企业负责人履职待遇、业务支出实施监督管理。企业主要负责人对本企业履职待遇、业务支出管理工作负主要责任，分管负责人和总会计师负分管责任。

第五条 合理确定并严格规范企业负责人履职待遇、业务支出应当坚持以下基本原则：

（一）坚持依法依规。根据国家法律法规和相关规定，结合企业生产经营实际，坚决杜绝企业承担个人消费支出的行为。

（二）坚持廉洁节俭。反对讲排场、比阔气，反对铺张浪费，坚决抵制享乐主义和奢靡之风。

（三）坚持规范透明。通过完善制度、预算管理、加强监督，建立健全严格规范、公开透明的企业负责人履职待遇、业务支出管理制度体系。

第二章 履职待遇

第六条 企业应当合理配置、有效使用企业公务用车资源，规范企业负责人公务用车配备、运行管理和处置，保障企业负责人公务出行，降低公务用车成本。

第七条 企业负责人按照1人1车或者多人1车配备（包括购置、租赁等）公务用车。企业采取统一调度等方式保障企业负责人公务活动用车的，属于为企业负责人配备公务用车。

第八条 企业主要负责人公务用车配备标准为排气量2.5升

（含）以下、购车价格（不含车辆购置税，下同）38 万元以内，企业其他负责人公务用车配备标准为排气量 2.0 升（含）以下、购车价格 28 万元以内。企业负责人公务用车使用年限超过 8 年已不能正常使用的，或者车辆安全状况、排放要求等不符合有关标准要求的，可以更新。企业负责人公务用车的报废和出售等处置，应当按照国有企业资产处置有关规定执行。

第九条　企业负责人新配备或者更新公务用车要严格执行配备标准，选用国产汽车，优先选用新能源汽车，不得增加高档配置或者豪华内饰。企业负责人已购置使用的公务用车超过规定配备标准的，在未达到更新或者报废条件情况下，可以继续使用；已租赁使用的公务用车超过配备标准的，应当按规定配备标准重新租赁。

企业由于非政策性因素发生亏损或者处于被托管、重组脱困，以及拖欠职工工资、社会保险费用期间，不得为企业负责人购置、租赁、更新公务用车。企业不得以任何方式换用、借用、占用所出资企业或者其他有利益关系单位和个人的车辆供企业负责人使用。

第十条　企业负责人公务用车的保养、维修费用，以及日常使用所发生的保险费、年检费、车船使用税、燃油费、停车及过路桥费等各种运行费用，实行单车核算，在预算额度内按照财务制度严格规范执行。

企业负责人不得因私使用公务用车。企业负责人本人提出自行驾驶公务用车的，企业应当根据道路交通安全有关法律和行政法规，制订企业负责人自行驾驶公务用车管理办法，加强对企业负责人自行驾驶公务用车的管理，不得为企业负责人发放自行驾驶公务用车的补贴。

第十一条　企业实行公务用车制度改革的，要按照中央企业公务用车制度改革方案的要求，合理确定企业负责人公务交通补贴标准。具体办法另行制定。企业不得同时为企业负责人配备公务用车和发放公务交通补贴。

市场化选聘的企业负责人，其薪酬体系中已包括公务交通补贴的，不再配备公务用车，不再报销公务用车费用或者另行发放公务交通补贴。

第十二条 企业应当按照庄重、朴素、经济、适用和资源节约的原则建设办公用房，严禁超标准新建办公用房，严禁豪华装修。要公平配置、集约使用办公用房资源。企业负责人原则上配置使用一处办公用房，确因异地工作需要另行配置办公用房的，应当严格履行企业内部审核程序。

第十三条 企业主要负责人办公室（含休息室、卫生间，下同）使用面积标准不超过 80 平方米，企业其他负责人办公室使用面积标准不超过 60 平方米。不得长期租用宾馆、酒店房间作为办公用房。

第十四条 企业负责人新配置办公用房要严格执行配置标准。现有的办公室超过规定面积标准的，一般采取调换或者合用方式解决；必须采取工程改造方式的，如受现有建筑结构布局、线路和消防、空调等设施设备客观条件限制，待办公用房维修改造或者领导干部职务变动调换办公室时解决，不应造成新的浪费。

第十五条 企业负责人办公用房因使用时间较长、设施设备老化、功能不全，不能满足办公需求的，可以进行维修改造。办公用房维修改造应当以消除安全隐患、恢复和完善使用功能、降低能源资源消耗为重点，严格执行维修改造标准。

第十六条 企业要围绕提高企业负责人政治和专业素质、创新和经营管理能力开展必要的培训。企业负责人参加各种学历教育以及为取得学位而参加在职教育的费用必须由个人承担。

第十七条　企业负责人参加出国培训应当严格执行国家有关出国（境）培训管理规定，不得参加无实质需要的国外培训。

第三章　业务支出

第十八条　业务招待是指企业负责人为企业生产经营业务的需要，招待客户、合资合作方以及其他外部关系人员的活动。业务招待主要分为商务、外事、其他公务招待活动等。

第十九条　企业负责人开展商务和外事招待活动，宴请标准每次人均不得超过 600 元（含酒水、饮料，下同），赠送纪念品标准每次人均不得超过 600 元。企业要根据企业负责人业务招待活动内容和招待对象，在控制标准内，分档确定商务和外事招待活动的宴请、赠送纪念品的标准。其他公务招待活动参照党政机关公务接待标准执行，不得赠送纪念品。

第二十条　企业要明确业务招待活动的审批、报销等程序。对企业负责人每次业务招待活动实行招待费用总额和人均费用双控管理，严格控制陪同人数。

第二十一条　企业负责人进行业务招待活动，由企业相关部门编制预算并组织安排，应当首选本企业食堂或者协议酒店等，严格执行相关制度和标准。外事招待工作应当遵循服务外交、友好对等、务实节俭原则，从严控制招待费用支出。

第二十二条　企业负责人业务招待活动赠送纪念品，应当符合有关法律法规要求，以宣传企业形象、展示企业文化为主要内容，严禁赠送现金和购物卡、消费卡、商业预付卡等各种有价证券、支付凭证以及贵重物品等。企业应当建立纪念品订购、领用等审批程序。

第二十三条　企业负责人进行业务招待所发生的费用应当由相

关部门及时结算。业务招待费用报销应当提供内部审核流程、发票以及招待清单，如实反映招待对象、业务招待活动内容、招待费用等情况，不得将业务招待费用以会议、培训、调研等费用的名义虚列、隐匿。

第二十四条 企业应当根据国家有关规定和财务会计制度，结合生产经营实际和实施国际化经营的需要，合理确定企业负责人国内差旅和因公临时出国（境）乘坐交通工具的类型和等级，以及住宿、就餐等标准。除特殊情况外，不得乘坐民航包机或私人、企业和外国航空公司包机，不得租用商务机。

第二十五条 严禁企业负责人无明确公务目的的国内差旅活动，从严控制国内差旅随行人员。企业应当保障企业负责人处理本企业及其所出资企业境外经营管理业务的出国（境）活动，不得安排照顾性、无实质内容的一般性出访和考察性出访，不得安排与企业负责人因公临时出国（境）任务无关的人员随行。

第二十六条 企业负责人应当严格执行因公临时出国（境）管理制度和任务安排，不得以任何理由绕道旅行，或者以过境名义变相增加出访国家和地区，不得无故延长因公临时出国（境）时间。企业要严格规范国（境）外接待工作，严禁超标准接待。严禁用公款或者变相用公款在国内和出国（境）旅游。

第二十七条 企业负责人应当严格按规定开支国内差旅费用，严格遵守因公临时出国（境）经费预算、支出、使用、核算等财务制度，不得铺张浪费。

第二十八条 加强企业负责人从事公务活动所发生移动通信费用和住宅通信费用的管理。参考电信市场资费标准，根据企业负责人岗位要求和履职需要，合理确定通信费用年度预算控制额度，在预算额度内按照财务制度严格规范执行，不得以任何名目为企业负责人发放通信补贴。

市场化选聘的企业负责人，其薪酬体系中已包括通信补贴的，不再报销通信费用或者另行发放通信补贴。

第四章　预算管理

第二十九条　预算管理是指企业按照企业财务预算的相关规定，根据企业生产经营实际，结合企业负责人履行工作职责需求，对企业负责人履职待遇、业务支出年度费用水平的预计安排、控制监督。

第三十条　企业应当对企业负责人履职待遇、业务支出实施预算管理，按年度、项目、人员编制预算，并报国资委备案，同时抄送派驻本企业监事会。

第三十一条　企业负责人履职待遇、业务支出年度预算编制应当综合考虑上年度预算编制和执行情况，与企业当年生产经营实际需要相匹配，履行企业内部预算管理程序审议后执行。如预算有重大调整，应当重新履行相应程序。

第三十二条　企业应当严格控制预算内企业负责人各项履职待遇、业务支出，预算外支出未履行相应程序前不得列支。企业应当建立预算动态监控机制，监测分析预算执行情况，及时纠正预算编制和执行中存在的问题，提高预算的全面性、准确性，增强预算执行的严肃性。

第五章　监督管理

第三十三条　除按照《意见》和本办法所规定的保障企业负责人履职待遇和业务支出外，严禁以下用公款为企业负责人支付个人支出的行为：

（一）按照职务为企业负责人个人设置定额消费。

（二）为企业负责人办理理疗保健卡、运动健身卡、会所和俱乐部会员卡、高尔夫球卡等各种消费卡。

（三）为企业负责人购买百科全书、中外名著、古籍文献等与工作无关的装饰性图书。

（四）支付企业负责人履行工作职责以外的、应当由个人承担的消费娱乐活动、宴请、赠送礼品及培训等各种费用。

（五）支付企业负责人与企业经营管理无关的各种消费支出。

（六）向所出资企业和其他有利益关系的单位转移各种企业负责人个人费用支出。

第三十四条 企业负责人退休或者调离本企业后，企业不得继续为其提供履职待遇、业务支出，企业负责人应当及时腾退配置使用的办公用房和公务用车等。

第三十五条 企业不得向所出资企业或者其他有利益关系单位转嫁企业负责人履职待遇、业务支出。

企业负责人在所出资企业兼任董事长、总经理等职务，并且主要工作职责在所兼职企业的，可以执行集团公司负责人履职待遇、业务支出标准，按照"费用跟事走"的原则，分别在集团总部、所兼职企业报销和列支，同一费用不得在集团总部和所兼职企业重复报销和列支。

第三十六条 企业应当根据《意见》和本办法，制定本企业负责人履职待遇、业务支出管理制度，报国资委备案，同时抄送派驻本企业监事会。

第三十七条 企业负责人履职待遇、业务支出管理制度、年度预算及执行情况要作为厂务公开的内容，通过职工代表大会等形式定期公开，接受职工监督。

第三十八条　企业负责人应当严格执行履职待遇、业务支出管理相关规定，将个人履职待遇、业务支出情况和年度预算及执行情况等，作为民主生活会、年度述职述廉的重要内容，接受监督和民主评议。

第三十九条　企业内部财务、审计、纪检监察等部门应当切实履行工作职责，完善内部控制体系，加强企业负责人履职待遇、业务支出管理和监督，完善内部监督机制。

第四十条　企业负责人履职待遇、业务支出情况纳入外派监事会监督检查工作内容、巡视组巡视工作内容，以及企业负责人经济责任审计范围。

企业应当积极配合外派监事会、巡视、审计以及有关监管机构的监督检查，积极接受社会监督，及时对监督检查中发现的问题进行纠正和整改。

第四十一条　国资委建立中央企业负责人履职待遇、业务支出管理工作责任追究制度。对违反或未正确履行本办法管理要求的中央企业，对负有领导责任的主要负责人或者有关企业负责人追究责任。

第四十二条　企业负责人违反履职待遇、业务支出管理相关规定，依据有关规定，视情节轻重，由有关机构按照管理权限分别给予警示谈话、调离岗位、降职、免职处理，并相应扣减 25%、50%、75%、100% 的当年绩效年薪。涉嫌违纪的，移送纪检监察机构处理；涉嫌犯罪的，依法移送司法机关处理。

第四十三条　企业负责人违反本办法获得的经济利益，应当予以收缴或者纠正；用公款支付、报销应由个人支付的费用，应当责令退赔；给企业造成经济损失的，应当依据国家或者企业的有关规定承担经济赔偿责任。

第六章 附 则

第四十四条 建设规范董事会中央企业，企业董事会应当按照《意见》和本办法的要求，建立和完善董事和高级管理人员履职待遇、业务支出管理制度，切实规范管理。专职外部董事履职待遇、业务支出管理办法另行制定。

第四十五条 企业应当依法履行出资人职责，根据本办法的要求并结合生产经营实际，制定集团总部相关人员和所出资企业负责人履职待遇、业务支出管理制度，指导监督所出资企业逐级落实监管责任，逐级健全管理制度、实施预算管理、推进公开透明，全面规范企业履职待遇、业务支出管理。

第四十六条 本办法自印发之日起施行。《关于规范中央企业负责人职务消费的指导意见》（国资发分配〔2006〕69号）、《中央企业负责人职务消费管理暂行规定》（国资发分配〔2011〕159号）同时废止。

中央企业违规经营投资问题
线索查处工作指引

（2020 年 9 月 29 日　国资发监责〔2020〕62 号）

第一章　总　　则

第一条　为进一步规范中央企业违规经营投资问题线索查处工作，形成职责明确、流程清晰、规范有序的责任追究工作机制，完善国有资产监督管理制度，有效防止国有资产流失，促进企业合规经营和高质量发展，根据《国务院办公厅关于建立国有企业违规经营投资责任追究制度的意见》（国办发〔2016〕63 号）、《中央企业违规经营投资责任追究实施办法（试行）》（国资委令第 37 号，以下简称《实施办法》）等文件精神和有关规定，制定本指引。

第二条　国务院国有资产监督管理委员会（以下简称国资委）履行出资人职责的中央企业，按照《实施办法》和本企业责任追究工作制度等规定开展违规经营投资问题线索（以下简称问题线索）查处工作，适用本指引。

第三条　中央企业查处问题线索，应当坚持以事实为依据，以法律法规及规章制度为准绳，落实"三个区分开来"要求，做到事实清楚、证据确凿、依据正确、定性准确、程序合规、处理适当。

第四条　中央企业查处问题线索，应当遵循受理、初步核实、分类处置、核查、处理和整改等程序。

第五条　本指引所指的中央企业有关违规责任追究机构及职责如下：

（一）违规责任追究工作领导机构（以下简称领导机构），负责批准问题线索的分类处置建议，审议问题线索的核查结果及处理建议，报经企业党委（党组）会议审议形成处理决定。

（二）主管违规责任追究工作的企业负责人（以下简称主管负责人），负责批准问题线索的初步核实报告和核查方案等。

（三）违规责任追究工作职能部门或机构（以下简称专责机构），负责按照问题线索查处程序具体组织实施。

（四）问题线索核查工作组（以下简称核查组），由中央企业组建的以专责机构为主，相关部门、子企业以及有关中介机构人员等参加的专项工作小组，负责具体实施核查工作，形成相关核查工作报告等。

第六条 问题线索查处工作应当严格执行保密制度，从严控制问题线索及查处工作信息知悉范围。相关人员不准私自留存、隐匿、查阅、摘抄、复制问题线索和资料，严禁泄露查处工作情况。

第七条 问题线索查处工作应当严格执行回避制度。查处工作人员是问题线索涉及人员近亲属、利害关系人，或者存在其他可能影响公正查处情形的，不得参与查处工作，应当主动申请回避，问题线索涉及人员也有权要求其回避。

第二章 受 理

第八条 受理的问题线索主要包括：

（一）国资委在国资监管工作中发现移交的问题线索。

（二）外部审计、巡视、纪检监察等工作中发现移交的问题线索。

（三）企业法律、财务、投资、运营及内部审计、巡视、纪检监察等部门发现移交的问题线索。

（四）子企业发现报告的问题线索。

（五）其他有关问题线索。

第九条　中央企业应当建立问题线索管理台账（以下简称管理台账），对受理的问题线索统一编号，登记入账，全流程跟踪记录办理情况，办结后予以对账销号。

第十条　管理台账记录以下内容：移交、报告主体，时间，方式，以及问题线索发生时间，涉及企业名称及级次，问题线索概述，问题类别，资产损失程度或不良后果情况，涉及责任人员，办理情况等。

第三章　初步核实

第十一条　中央企业根据问题线索的复杂程度和工作需要，制定初步核实方案。初步核实方案包括核实内容，范围，方式，工作组织，时间步骤，其他工作安排及内容。

第十二条　中央企业应当安排 2 人以上参加初步核实，通过与移交、报告主体沟通，听取涉及企业情况介绍，与相关人员谈话，查阅文件资料，要求作出书面说明等方式开展工作。

第十三条　初步核实工作主要包括以下内容：

（一）问题线索的基本事实情况。

（二）涉及企业的管理层级情况。

（三）涉及责任人员及相应干部管理权限情况。

（四）资产损失程度及其他不良后果初步情况。

（五）是否属于违规经营投资责任追究范围。

（六）移交、报告主体等有关方面的办理建议意见等。

（七）其他需要初步核实的内容。

第十四条　初步核实工作一般应当于 30 个工作日内完成。根据工作需要，可以延长一次，延长时间不得超过 30 个工作日。

第十五条　初步核实工作结束后，应当形成初步核实报告，说明工作开展情况及初步核实结果等，并提出工作建议。

第十六条　根据初步核实情况，对未发现因违规经营投资应当追究责任的，报经主管负责人批准后予以了结。予以了结建议呈批前，应当听取移交、报告主体意见。

第四章　分类处置

第十七条　根据初步核实情况，对确有违规事实或涉嫌违纪违法的，按照规定的职责权限和程序提出分类处置建议，报经领导机构批准后实施。

第十八条　分类处置工作主要包括以下内容：

（一）属于国资委责任追究职责范围的，向国资委作出报告。

（二）属于中央企业责任追究职责范围的，由专责机构组织开展核查工作。

（三）属于子企业责任追究职责范围的，可以移交和督促相关企业进行核查及责任追究。

（四）对发生生产安全、环境污染责任事故和不稳定事件的，移送企业有关部门。

（五）涉嫌违纪或职务违法的问题线索，按照干部管理权限移送有关纪检监察机构。

（六）涉嫌犯罪的问题线索，向相关国家监察机关或司法机关报案。

（七）其他处置方式。

第十九条　分类处置建议报经领导机构批准后，对第十八条第（一）（三）（四）（五）项相关问题线索，以报告、通知或移送（交）函等形式办理。

第五章　核　　查

第二十条　中央企业开展问题线索核查前，应当制定核查工作方案，报经主管负责人批准后实施。

第二十一条　核查工作方案主要包括以下内容：

（一）被核查企业情况。

（二）需要查清的主要问题线索。

（三）需要认定的资产损失及责任人。

（四）核查组组成、分工和工作纪律要求。

（五）核查步骤及方法、时间安排、经费预算。

（六）其他核查工作内容及安排。

第二十二条　国资委移交中央企业核查的问题线索，中央企业应当将相关核查工作方案报送国资委。

第二十三条　根据工作需要，可以聘请会计师事务所、资产评估事务所、律师事务所等中介机构参与核查工作，提供审计、评估、鉴证和法律意见等服务。

第二十四条　核查工作主要包括以下内容：

（一）核实问题线索对应的违规责任追究情形。

（二）确定造成的资产损失金额或其他严重不良后果。

（三）倒查在决策、实施、监督等环节的制度制定及执行情况，查清资产损失原因。

（四）对涉及的责任人员进行责任划分，认定相应责任，提出责任追究处理建议。

（五）其他需要核实的内容。

第二十五条　开展核查工作可以采取以下措施核查取证：

（一）听取被核查企业汇报，要求企业作出说明。

（二）查阅复制文件、账目、档案等相关资料。

（三）查核资产情况和有关信息，进行鉴定勘验。

（四）与相关人员谈话了解情况，必要时可以请被谈话人作出书面说明。

（五）其他必要措施。

第二十六条 核查措施应当有 2 名以上核查组工作人员参加，并形成谈话记录、工作底稿等，记录核查工作过程、核查结论及相应的证明材料。谈话记录应当由被谈话人核对并签字确认，被谈话人无故拒绝签字的，核查组工作人员应当予以注明。工作底稿应当履行复核程序。证明材料应当由被核查企业盖章确认。

第二十七条 对有可能影响核查工作顺利开展的相关责任人员，有证据证明违规问题明显的，报经主管负责人批准后，按规定程序可以采取以下限制措施：

（一）对未支付或兑现的绩效年薪、任期激励收入、中长期激励收益等暂停支付或兑现。

（二）视情况采取停职、调离工作岗位等措施。

（三）其他限制措施。

第二十八条 在问题线索核查工作中，对确有工作需要的，报经主管负责人批准，可以商请有关纪检监察机构提供必要支持。

第二十九条 核查工作一般应当自核查工作方案批准之日起 6 个月内完成。对违规情形复杂、发生时间久远、损失金额巨大、涉及人员众多等情况的，报经主管负责人批准后可以延长一次，延长时间不得超过 3 个月。

第三十条 核查组应当就相关违规事实及责任认定听取被核查企业和相关责任人员意见，相关企业或人员对认定结果有异议的，应当在规定时间内提供补充说明等材料，到期未反馈意见或提供补充材料的，视同无意见。

第三十一条　核查工作结束后形成资产损失情况核查报告和责任认定报告。

（一）资产损失情况核查报告的内容包括：问题线索反映的经营投资情况、核查工作开展情况、核查发现的主要问题及定性依据、问题原因分析、资产损失认定情况，听取意见情况，以及企业已开展的整改及责任追究情况等。

（二）责任认定报告的内容包括：涉及的责任人员及承担的责任情况、责任认定依据、责任追究处理建议等。

第六章　处　　理

第三十二条　责任追究处理建议应当征求人事、薪酬管理等有关部门意见，报经主管负责人批准后，按规定提请领导机构审议。

第三十三条　中央企业召开领导机构会议，审议资产损失情况核查报告和责任认定报告，形成审议意见后，按照有关规定提请企业党委（党组）会议审议，作出处理决定。

第三十四条　中央企业应当印发处理决定，送达有关企业及被处理人。处理决定内容包括被处理人基本情况、主要违规事实、处理依据、处理意见等。

第三十五条　中央企业应当安排相关部门根据处理决定，按规定程序做好责任追究处理落实工作。

（一）对给予批评教育、责令书面检查、通报批评、诫勉等组织处理的，由专责机构配合人事部门共同做好组织处理的宣布执行，并形成相应处理记录。

（二）对给予停职、调离工作岗位、降职、改任非领导职务、责令辞职、免职等组织处理的，在人事部门办理相关文件后，由专责机构配合人事部门做好宣布执行等事项。

（三）对给予扣减薪酬处理的，由薪酬管理部门组织落实。

（四）对给予禁入限制处理的，由专责机构、人事部门按分工组织落实，按照中央企业禁入限制人员信息管理有关规定做好相关工作。

第三十六条 国资委移交中央企业核查的问题线索，中央企业应当在查处工作完成后，将资产损失情况核查报告、责任认定报告以及处理决定等材料报送国资委。

第三十七条 被处理人对处理决定有异议的，可以在处理决定送达之日起 15 个工作日内，提出书面申诉，并提供相关证明材料。申诉期间不停止原处理决定的执行。

第三十八条 中央企业作出处理决定的，被处理人向中央企业申诉；子企业作出处理决定的，被处理人向上一级企业申诉。

第三十九条 中央企业自收到申诉之日起 30 个工作日内组织复核，提出复核意见，按程序作出维持、撤销或变更原处理决定的复核决定。复核决定应当书面告知申诉人及相关企业。复核工作不得由原核查组人员承担。

第七章 整 改

第四十条 中央企业应当向相关企业印发整改通知，指出存在的问题、明确整改意见和工作要求等。

第四十一条 中央企业应当督促相关企业制定整改工作方案，并要求相关企业报送整改报告及相关材料等。

第四十二条 整改报告及相关材料主要包括以下内容：

（一）整改工作组织开展情况。

（二）已采取的整改措施和完成情况。

（三）降低损失或损失风险、修订完善制度等整改成效情况。

（四）按照干部管理权限，对相关人员责任追究处理情况。

（五）证明整改结果的文件资料等。

第四十三条　中央企业应当对相关企业报送的整改报告和相关材料开展评估。根据评估结果，可以对问题线索作销号处理，或采取约谈、通报和责任追究等方式督促落实整改要求。对国资委移交中央企业核查的问题线索，中央企业应当在审核评估后，将整改报告及相关材料报送国资委。

第四十四条　中央企业应当逐步公开责任追究查处及整改情况，公开内容及范围应当符合保密规定。

第四十五条　中央企业应当明确专责机构牵头负责违规责任追究相关数据信息的报送、归集、共享和综合利用，建立有关信息系统，利用信息化手段做好日常监督、专项核查、责任追究等工作。

第八章　附　　则

第四十六条　中央企业根据对问题线索的追损工作需要，报经主管负责人批准，可以中止查处工作。中止查处的原因消除后，应当及时恢复查处工作。国资委移交中央企业核查的问题线索，中止查处建议呈批前，应当征求国资委意见。

第四十七条　中央企业问题线索查处工作应当按照相关规定纳入向国资委报送的违规经营投资责任追究工作报告。

第四十八条　本指引由国资委负责解释。

第四十九条　本指引自印发之日起施行。

关于进一步推进国有企业贯彻落实
"三重一大"决策制度的意见

（中共中央办公厅、国务院办公厅 2010 年 6 月 5 日
印发）

为全面贯彻党的十七大和十七届四中全会精神，切实加强国有企业反腐倡廉建设，进一步促进国有企业领导人员廉洁从业，规范决策行为，提高决策水平，防范决策风险，保证国有企业科学发展，按照中央关于凡属重大决策、重要人事任免、重大项目安排和大额度资金运作（简称"三重一大"）事项必须由领导班子集体作出决定的要求，现就进一步推进国有企业贯彻落实"三重一大"决策制度提出如下意见。

一、指导思想和基本原则

（一）高举中国特色社会主义伟大旗帜，以邓小平理论和"三个代表"重要思想为指导，深入贯彻落实科学发展观，根据《建立健全惩治和预防腐败体系 2008-2012 年工作规划》部署，落实《国有企业领导人员廉洁从业若干规定》要求，以明确决策范围、规范决策程序、强化监督检查和责任追究为重点，进一步推进国有企业"三重一大"决策制度的贯彻落实。

（二）"三重一大"事项坚持集体决策原则。国有企业应当健全议事规则，明确"三重一大"事项的决策规则和程序，完善群众参与、专家咨询和集体决策相结合的决策机制。国有企业党委（党组）、董事会、未设董事会的经理班子等决策机构要依据各自的职

责、权限和议事规则，集体讨论决定"三重一大"事项，防止个人或少数人专断。要坚持务实高效，保证决策的科学性；充分发扬民主，广泛听取意见，保证决策的民主性；遵守国家法律法规、党内法规和有关政策，保证决策合法合规。

二、"三重一大"事项的主要范围

（三）重大决策事项，是指依照《中华人民共和国公司法》、《中华人民共和国全民所有制工业企业法》、《中华人民共和国企业国有资产法》、《中华人民共和国商业银行法》、《中华人民共和国证券法》、《中华人民共和国保险法》以及其他有关法律法规和党内法规规定的应当由股东大会（股东会）、董事会、未设董事会的经理班子、职工代表大会和党委（党组）决定的事项。主要包括企业贯彻执行党和国家的路线方针政策、法律法规和上级重要决定的重大措施，企业发展战略、破产、改制、兼并重组、资产调整、产权转让、对外投资、利益调配、机构调整等方面的重大决策，企业党的建设和安全稳定的重大决策，以及其他重大决策事项。

（四）重要人事任免事项，是指企业直接管理的领导人员以及其他经营管理人员的职务调整事项。主要包括企业中层以上经营管理人员和下属企业、单位领导班子成员的任免、聘用、解除聘用和后备人选的确定，向控股和参股企业委派股东代表，推荐董事会、监事会成员和经理、财务负责人，以及其他重要人事任免事项。

（五）重大项目安排事项，是指对企业资产规模、资本结构、盈利能力以及生产装备、技术状况等产生重要影响的项目的设立和安排。主要包括年度投资计划，融资、担保项目，期权、期货等金融衍生业务，重要设备和技术引进，采购大宗物资和购买服务，重大工程建设项目，以及其他重大项目安排事项。

（六）大额度资金运作事项，是指超过由企业或者履行国有资产出资人职责的机构所规定的企业领导人员有权调动、使用的资金限额的资金调动和使用。主要包括年度预算内大额度资金调动和使用，超预算的资金调动和使用，对外大额捐赠、赞助，以及其他大额度资金运作事项。

三、"三重一大"事项决策的基本程序

（七）"三重一大"事项提交会议集体决策前应当认真调查研究，经过必要的研究论证程序，充分吸收各方面意见。重大投资和工程建设项目，应当事先充分听取有关专家的意见。重要人事任免，应当事先征求国有企业和履行国有资产出资人职责机构的纪检监察机构的意见。研究决定企业改制以及经营管理方面的重大问题、涉及职工切身利益的重大事项、制定重要的规章制度，应当听取企业工会的意见，并通过职工代表大会或者其他形式听取职工群众的意见和建议。

（八）决策事项应当提前告知所有参与决策人员，并为所有参与决策人员提供相关材料。必要时，可事先听取反馈意见。

（九）党委（党组）、董事会、未设董事会的经理班子应当以会议的形式，对职责权限内的"三重一大"事项作出集体决策。不得以个别征求意见等方式作出决策。紧急情况下由个人或少数人临时决定的，应在事后及时向党委（党组）、董事会或未设董事会的经理班子报告；临时决定人应当对决策情况负责，党委（党组）、董事会或未设董事会的经理班子应当在事后按程序予以追认。经董事会授权，经理班子决策"三重一大"事项的，按照本意见执行。

（十）决策会议符合规定人数方可召开。与会人员要充分讨论并分别发表意见，主要负责人应当最后发表结论性意见。会议决定多个事项时，应逐项研究决定。若存在严重分歧，一般应当推迟作出决定。

（十一）会议决定的事项、过程、参与人及其意见、结论等内容，应当完整、详细记录并存档备查。

（十二）决策作出后，企业应当及时向履行国有资产出资人职责的机构报告有关决策情况；企业负责人应当按照分工组织实施，并明确落实部门和责任人。参与决策的个人对集体决策有不同意见，可以保留或者向上级反映，但在没有作出新的决策前，不得擅自变更或者拒绝执行。如遇特殊情况需对决策内容作重大调整，应当重新按规定履行决策程序。

（十三）董事会、未设董事会的经理班子研究"三重一大"事项时，应事先与党委（党组）沟通，听取党委（党组）的意见。进入董事会、未设董事会的经理班子的党委（党组）成员，应当贯彻党组织的意见或决定。企业党组织要团结带领全体党员和广大职工群众，推动决策的实施，并对实施中发现的与党和国家方针政策、法律法规不符或脱离实际的情况及时提出意见，如得不到纠正，应当向上级反映。

（十四）建立"三重一大"事项决策的回避制度；建立对决策的考核评价和后评估制度，逐步健全决策失误纠错改正机制和责任追究制度。

四、组织实施和监督检查

（十五）国有企业党委（党组）书记、董事长、未设董事会的总经理（总裁）为本企业实施本意见的主要责任人。

（十六）国有企业应当依据本意见制定具体的实施办法，报履行国有资产出资人职责的机构审查批准。履行国有资产出资人职责的机构，在制定或审批国有企业章程时，应当根据本意见明确相关要求。

（十七）履行国有资产出资人职责的机构应当对国有企业制定

的"三重一大"事项范围是否全面科学、决策程序是否严密、责任追究措施是否有效进行严格审查，予以批准的，应当在批准后监督其实施。

（十八）纪检监察机关应当督促指导履行国有资产出资人职责机构的纪检监察机构，切实加强对所管辖的国有企业贯彻落实"三重一大"决策制度情况的监督检查。

（十九）国有企业的纪检监察机构在依照《国有企业领导人员廉洁从业若干规定》的规定，结合年度考核进行监督检查，作出评估，并向企业党组织和上级纪检监察机构报告时，应当将国有企业领导人员执行"三重一大"决策制度的情况作为重点内容。

（二十）"三重一大"决策制度的执行情况，应当作为巡视、党风廉政建设责任制考核的重要内容和企业领导人员经济责任审计的重点事项；作为民主生活会、企业领导人员述职述廉的重要内容；作为厂务公开的重要内容，除按照国家法律法规和有关政策应当保密的事项外，在适当范围内公开。

（二十一）组织人事部门、履行国有资产出资人职责的机构和审计机关，应当将"三重一大"决策制度的执行情况，作为对企业领导人员考察、考核的重要内容和任免以及经济责任履行情况审计评价的重要依据。

（二十二）国有企业领导人员违反"三重一大"决策制度的，应当依照《国有企业领导人员廉洁从业若干规定》和相关法律法规给予相应的处理，违反规定获取的不正当经济利益，应当责令清退；给国有企业造成经济损失的，应当承担经济赔偿责任。

（二十三）本意见适用于国有和国有控股企业（含国有和国有控股金融机构）。

图书在版编目（CIP）数据

国有企业人员廉洁从业手册／中国法制出版社编
. —北京：中国法制出版社，2024.3
ISBN 978-7-5216-3826-4

Ⅰ. ①国… Ⅱ. ①中… Ⅲ. ①国有企业-廉政建设-
中国-手册 Ⅳ. ①F279.241-62

中国国家版本馆 CIP 数据核字（2023）第 158671 号

责任编辑：李宏伟　　　　　　　　　　　　　　封面设计：杨泽江

国有企业人员廉洁从业手册
GUOYOU QIYE RENYUAN LIANJIE CONGYE SHOUCE

经销／新华书店
印刷／三河市国英印务有限公司
开本／880 毫米×1230 毫米　32 开　　　　　印张／10.25　字数／200 千
版次／2024 年 3 月第 1 版　　　　　　　　　　2024 年 3 月第 1 次印刷

中国法制出版社出版
书号 ISBN 978-7-5216-3826-4　　　　　　　　　定价：39.80 元

北京市西城区西便门西里甲 16 号西便门办公区
邮政编码：100053　　　　　　　　　　　　　传真：010-63141600
网址：http://www.zgfzs.com　　　　　　　编辑部电话：010-63141804
市场营销部电话：010-63141612　　　　　　印务部电话：010-63141606

（如有印装质量问题，请与本社印务部联系。）